本书为中国社会科学院创新工程项目"唯物史观的传播与中国马克思主义史学理论的构建"阶段性成果。

高希中 / 著

反省与重建

新中国成立后历史人物评价问题的理论考察

Reflection and Reconstruction:
The Theoretical Investigation for Evaluating Historical
Personalities After the Foundation of PRC

中国社会科学出版社

图书在版编目（CIP）数据

反省与重建：新中国成立后历史人物评价问题的理论考察/
高希中著 . —北京：中国社会科学出版社，2017.1
ISBN 978 - 7 - 5203 - 0168 - 8

Ⅰ.①反… Ⅱ.①高… Ⅲ.①历史人物—人物研究—中国—
古代 Ⅳ.①K820.2

中国版本图书馆 CIP 数据核字（2017）第 078418 号

出 版 人	赵剑英	
责任编辑	宋燕鹏	
责任校对	冯英爽	
责任印制	李寡寡	

出　　版	中国社会科学出版社	
社　　址	北京鼓楼西大街甲 158 号	
邮　　编	100720	
网　　址	http://www.csspw.cn	
发 行 部	010 - 84083685	
门 市 部	010 - 84029450	
经　　销	新华书店及其他书店	

印　　刷	北京明恒达印务有限公司	
装　　订	廊坊市广阳区广增装订厂	
版　　次	2017 年 1 月第 1 版	
印　　次	2017 年 1 月第 1 次印刷	

开　　本	710×1000 1/16	
印　　张	16.5	
插　　页	2	
字　　数	240 千字	
定　　价	68.00 元	

凡购买中国社会科学出版社图书，如有质量问题请与本社营销中心联系调换
电话：010 - 84083683

序　一

乔治忠

高希中博士研治史学理论，攻读学位于中国人民大学，虽与我从事的专业方向可以衔接，但直至其博士研究生毕业及就业于北京，如许多年，未有机缘结识。2009 年，高君忽主动与我联系，提出愿意到南开大学博士后流动站从事博士后研究，以进一步加深学业的锻炼，为此甘愿放弃在北京的工作，意志坚决，义无反顾。仅此一点，就足以令人感动。

博士后这一身份，形式上系于某一教授名下，以便获得切磋、研讨的学术环境，也便于行政的和学术的管理，而实际并非正规的师生关系。但高君谦恭有加，真挚地以学生自居，在南开博士后流动站的两年间，与本专业的硕士、博士研究生一样地听课、讨论。那时，我所在南开大学史学理论及史学史教研室，每隔一周就会举行全体师生的学术报告及学术讨论，师生轮流讲座，随即讨论、批评，有质疑、有论辩，唯以学术的求真、求是为旨归，师生间在学术上相互挑剔指摘，直言无忌，显得生气蓬勃。高希中君始终是这项活动的积极参与者，可以说完全融入了本专业的集体之中。2012 年，高君撰成博士后出站报告，随之到中国社会科学院历史研究所工作，继续与南开大学史学史专业保持密切联系，这一份情谊，也是十分感人的。

高君在博士学位论文基础上撰写的博士后出站报告，经过重新修订，如今即将出版书名为《历史人物评价研究（1949—2009）》，高君约请我撰一书序。一则因其论题乃是我所极为关注、很感兴趣的内容，二则是盛情难却，故展阅书稿而弁言如下。

一 提出了亟须研讨的重要问题

对于历史人物的评价，自中国历史学产生以来就是十分重要的历史观念问题，据说现存最早的编年体史籍《春秋》即在记史中隐含褒贬，《左氏春秋》有大量"君子曰"发表政治和道德的评判，司马迁《史记》的"太史公曰"更直言不讳地评价历史人物。这个风格一直在传统史学中延续，史学转型为近现代化以后，历史人物评论并未减弱，反而形成了多种立场、多种角度和意见颇多分歧的史学景象。新中国成立以后，马克思主义的唯物史观迅速成为全国史学界占主导地位的历史理论，历史叙述与历史评论的思维范式发生根本性转变，几乎所有的中国历史现象都需要重新研究，历史人物的评价问题也不例外，而且是更新历史观念所面临最为复杂的问题之一。

在几千年中国历史的发展之中，历史人物的出现是复杂多样的，即使单单一个重要的历史人物，也可能是复杂变化中的多面体，他所处当时的社会关系网也是十分复杂的，这就给历史人物的评价带来了客观性判断的困难。综合起来，为复杂的历史人物评价制定出一项或几项通行的标准，就难乎其难了。本书细致考察和梳理了新中国成立以来史学界关于历史人物评价标准的各种论述，以及不同主张之间的激烈论辩，显示了在共同奉行历史唯物主义原则之下，意见分歧显然很大，在各种评价标准的设想和论述中，有的甚至是互相冲突的。例如迄今几种提出得比较响亮的历史人物评价标准，计有：按照阶级分析的观点评论人物，分析历史人物是否起到推动历史发展进步的作用，历史人物的行为是否符合当时当地人民的利益和是否对社会做出超越前人的贡献，其行为是否有利于民族统一和团结等。本书一一剖析了这些论述的理论依据，以及面对某些史实后而陷入的困境。引述各种议论之多，是本书的特点之一，给学界集中提供了颇具参考价值的学术史资料。

本书认为历史人物评价的标准和方法，应当开拓新的思路，在分析许多主张之后，作者提出：新型历史人物评价标准应当具有"多元取向"，首先是"求真原则"，其次有"人文原则""正义与公正原则""历史主义原则""生态原则"等。对这些原则的论述，与以往的历史人物评价方法如阶级分析、推动历史进步原则等，有着很大的观念区别。当然，旧的问题尚没有解决，例如以往强调评价历史人物是否"推动历史进步"的标准，真的毫无意义，应当完全摒弃吗？本书并未回答这个问题，而"新型历史人物评价标准"又带来许多新的问题，例如"正义与公正原则"怎样定义"正义与公正"？判断的准绳何在？在历史上，不正义、不公正现象俯拾皆是，仅经济利益分配的不公，至今也未能得以解决，那么历史上以暴力行为反对不公是否合理呢？而这种暴力抗争是否又与"人文原则"相冲突？可见理论上的难题依然存在。爱因斯坦说过："提出一个问题往往比解决一个问题更重要"，本书将历史研究的一个亟须研讨的理论性问题再次提出，既是对于学术的贡献，也希望能够引起关注、引发讨论，推动历史学的深入发展。

二　把历史评论还给历史

在历史评论的标准之中，值得充分注意的是对于"历史主义"的倡导。历史主义的基本观点是认为历史是连续的发展过程，每一个历史事件的发生都与以往的历史有着某种联系，历史事件与思想意识的形成离不开特定的时间、处所及具体的社会环境，因此，必须将事件放在一定的历史范围内予以考察。史家即使持有历史主义观念，对具体历史事件的见解也可能完全不同，不同的历史观、政治立场，皆可以与历史主义的思想结合，因此单凭历史主义这样一种兼容性很强的研究方法，不能形成确切的评价标准，任何相互冲突的评论都可以呈现历史主义的外形。

史学评论联系人物、事件当时的历史背景、社会环境以及相关的客观条件予以分析，是历史主义方法的主要特征之一，即将事件置于一定的历史范围内考察，这可以加强认识的准确性与深刻性。但是，极端的、偏执的历史观念结合了历史主义的方法，其结论可能会更加骇人听闻，例如对于秦始皇的焚书坑儒，曾经有一种权威观点说是秦朝建国，统一天下，乃政治制度、社会制度的大转变，面临旧贵族复辟势力的严重威胁，不能不致力于统一思想和文化，因而具有合理性、革命性。这种说法紧密联系当时历史背景与社会状况的分析，十足地合乎历史主义的样态，却将历史上典型的文化专制主义事例，宣扬为进步的壮举。

其实，类似历史评论的偏移与相互冲突，大都源于发论者现实的立场，把以往历史与现实政治挂钩，议论和主张首要考量的不是对客观历史的求真、求是，而是如何满足己方的宣传需要，特别是在社会矛盾、民族矛盾激化时期，隐瞒、曲解、捏造历史不仅毫无愧疚，反而自以为正义凛然。因此，从理念上割断现实利益与历史研究的纠缠，摒弃过时的史学经世致用观念，是历史学致力于求真、求是的前提，否则，无论怎样绞尽脑汁寻求历史评论公正性的方法，都会无济于事。把历史评论还给历史，才是解决问题的关键，厘清现实利益对历史问题评论的干扰，将历史评论置于学术性的层面，然后可以讨论历史人物评价的标准问题。回到秦始皇焚书坑儒事件，假使秦朝确有统一文化思想需求，那么是否一定要采取这种措施？这样的举措其后果真的有利于秦朝的统治吗？从学术出发的研讨，无论如何不能给此类文化专制辩解，怕就怕评论历史时想的却是为现实举措作注。

有人会说：研究历史无法避免研究者主观因素的参与。此言似是而非，就某个学者个人而言，可能他不能不在研究历史中掺入个人的好恶，但这个学术界如果树立唯以求真、求是为宗旨的原则和共识，掺杂个人好恶的议论必然会被多人指摘和纠正。因此不能用任何借口为主观唯心主义的历史观念辩护，正如社会上迄今不免有人盗窃、诈骗一样，这样的恶行不易杜绝，难道就可以不从法律和道义上予以禁止吗？

三　关注历史评论的道德标准

本书作者特别关注历史人物评价的道德标准，认为中国的传统史学特别注重历史人物的道德品质，但新中国成立以来史学界恰恰轻视了以道德标准评价历史人物，过分强调了属于事功性质的"促进历史进步"标准、人民利益标准、爱国主义标准、社会新贡献标准等。作者引证多人论述，说明在评论历史人物中，应当将道德与事功二者结合起来，缺一不可，但二者常常存在矛盾，极难统一处理。为了历史评论的补弊救偏，当前注重对历史人物的道德评判，"善恶褒贬是中国史学的特有功能，它担载着维护历史公正的功能"，这在学术上是很有必要的倡导。考察和研究历史，无论对于政治人物还是文化名人，都应当有一个衡量褒贬的道德尺度。但道德尺度并非处处一致，也非人人皆适用，因为道德本身涵括甚广，尺度长短不一。政治家执政除事功政绩而外，还有政治道德，即使是人类互相残杀的战争，不同时期也有不同的战争规则和道德规范，而且交战各方或许可以达成共识。政治斗争中的阴谋倾轧、暗地陷害，在历史著述中是予以严正谴责的。军事上的大肆屠杀，亦非正当行为。

在人类初民的蒙昧时代，屠戮战俘乃为常态，而到中世纪，即形成"杀降不祥"的观念，李鸿章在苏州大量杀戮归降的太平军，不仅自己讳莫如深，推脱责任，清廷也予以追究处分，这就体现了在战争道德上的普遍共识。我们在历史研究中，没有必要也不应该斥责人类初民杀俘、人祭的野蛮行为，但对于后世屠杀投降军人的做法，则应当严厉批判，如清乾隆朝以军事手段解决了新疆归入中国大一统版图的问题，基本清除了分裂主义势力，事功之大，不言而喻，历史作用十分宏伟。但乾隆帝亲自决定"成建置"地屠杀一些投降的部族，则是十分凶残、野蛮的行径，历史研究中不应因其事功而对此罪责隐讳和掩饰。

　　学术、科学、文化、艺术方面的历史人物，似可淡化其个人品德问题，注重其学术或文化视野的成就。但是如果该人确有明显和突出的道德高尚或品格卑劣，道德评论也不可缺位，而现实中对于取得很大学术、科学、文化、艺术成就的人物，"为贤者讳"的现象十分普遍，问题是所隐讳的事实是否相当严重，内容是否就在他所取得成就的领域之内，符合此两点之一者，即应当以客观的历史评价予以批评。英国著名物理学家牛顿在科学界的蛮横、专断以及争夺名利的不光彩手段，这在科学史研究的评价上，是不能不将之昭告天下的。清代乾嘉时期的戴震无疑是大学者，但在《水经注》的研究中剽窃时人赵一清的著作，雷同率在90%以上，欺世盗名，十分卑劣，然而从胡适直至今日某些学人，仅因同为安徽同乡的缘故就竭力为之辩解，是为中国学术史上的尴尬现象，可见要真正实现历史评价的"天下为公"，呜呼难哉！

　　历史人物、历史事件和历史的发展是非常复杂的，不是对所有历史人物及其作为都可以作出完全妥当的学术评价。例如唐代"安史之乱"中，唐朝将领张巡镇守睢阳抵抗叛军，拒不投降，城内绝粮，张巡杀妾饷军，造成以人为食的状况，城破后张巡与守城将官多人壮烈牺牲。对张巡其人，古代就评论分歧，褒贬不同，今天也只能话分两头，有人赞扬他的忠节，有人批判他人性的缺失，很难调和出一个妥善的评论。历史——特别是近现代史，难以评说的人物和事例是很多的，历史也并非事事都能立刻做出褒贬和评价，树立以求真为第一准则的理念，厘清一件件史实而无所隐瞒、无所歪曲，这是历史学关键而艰巨的一段过程，这一过程大致走好，公允的学术评论就会迈上正途。当然，实现纯正的学术性的历史评价，在历史研究中绝非易事，道路遥远，颇多荆棘和障碍，需要众多学人更新理念，坚持不懈地努力开拓。整个社会、整个世界的发展前途是光明的，整个学术与科学事业有着蓬勃向上的气象，历史学科并不例外。史学理论的研究与具体的历史研究，都日益积累着有益的成果，理论层面的探索固然比较艰难，也容易出现偏差，唯此更应当大力倡导和推动，学术界对于史学理论探索中出现的偏失，在多些讨论、多些纠正的同时，也应多些体谅与鼓励，不能令大多数学者知难而退，而造成理论界的冷清局面。史学界如果呈现为历史理论与史学理论研究的贫乏，那是历史学之根本性的贫乏和最大的贫乏，任凭产生多少数量的微观研究成果，也是远远不能弥补的。

拉拉杂杂讲了上面的看法，其中涉及了诸多的史学理论问题，难保不出偏差，就此也请时贤多多指正、多多见谅！谨以调寄《浣溪沙》一首，权当本文的结语吧。

浣溪沙

古道通途苦探寻，层林莽莽雾沉沉。
良朋诤友未倾心。

云散风驰烟瘴解，天开地展日光临。
史坛论议正当今。

2016 年 8 月 28 日　于南开园上思斋

序 二

徐兆仁

七月的北京，骄阳似火，热浪如潮。阅毕《历史人物评价研究（1949—2009）》，挥汗如雨中顿觉凉风习习，清爽畅快。高希中博士20余年求学，坚持不懈；20余万字著作，心血凝聚。来自孔夫子故乡的一个普通农家学子，孜孜以求，历尽艰辛，终于成长为历史学阵营中一名优秀青年学者。正所谓，学术发展如雨后春笋，才俊辈出，异彩缤纷；文化繁荣似原野沃土，百花怒放，遍山烂漫。

历史人物评价理论研究，素为学术界高难度问题。高希中博士敢于选择这个问题进行研究，一是研究兴趣浓厚、持久使然；二是探索精神锲而不舍所致；三是集思广益，海纳百川，旁征博引，厚积薄发地为学戒律信守与秉持所成。全书参考与征引前贤时哲论著千余种，其中古籍25种，中外专著280余部，重要论文180余篇，直接引用研究成果700多种。可以说，新中国成立60年以来关于历史人物评价研究的学术结晶，几乎一网打尽。全书设计得体，纲举目张，善于围绕重点问题，梳理研究成果。于初涉学者，既节省人工，又免耗物力；于专门学者，可把握全局，深入思考。一卷在手，60年人物评价问题的研究状况概览无余，这是价值之一。

价值之二：认识到位，结论正确。正是浸润于研究实践，在特别细致、扎实工作的基础上，作者感知现实社会对于历史研究的密切关系及其严重影响，尤其是1949年之后，以"阶级斗争"为纲划线，最严重的一段时期，史学几乎沦为政治的婢女，历史人物评价问题与科学性脱节，难以取得理想成果。作者坚持并强调的看法如：

"真正的史学不仅执着于历史的真实，讲求信而有征，也执着于精神价值的追求，讲求善恶褒贬，中国传统史学即是如此。""历史人物评价当以客观事实为基础，但客观事实不是全部，价值判断才是历史评价的核心和灵魂。""对历史人物评价而言，道德标准不是可有可无，而是有着极其重要的意义。传统中国史学既包含事实判断系统，又包含价值判断系统——传统中国最为根本的价值判断系统，故而中国传统史学拥有我们民族最为深厚的精神资源。善善恶恶可谓中国史心。""我们强调重视历史人物评价中道德价值观念，并非毫无根据地建设一套价值观，并把一幕幕的历史塞进这个坐标系，并强行为其定位；而是主张道德标准对历史人物评价研究不可或缺，它不是历史人物评价的唯一标准。另外，尽管道德标准的具体内容具有时代性和相对性，但这并不妨碍历史有其最基本的道德价值准则。"

对于问题的探索与发现，作者体会深刻，富有创见，充分反映了一名优秀青年史学工作者独到的学术视域与良好的理论思维训练。当然，这并不等于说，历史人物评价研究问题已经被作者完全、彻底地解决了。如果作者能够继续研究，尽可能将百千万历史人物的具体评价原则、理论、方法进行案例性云量统计与分析，从中再归纳、抽绎其评价理论，最后进行集中分析，相信一定还可以得出更为深刻的结论，得出历史学家可能普遍认同与接受的关于历史人物评价的科学理论标准，并在实际工作中发挥指导作用，缓解甚至消弭千古聚讼的纷争。

当然这样做的工作量极大，理论要求极高。同时还牵引出一个带有全局性和根本性的学术难题，这就是历史学科长期缺乏属于其自身的专业理论。由于存在这个致命的学术缺陷，历史学家往往很难做出科学与权威的历史解释，他们来之不易的研究成果也常常被沦为哲学社会科学蹩脚理论的半成品或学术铺路石。当前历史解释领域五花八门的混乱局面以及历史人物评价问题上长期莫衷一是的状况，足以说明这一点。实际上，理论思维具有不可替代的主导地位。与理论物理学、理论经济学等类似，历史学应该建立一门理论历史学分支学科，在以历史遗存为中介，以整体性、复杂性、综合性为特质，以历史考证、历史编纂和历史解释为重心的历史研究全程中，抽绎历史本体论、认识论、方法论、价值论等范畴，运用历史汇集、实证、比较、逻辑、跨学科研究方法，验证史学成果的客观真实，重建历史轨迹的运行系统，阐释历史演化的机制规律，发现历史世界的智慧真理。

　　解决历史人物评价问题，离不开理论历史学这一分支学科成果的有力支撑，因为历史人物评价问题的根本与关键，在于评价理论标准的设计。我们认为，历史人物评价的理论标准，不外乎以下三条：一是科学标准，二是价值标准，三是意义标准。三大标准的制定依据、主要原则、基本内涵及其作业原则，有待专著系统阐述。借此一角，我们呼吁学界同人积极参与这个问题的研讨，也期待高希中博士再接再厉，做出新的探索与贡献。

2016 年 8 月 12 日

目　录

绪　　论

一　关于历史人物评价研究的学术史回顾

"青史凭谁定是非?"众所周知,对历史人物的评价不会因一段历史的逝去,或一个英雄豪杰的消殒而随之终结。伟大的历史人物往往盖棺而不能定论,他们总是被后人不断评说。可谓斯人已逝,而评说不止。毋庸置疑,历史人物评价是历史研究领域中一个饶有兴味又富有魅力的课题。

本书的研究对象是新中国成立后大陆史学界人物评价问题的理论与实践。主要目标有三:一是系统梳理前贤在这方面的主要研究成果;二是针对其中的"规律""进步""道德价值评判""道德与事功评判的关系"等几个问题有所探究;三是探讨道德评判对历史人物评价的意义。强调对历史人物的道德评判,有其历史意义和现实意义:就历史言,继承优秀的史学传统,再创优秀的史学;就现实言,使人们重温民族的优良传统,从而育化人心,净化社会。

1949 年后,马克思主义史学成为中国大陆史学的主导范式,唯物史观取得了"定于一尊"的地位,并成为评价历史人物的主要理论依据,海内推服,少有异词,但在历史人物评价的观念、标准与具体层面则言人人殊,莫衷一是。20 世纪 50 年代以后,史学界对历史人物评价的一些问题一直争论不休,热点不断。在这一时期,中国大陆史学界研究历史人物评价的专门著作有十余部,文章有百余篇,而研究具体历史人物的论著则数不胜数。

自 1949 年以来,在中国大陆史学研究中关于历史人物评价理论与实践的文献资料主要包括专门著作、涉及相关问题的史学理论作品、专题性文章三大类。下面分别予以介绍。

（一）专著

1949 年新中国成立后所见最早的一部关于历史人物评价的专著是 1954 年荣孟源的《历史人物的评价问题》。此书主要从八个方面论述了历史人物评价问题：决定历史发展的力量是生产方式；历史的发展始终需要人们来干预；人民群众是历史的创造者；历史上的人物可以加速或延缓事变的进程；评价人物以其在历史上的作用为标准；分析历史人物须根据当时的历史条件；分析历史人物必须全面；充分占有材料给历史人物以正确的评价。[①] 此书虽篇幅短小，但对如何运用马克思主义评价历史人物问题作了较全面的阐述，代表了新中国成立后历史人物评价研究的正统观点。

1955 年陈旭麓《论历史人物评价问题》一书，由评价历史人物与历史教学、论历史人物及其阶级、评价历史人物与个人在历史上的作用三篇文章组成。[②] 该书针对当时历史人物评价研究中出现的一些偏颇，从历史教学中历史人物的评价问题出发，强调历史现象具有复杂性，历史评价不可简单化，同时对正确分析历史人物的阶级性作出论述，并指出"个人崇拜"的观念仍然存在。

1956 年、1957 年嵇文甫先后出版了《关于历史评价的问题》和《关于历史评价及其他》两书。作者在前书中指出：人民性与进步性是历史评价的基本尺度，历史评价要注意其中矛盾性与具体性，历史评价具有现实政治意义，研究历史不能忘记当前的政治任务。书中还论述了历史评价中牵涉到的动机与结果、个人与群众、偶然与必然、成功与失败等理论问题。[③] 后书则是一部论文集，其中《历史人物的评价问题》《关于历史评价的几个矛盾问题》和《关于历史教学中的几个重要问题》等文章论述了历史人物评价的两个偏向、三个标准、四个要点、六对矛盾。[④] 这两部书是新中国

① 荣孟源：《历史人物的评价问题》，华东人民出版社 1954 年版。
② 陈旭麓：《论历史人物评价问题》，新知识出版社 1955 年版。
③ 嵇文甫：《关于历史评价问题》，人民出版社 1956 年版。
④ 嵇文甫：《关于历史评价及其他》，河南人民出版社 1957 年版。

成立初期历史人物评价研究的专著，显示出当时历史人物评价研究已经达到了一定的理论水平。

1965 年《历史研究》编辑部编辑出版论文集《关于历史人物评价等问题的讨论》，共收录 19 篇文章，涉及历史人物评价研究的有林甘泉的《历史主义与阶级观点》，关锋、林聿时的《在历史研究中运用阶级观点和历史主义的问题》以及吴晗的《关于评价历史人物的一些初步意见》等 15 篇文章。①

1965 年中国人民大学科学研究处翻印的《有关历史人物评价的资料》收录了吴晗的有关历史人物评价的 4 篇文章，即《论历史人物评价》《有关历史人物评价和历史知识普及的问题》《历史教材和历史研究中的几个问题（摘录）》《况钟和周忱》。②

1982 年吉林省历史学会编选《历史人物论集》，其中除李时岳、赵矢元的《略论评价历史人物》为理论性文章外，其余 22 篇皆为评价周文王、孔子、桓子、孟子、秦始皇、李斯、项羽、叔孙通、刘秀、苻健、完颜亮、袁崇焕、蒋毓英、吴兆骞、李鸿章、张作霖、熊成基、哥伦布、约翰·李尔本和普列汉诺夫等具体历史人物评价的个案文章。③

改革开放后较早问世的一部历史人物评价研究专著是 1986 年史苏苑的《历史人物评价论稿》。此书主要从 14 个方面系统论述了历史人物评价问题：个人性格特点在历史上的作用；我国关于历史人物评价的几个阶段；评价历史人物的两个重要前提和一个基本标准；运用阶级分析法评价历史人物的几个具体问题；分时期（或阶段）评价历史人物；主次（或功过）相较评价论；评价历史人物需要把政治态度和学术成就适当分开；评价历史人物，既要重视生前成就，也要顾及身后影响；关于民族英雄的斗争活动和思想感情的区别认识问题；历史人物评价中动机和效果的关系问题；哲学观点

---

① 《历史研究》编辑部编：《关于历史人物评价等问题的讨论》（第一辑），生活·读书·新知三联书店 1965 年版。

② 《有关历史人物评价的资料》，中国人民大学科学研究处翻印，1965 年。

③ 吉林省历史学会编：《历史人物论集》，吉林人民出版社 1982 年版。

和政治态度之间的关系问题；评价历史人物中客观与主观的统一问题；对农民革命领袖一分为二的问题；关于清官的问题。① 其中，个人性格特点在历史上的作用是较有特色的部分，评价历史人物需要把政治态度和学术成就适当分开、哲学观点和政治态度之间的关系问题也是有创见之处。作者对历史人物评价研究造诣颇深，此书可谓其数十年成果的结晶，同时也在很大程度上反映出新时期历史人物评价研究的水准。

2000 年出版的李屏南《人物评价论》一书将理论工作者的评价与官方人士的评价融为一体，主要介绍人物评价的必然性，人物的思想结构；人物成长的必要条件；人物成长的偶然条件；人物成长的家庭条件；人物的思想转变；人物评价的基本要求；人物评价的主要标准；人物评价的制约因素以及人物评价的相关方法。同时，李氏述评了出身标准、权威标准、道德标准、舆论标准、成败标准、需要标准、生产力标准、历史标准八种标准。② 本书属于一般概论性作品，与专业历史研究似有一定距离。

2009 年出版的方敏、宋卫忠、邓京力合著的《中国历史人物研究论辩》一书，是一部综述性著作，主体内容是介绍 20 世纪中国史学界对具体历史人物的评价研究。该著第一部分从 20 世纪初年、20—40 年代、新中国成立后 17 年以及"文化大革命"结束后 4 个时段梳理 20 世纪历史人物研究论辩的大致过程；第二部分为"人物研究理论与方法的探讨"。该部分总结了 20 世纪后半期几次讨论高潮中历史人物评价理论方法研究的基本状况，包括关于人物研究的价值、关于人物研究的方法、关于人物评价的若干理论等问题；第三部分综述对古代、近代和现代一些主要人物的论辩。③

2009 年邓京力推出的《历史评价的理论与实践》是一部值得注意的专著。在当下理论匮乏的语境下，作者借鉴当代西方价值哲学

① 史苏苑：《历史人物评价论稿》，河南人民出版社 1986 年版。
② 李屏南：《人物评价论》，岳麓书社 2000 年版。
③ 方敏、宋卫忠、邓京力：《中国历史人物研究论辩》，百花洲文艺出版社 2004 年版。

的研究成果，对构建历史评价的理论范畴做了可贵的探索和尝试。其主要内容包括：总论"历史评价的基本理论范畴研究"：历史评价的认识功能，历史评价的本质、过程与特征，历史评价标准，影响历史评价的若干因素，历史评价的检验，历史评价的科学化。分论"历史评价的实践性研究"：中国农民战争的历史评价问题，中国古代皇帝的历史评价问题，中国古代不同类型历史人物的评价问题，历史人物评价的理论与方法问题。在理论探讨之外，该书还囊括20世纪后半期史学界热议的众多历史人物的评价问题，包括中国古代皇帝、孔子、王莽、王安石、曹操、岳飞和海瑞等。① 由于该著为历史评价研究的创新之作，难免存在一些不尽如人意之处。最明显的问题是理论建构与实践研究的脱节，两部分未能实现有机统一，尤其是人物评价个案研究部分过度拘泥于具体问题的争论，缺乏理论上的提炼和升华。

（二）专题论文

新中国成立后，史学领域内各方面的学者纷纷就历史人物评价问题从不同角度发表自己的意见和看法，相关文章数量众多。这里按时间顺序简要介绍具有代表性的一些论文。

1951年《学习杂志》第12期发表《关于历史人物的评价问题》，明确提出"反对非历史主义的观点"。这种非历史主义的观点主要表现为，在表扬历史人物时不应该把历史人物理想化，不能用今天的标准去衡量历史人物。该文认为历史主义的主要内容是在评判历史人物时，应该从这些人物所处的具体历史条件出发，看他们在当时的条件下究竟是起了推动社会前进的作用还是起了阻碍社会进步的作用，因此既不能以今天的尺度去衡量他们，也不能脱离开一定的历史条件来谈论他们的进步性。②

1953年，嵇文甫在《历史人物的评价问题》中提出了两种偏

---

① 邓京力：《历史评价的理论与实践》，人民出版社2009年版。
② 《关于历史人物的评价问题——反对非历史主义的观点》，《学习杂志》1951年第12期。

向：一是"左"倾偏向，是历史否定论；二是"右"倾偏向，即一切存在的都是合理的，把过去的人都宽容原谅了。评价历史人物的三个标准是：第一，对于人民有贡献的、有利的；第二，在一定历史阶段起进步作用的；第三，可以表现我们民族高贵品质的。合乎这三个条件都是好的，相反的都是坏的。此外，他认为评价历史人物应注意四个要点：第一，根据一定具体的历史条件；第二，要认识历史人物的多面性与复杂性；第三，站稳阶级立场，反对客观主义；第四，要配合当前的政治任务。[①]

稽文甫提出评价历史人物要处理好的六对矛盾是：（一）起革命与当皇帝，（二）伟大工程和暴虐百姓，（三）抵抗异族与镇压百姓，（四）统一与自卫，（五）侵略与扩张，（六）就当时看与就现在看。[②]

翦伯赞指出历史人物评论中的几种倾向及其建议。第一，离开具体的历史条件，对历史人物提出过分的要求，甚至用今天的标准去要求历史人物。第二，对于某些当时是积极的人物的历史局限性估计不够而予以过分的或不适当的表扬。甚至用现代的词语来描写历史人物，企图使之现代化、理想化。第三，常常把过去的历史人物或事件和现在的人物或事件做一种轻率的历史类比，甚至不科学地把他们等同起来，好像不如此，就是脱离现实，就失掉了历史科学的现实意义。第四，关于与各民族之间的战争有关人物的评价问题。[③]

瑞云认为，从历史唯物论的观点出发评价一个历史人物，不是用今天的标准去要求一个历史人物，而是严格地联系到这个历史人物当时的历史条件，进行具体的分析。评价一个历史人物的作用，要以其思想或行动能否推动社会生产力的发展，能否推动社会的发

<hr />

① 稽文甫：《历史人物的评价问题——二月十八日对新史学会河南分会演讲》，《新史学通讯》1951 年第 4 期。

② 稽文甫：《关于历史评价中的几个矛盾问题——四月十二日在中国史学会河南分会上的讲话》，《史学月刊》1953 年第 5 期。

③ 翦伯赞：《关于历史人物评论中的若干问题》，《新建设》1952 年 9 月号。

展，能否符合人民群众的利益和要求为标准。①

　　张研彬论述了以下几个问题：第一，历史人物的作用与意义。第二，评价历史人物的标准。（1）历史人物对社会发展所起的客观作用，是评价的基本尺度；（2）不能把人物的主观动机作为评价他们的基本尺度。第三，评价历史人物的方法。历史唯物主义的立场观点和方法是分析人物的锐利武器，同时运用阶级分析时应注意的两种情况：（1）不能认为剥削阶级的人物只能起反动作用；（2）剥削阶级出身的人物有可能突破阶级局限性。第四，判明正面或反面人物的环节。②

　　吴晗发表《关于评价历史人物的一些初步意见》《关于历史人物评价问题》《历史教材和历史研究》《论历史人物评价》等多篇论文，对历史人物评价问题进行了探讨。其主要观点如下：第一，评价历史人物要依据当时当地标准。第二，要从生产斗争和阶级斗争出发，归结为阶级的活动。第三，评价历史人物要从整个历史发展出发，从几千年来多民族国家的具体事实出发。第四，应从整治措施、政治作用出发，而不应该从私人生活方面出发，也就是政治第一，以政治为衡量历史人物的尺度。第五，要注意阶级关系，运用阶级分析的方法来研究历史人物，但是不可以绝对化，把阶级成分作为评价历史人物的唯一尺度。第六，评价历史人物，绝不可以拿今天的意识形态强加于古人。把古人现代化了，不仅歪曲了历史，是非历史主义的，而且也失去了对今人的教育意义。③

　　吴泽、谢天佑分别对"翻案"问题、统治阶级个别人物的历史地位和作用问题、评价历史人物的标准问题、评价历史人物的立场

---

　　①　瑞云：《对评价历史人物的几点意见》，《光明日报》1954 年 12 月 23 日，第 3 版。

　　②　张研彬：《略论历史人物评价的几个问题》，《历史教学》1954 年 8 月号。

　　③　吴晗：《关于评价历史人物的一些初步意见》，《历史教学》1959 年第 12 期；《关于历史人物评价问题》，《新建设》1961 年第 1 期；《历史教材和历史研究中的几个问题》，《人民教育》1961 年第 9 期；《论历史人物评价》，《人民日报》1962 年 3 月 23 日，第 5 版。

问题，以及历史人物的品质和个性的问题进行了阐述。①

师宁针对历史人物受什么支配或决定、评价历史人物的"标准"以及原则和方法这两个问题与吴晗、汪原等同志提出商榷意见。②

尚钺论述了为什么要研究历史人物，怎样研究历史人物，历史观点和阶级观点，历史上的好皇帝和好官等问题。③

谢本书认为，评价历史人物的意义是为政治服务。历史科学是有倾向性的，它是党性很强的科学，它必然为一定的阶级服务。无产阶级对无产阶级历史科学的要求是为无产阶级政治服务，成为无产阶级进行斗争的工具和武器。为一定阶级的政治服务，是历史科学的最根本的任务。对历史人物的研究和评价当然也不能例外。第一，通过对个人活动的探讨，透过对历史人物的研究和评价，揭示出支配历史人物活动的物质力量，从一个方面揭示社会历史发展的客观规律性。第二，历史人物的研究，是历史科学研究的一个重要方面，透过它，从一个方面或某些方面，揭示出错综复杂的社会历史的基本面貌，从而为阐明历史发展的基本线索和规律提供某种有利条件。第三，对历史人物的研究和评价，是我们进行政治思想教育——阶级教育，批判地继承历史遗产的重要方面。同时，作者认为，评价历史人物的标准只有一个，即历史唯物主义，而在具体评价历史人物中，则应该掌握住四个原则，即阶级、时代、发展和功过，和三点要求，即今天的高度、动机与效果、个人与群众。④

张磊提出值得注意的几个倾向是：第一，怎样正确处理历史人物和群众的关系；第二，评价历史人物最基本的绝对要求，就是坚持历史主义，或者说是马克思的历史主义；第三，评价历史人物的

---

① 吴泽、谢天佑：《关于历史人物评价的若干理论问题——论一年来评价曹操讨论中存在的问题》，《学术月刊》1960 年第 1 期。
② 师宁：《有关历史人物评价的两个问题》，《人民日报》1962 年 9 月 13 日，第 5 版。
③ 尚钺：《有关历史人物评价的几个问题》，《历史研究》1964 年第 3 期。
④ 谢本书：《试论历史人物的评价》，《史学月刊》1965 年第 7 期。

主要标准"应该是看一个历史人物在历史上所起的作用。而不能够像某些文章所表现出来的那样，把社会伦理道德观念作为评价历史人物的主要标准"。第四，反对"四人帮"在评价历史人物中所表现出的形而上学。①

史苏苑指出，对于历史人物评价应注意：第一，人物特性和历史外貌问题；第二，政治表现和学术成就问题；第三，生前成就和身后影响问题；第四，民族英雄的斗争活动和思想感情问题；第五，哲学观点和政治态度的关系问题。②

李时岳、赵矢元《略论评价历史人物》一文主要涉及以下6个问题：（1）正确评价历史人物，必须肃清"左"倾思潮的流毒。这种"左"倾思潮表现在多方面，最主要的是把"阶级分析""阶级观点"简单化、片面化、公式化或标签化。（2）历史人物评价中的阶级分析问题、历史主义问题和评价标准问题。对评价标准该文认为，"评价历史人物有一个客观的标准，这个标准不是'阶级分析'、'阶级观点'，而是客观的历史作用之好坏、大小"。并且，"坚持历史作用为根本标准，一定要反对以人的主观因素、道德规范为主要标准"。（3）历史人物评价中的必然性与偶然性问题。这个问题主要指判断历史人物的功过，要着重分析客观历史条件，不要过分追究个人的责任。因为任何重大历史事件的发生，它的原因都不应该在几个领袖人物的偶然动机、优缺点、气节中去寻找，而应该从总的社会状况和社会条件中去探索。不着重追究个人责任，并不是说个人的特点对事件不起作用和影响。要把必然性与偶然性联系起来考察。（4）动机与效果的关系问题。应该把二者统一起来考察，但不能强调动机。（5）综合评价问题。对此，主要根据历史人物一生的主要作用。（6）阶级立场与历史主义的问题。无产阶级立场与历史主义，不应该对立起来，二者也不是对立的。我们评价

---

① 张磊：《关于历史人物评价的几个问题——略论几种值得注意的倾向》，《内蒙古大学学报》（哲学社会科学版）1979年第1、2期（合刊）。

② 史苏苑：《关于历史人物评价五题》，《史学月刊》1982年第5期。

历史人物的立场，只能站在最先进的有科学世界观的无产阶级立场。我们讲的历史主义，不是资产阶级客观主义，而是马克思主义的历史主义。①

戴逸提出历史人物评价中的三个教训：第一，由于历史和历史人物的复杂性，我们必须进行细致的具体分析；第二，学术和政治史互相联系的，历史和现实也是密切相关的，但学术毕竟不同于政治，历史毕竟不同于现实，两者之间不能画等号；第三，历史科学领域中还需要反对"左"的影响，肃清"左"的影响，这是历史科学能否健康发展的关键。②

陶富源认为，评价历史人物要考察其全部活动，重在分析其历史性的活动；要联系历史运动的可能幅度，去分析人物历史性活动的作用；要就人物活动的当时作用和历史影响进行全面考察。③

赵文润论述了历史人物评价在历史科学中的地位以及如何正确评价历史人物。对后一问题赵氏认为：第一，必须正确运用历史唯物主义观点评价历史人物，须做到（1）要把历史人物放在一定的历史范围内加以评价；（2）在评价历史人物的政治实践及其思想时，不应停留在个人动机上面，而要深入探索其代表的阶级利益以及特定的民族关系的环境；（3）正确处理个人与人民群众的关系；（4）应该进行综合研究。第二，掌握丰富而准确的史料。第三，实事求是，具体分析。第四，要全面考察历史人物，主要看其历史作用。④

吴廷嘉指出研究角度的多维与交叉，评价标准的多元与统一，研究方法的丰富与发展。吴氏对研究方法主要论述了阶级分析法、

---

① 李时岳、赵矢元：《略论评价历史人物》，载吉林省历史学会编《历史人物论集》，吉林人民出版社 1982 年版。

② 戴逸：《实事求是地评价历史人物》，《苏州大学学报》（哲学社会科学版）1985 年第 1 期。

③ 陶富源：《坚持用历史的态度评价历史人物》，《青海师范大学学报》（社会科学版）1985 年第 3 期。

④ 赵文润：《论历史人物评价的几个问题》，《社会科学评论》1986 年第 2 期。

系统论法、心理分析法、历史比较法等。①

鄢裕仁认为，评价历史人物：第一，应充分肯定杰出历史人物的功绩；第二，全面评价历史人物，应采用主观动机与客观效果分开论、"一分为二"的功过论、阶段发展转化论；第三，各民族的历史人物应一视同仁。②

简桐指出：第一，在评价历史人物问题上受极"左"思潮影响而出现了一些偏向：（1）把历史人物的阶级性与历史性分析对立起来；（2）阶级分析简单化；（3）对历史人物只作静态分析，不作动态观察，对他们的功过不深究为什么由功到过或由过到功的转变；（4）把历史与现实简单类比。第二，评价历史人物的标准，一是注意历史人物对物质文明发展所起的作用，二是注意对精神文明所做的贡献，三是注意在历史关键时刻所发挥的重要作用。简氏认为这是评价历史人物的基本标准，但他在该文中又指出，评价标准归根到底可以集中到一点上，即对社会生产力的发展是促进还是促退。第三，历史人物功与过有几个方面可以考虑：（1）对上升时期的地主阶级、阶层、集团与代表人物也要注意两重性，一是贪欲的两重性，二是政权的两重性，三是人物的两重性；（2）评价历史人物要瞻前顾后，看他的前前后后各个方面，视其实践和思想的发展，进行分期、分阶段、分方面的评价。第四，评价历史人物不仅要看其阶级性，还要看个人素质。③

李屏南在《历史人物评价三题》中对如何科学界定评价标准、如何正确认识评价方法、如何提高评价主体的素质进行了论述。对评价标准，李氏认为应以是否从正面推动社会进步为评价历史人物的标准。他认为影响评价主体的因素主要有情感、利益和政治。同时，评价主体要具备较高的文化科学知识、理论思维、思想品德等

---

① 吴廷嘉：《历史人物研究的几个理论问题》，《安徽史学》1986 年第 3 期。
② 鄢裕仁：《千秋人物何以评说——浅谈评价历史人物》，《赣南师范学院学报》（哲学社会科学版）1987 年第 2 期。
③ 简桐：《关于历史人物评价的几个理论问题》，《史学月刊》1987 年第 3 期。

修养。① 其中关于如何提高评价主体的素质的议论较有特色。

胡一华发表多篇关于历史人物评价的文章，如《关于历史人物评价的几点看法》《评价历史人物可从性格切入》《评价历史人物必须反对的倾向》《从哲学视角剖析与评价历史人物》。在上述文章中，胡氏认为，对历史人物进行评价必须处理好三个主要问题：一是要处理好特殊的社会状态与历史人物特殊个性的关系；二是要把握历史人物所处的历史大小环境间的联系；三是要正确理解历史的必然性与偶然性的辩证关系。同时他还提出评价历史人物的四种方法，从性格切入、"阶段论"和"方面论"相结合、从哲学视角剖析与评价、阶级分析。同时，胡氏提出了必须反对的几种倾向，即（1）强迫古人变今人；（2）苛求古人；（3）把历史当作政治的附庸；（4）大刮翻案风；（5）"逆推法"，就是对于某个历史人物，特别是反面人物只要后来在政治上出了问题，就可以把他以前的功劳一笔勾销，或隐而不提，或将功劳诅咒为罪恶；（6）阶级分析简单化；（7）模式化；（8）形而上学概念化。②

祝伟坡专门就如何评价中国革命史人物发表意见。他在《中国革命史人物评价问题》《中国革命史人物评价的标准和方法》中认为，评价中国革命史人物的基本标准是：是否有利于社会生产力的发展，即生产力标准；是否有利于国家的独立和统一，即民族性标准，或者说爱国标准；是否有利于广大人民群众，即人民性标准。同时，祝氏认为正确的方法是：坚持历史主义，从史实出发，实事求是地评价人物，这是正确评价的前提条件和理论基础；坚持马克思主义的阶级分析方法；采用发展论和阶段论相结合的方法；运用

---

① 李屏南：《历史人物评价三题》，《湖南师大社会科学学报》1989 年第 4 期；《论制约人物正确评价的原因》，《湖湘论坛》1994 年第 5 期。

② 胡一华：《关于历史人物评价的几点看法》，《丽水师范专科学校学报》1992 年第 1 期；《评价历史人物可从性格切入》，《丽水师范专科学校学报》2000 年第 1 期；《评价历史人物应该是"阶段论"和"方法论"的结合》，《丽水师范专科学校学报》2000 年第 3 期；《从哲学视角剖析与评价历史人物》，《丽水师范专科学校学报》2000 年第 4 期；《阶级分析法仍是评价历史人物的重要方法》，《丽水师范专科学校学报》2000 年第 6 期；《评价历史人物必须反对的倾向》，《丽水师范专科学校学报》1999 年第 3 期。

全面论和重点论相结合的方法；注意运用历史比较方法。①

　　江连山认为，评价历史人物应遵循统一的原则，即历史主义原则、阶级分析原则、动态（或发展）原则、实事求是与具体分析原则以及动机效果统一论原则。同时他认为应从以下角度来评价历史人物：第一，主要考察历史人物的社会实践活动（包括关于社会的政论、文章）。政治人物主要考察其政治实践活动；军事人物主要考察其军事实践活动；科技文化人物主要考察其科学实验活动和文化艺术创作活动。至于个人生活，我们只能考察其影响历史人物社会实践活动的方面，如生活作风、性格、嗜好、伦理道德等意识形态方面诸因素，以及家庭物质境遇等。第二，主要从历史人物所处物质环境考察其社会实践的动因、状况、结果。第三，还要对历史人物所处时代其他条件乃至本人条件进行考察，如社会思想文化、伦理道德、风俗习惯、宗教迷信等，以及个人因素方面的文化水平、智力、性格、经验等。对于评价历史人物的统一标准，江氏认为：第一，要以推动还是阻碍历史发展为标准。第二，要以对人民有利还是有害为标准。一是指为劳动人民提供或保障生存权的各种举措属于有利，反之为有害。二是指为劳动人民提供创造权、发展权。第三，要以是否符合中华民族传统道德为标准。②

　　总体看来，20 世纪 90 年代以后，随着史学界对理论问题的疏远和冷淡，围绕历史人物评价问题的讨论也逐渐稀落，唇枪舌剑、你来我往的热烈争论场面不复存在，也少有重大原创性成果面世。但是，历史人物评价问题的研究还是取得了一些进展，并且由于政治意识形态氛围的变化，研究讨论的问题及使用的语言越来越趋向学术化，评价方法日益多元化。

　　进入 21 世纪以后，关于历史人物评价的研究仍有一些零星成果出现。

---

① 祝伟坡：《中国革命史人物评价问题》，《中共党史研究》1993 年第 4 期；《中国革命史人物评价的标准和方法》，《教学与研究》1993 年第 5 期。
② 江连山：《杂议历史人物评价问题》，《绥化师专学报》1997 年第 3 期。

欧阳跃峰论述了评价历史人物的标准问题、情感与理性问题、主观动机与客观效果问题以及研究历史的目的问题。①

王全权提出，正确评价历史人物必须遵循历史的原则与阶级的原则，同时要依据三个重要标准，即要看历史人物是否代表了生产力发展的要求，是否代表了当时社会先进文化发展的方向，是否体现了人民群众的利益。②

周兴樑提出，研究和评价历史人物的重要社会功用不仅帮助人们了解过去、把握现在和认识未来，不断推动人类社会进步与发展，而且其重要意义还有以下几点：第一，有助于认识和把握人类社会发展的客观规律及其前进的道路。第二，有助于我们认识和解释错综复杂的历史全貌，从中发现和阐明历史发展的阶段性的基本线索。第三，有利于我们更好地进行爱国主义、革命传统和政治思想等方面的教育，有利于批判地继承祖国的优秀历史文化遗产，将之用于进行社会主义的政治文明与精神文明建设。同时，对于历史人物研究评价的理论与方法问题，首先，应在马克思历史唯物主义理论的指导下进行。其次，坚持实事求是的原则。坚持"历史的观点"，将人物放在一定的历史范围和历史条件下，进行具体人物具体分析；坚持从事实出发，充分地占有史料和进行全面的研究分析工作；坚持依据人物的客观实践活动来评判其功过是非，做到不过分溢美，也不有意丑化。再次，应关注和展示人物的"时代价值"，坚持将研究历史和研究现状结合起来，并以前者为后者服务。最后，研究评价历史人物的具体方法多种多样，而阶级分析法是最基本的方法。③

葛剑雄认为，评价历史人物应该以事实为依据。事实是评价历

---

① 欧阳跃峰：《也谈历史人物评价的相关理论问题——以李鸿章的外交活动为例》，《史学理论研究》2003 年第 3 期。

② 王全权：《历史人物评价再思考》，《南京林业大学学报》（人文社会科学版）2003 年第 3 期。

③ 周兴樑：《历史人物研究评价的几个问题》，《福建论坛》（人文社会科学版）2004 年第 6 期。

史人物的基础，实事求是的研究是正确评价的前提，正确的结果才能真正为政治和现实服务。①

罗福惠主张应用多样的标准和范式，不赞同以一种标准和范式来否定和排斥别的范式或标准。② 但文中没有提出这些范式和标准的内容。

夏宏根指出，对反面历史人物评价应注意以下问题：第一，以偏概全，不加分析地把反面历史人物说得一无是处；第二，夸大错误，把原来属于一般认识上的错误说成是罪恶；第三，牵强附会，把与反面历史人物没有直接关系的事硬挂到他们头上；第四，回避史实，将反面人物在历史上的作用抹去不提；第五，简单对号，使反面历史人物脸谱化、公式化。这主要表现为：（1）血统论——只要是反面人物，出身肯定是不会好的，就要从他的老祖宗批；（2）无能论——把反面历史人物说成是不学无术的"草包"，无知无能的笨蛋。（3）生活糜烂——吃喝嫖赌，骄奢淫逸，这可说是一些人笔下反面历史人物的一大特征。③ 即使对反面历史人物也要实事求是具体分析，不能以偏概全，因人废事。对反面人物的评价是历史人物评价中的一大难题，此文是一种积极的探索。

近代历史人物评价一直是历史人物评价中的焦点和难点。

孔祥吉提到，对于近代史人物评价问题，第一，应破除尊卑之界；第二，应运用比较之法；第三，应多层次、多角度对历史人物进行剖析；第四，不可忽视史料的发掘。④

邓京力考察了历史评价标准的产生与来源，历史评价标准的种类与等级，历史评价标准的特征。⑤ 并提出，多样性与统一性，流

---

①　葛剑雄：《历史人物的评价应该以事实为依据》，《探索与争鸣》2004 年第 3 期。

②　罗福惠：《历史事实和历史人物评价的多样范式》，《探索与争鸣》2006 年第 3 期。

③　夏宏根：《略论反面历史人物评价中的几个问题》，《求实》1986 年第 3 期。

④　孔祥吉：《谈近代史研究中人物评价问题》，《福建论坛》（文史哲版）1987 年第 1 期。

⑤　邓京力：《关于历史评价标准的反思》，《史学月刊》1999 年第 3 期。

变性与稳定性，理性与非理性，现实性与历史性，制约性与超越性。①

除上述新的探索之外，一些学者仍一如既往地强调历史人物评价中的唯物主义原则。马识途认为评价历史人物必须"知人论世"。这主要包括进行实事求是的评价，以马克思主义的唯物史观作指导，反对评价历史人物的唯心主义观点；评价历史人物的是非必须在特定历史的全过程中，对历史人物生活全过程，进行全景式的透彻考察，不仅听其言更要观其行，看他是加速或促进了还是阻碍或迟滞了历史的发展过程。②

（三）史学理论著作

除专书和专题论文外，不少史学理论著作也涉及历史人物评价的理论与方法问题。1983 年，新中国成立后第一部史学概论作品——葛懋春主编的《历史科学概论》第七章专门论述了"关于历史人物评价"的三个问题：第一，人民群众和个人在历史中的作用，主要观点是人民群众是历史的创造者，在这一前提下，承认杰出人物在历史上的重大作用，消除英雄史观的影响。第二，树立评价历史人物的正确标准，认为"以对于社会历史发展所起的作用去评价历史人物的历史地位"。同时论述了历史人物翻案问题。第三，全面评价历史人物，即具体分析历史人物所处的历史条件；具体评价历史人物的功与过，这主要是"对历史发展起促进作用还是起阻碍作用而言的"；注意处理几种关系：1. 主观动机与客观效果之间的关系；2. 局部与全局的关系；3. 历史发展的客观规律性与历史人物主观能动性之间的关系；4. 具体分析，区别对待。认为评价思想家、哲学家、文学艺术家等历史人物，就不能像评价政治家那样，主要考察政治活动，而是应该主要考察他们的思想成就、文学

① 邓京力：《试析历史评价标准内部的各种矛盾》，载瞿林东主编《史学理论与史学史学刊》（2004—2005 年卷），社会科学文献出版社 2005 年版，第 134—149 页。
② 马识途：《评价历史人物必须"知人论世"——谈正确评价郭沫若》，《文史杂志》2000 年第 4 期；《评价历史人物必须"知人论世"——在〈郭沫若与新中国〉学术讨论会上的发言》，《郭沫若学刊》2001 年第 1 期。

艺术成就。自然科学家不仅在自然科学史上享有地位，而且应该在人类社会史上享有地位。①

在光明日报社史学专刊编的《历史理论研究》一书中，载有苏双碧、肖黎的《关于历史人物评价的几个问题》一文。该文主要论述了三个问题：（一）阶级分析。认为对历史人物的评价，必须注意阶级分析，这是运用历史唯物主义研究历史最起码的要求。（二）不能苛求于古人。（三）气节。气节观是评价历史人物的标准之一。②

在葛懋春、项观奇主编的《历史科学概论参考资料》中收录的关于历史人物评价的文章有：郭沫若的《替曹操翻案》，翦伯赞的《关于历史人物评论中的若干问题》，吴晗的《关于评价历史人物的一些初步意见》，吴泽、谢天佑的《关于历史人物评价的若干理论问题》，尚钺的《有关历史人物评价的几个问题》，苏双碧的《论历史人物评价》，刘泽华、王连升的《清官问题评议》。③

李桂海的《现代人与历史的现代解释》第四章——历史评价，对历史人物的道德评价和价值评价等有所论述，但他所谓的"价值"是与道德相对而言，主要指的是"事功"，他所谓的"价值评价"就是事功评价。④

苏双碧《历史科学的理论和方法》一书论述关于历史人物评价的几个问题时，主要涉及以下几个问题。

第一，关于阶级分析和阶级标签。对历史人物的评价，必须注意阶级分析，这是运用历史唯物主义研究历史最起码的要求。在阶级社会中，人是属于不同阶级的，人们从事各种政治、经济、宗教的活动，都是代表各自所属的阶级利益的，无一可以例外。阶级分

---

①　葛懋春主编：《历史科学概论·第七章·关于历史人物评价》，山东教育出版社1983年版，第194—220页。

②　苏双碧、肖黎：《关于历史人物评价的几个问题》，载光明日报社史学专刊编《历史理论研究》，重庆出版社1984年版，第240—249页。

③　葛懋春、项观奇主编《历史科学概论参考资料》（下册），山东教育出版社1985年版，第1177—1342页。

④　李桂海：《现代人与历史的现代解释》，湖北人民出版社1989年版。

析法是要考察历史人物活动的阶级斗争背景，以及历史人物的思想行动所反映的阶级利益，并不是简单地按照"公式"去贴阶级标签。这种观点代表了阶级分析论的主要观点。

第二，关于拨乱反正和正确评价。研究历史又不能脱离现实政治，因为我们不是为研究历史而研究历史。马克思主义者研究历史，是为了探索历史发展的规律。

第三，关于实事求是和具体分析。实事求是是评价历史人物的重要原则，只有实事求是地评价历史人物才能得出恰如其分的结论。由于历史人物所处的时代不同，所从属的阶级不同，以及他们从事的社会活动的经历不同，因此，在评价历史人物时，就必须实事求是地对历史人物进行具体分析。历史人物的社会活动是复杂多样的，同一个历史人物，前期、中期、后期的政治主张、社会作用都可能有所不同。因此，只有把历史人物的活动放到具体的阶级斗争环境和历史范围之内进行分析，才能揭示他们的本来面目。（1）对帝王将相的评价。这类历史人物在阶级社会的历史记载中为数最多，身份越高，记载也越详。考察这些历史人物的功过，首先要看他们从事的社会活动和政治活动对历史发展是起促进作用还是促退作用，这是最根本的一条。其他诸如是否维护国家的统一，维护民族的团结，当然也是衡量历史人物功过的一个内容。（2）对农民战争领袖的评价。评价农民战争领袖的功过，主要是看他们在打击极端腐朽的封建王朝中所起的作用，当然农民战争领袖个人的才能、品德、气节也属于应该考察的内容之一。（3）对从事科学技术或文学艺术人物的评价，主要是看他们当时所达到的成就以及作品对当代和后代的实际价值和影响来对他们做出评价。至于他们的阶级立场、世界观、政治态度可以作为对他们进行全面评价的一个内容，但却不能当作主要内容来考察。①

贾东海、郭卿友主编的《史学概论》讨论历史人物评论原则与

---

① 苏双碧：《历史科学的理论和方法》，上海人民出版社1990年版，第240—258页。

方法时，作者就历史人物评价的原则、"成败论英雄"、阶级分析、所标榜的"理论"或"主义"、革命性、权势与地位、气节、历史人物个人品德的真善美与假恶丑、历史人物自身的历史活动事实、政治斗争的需要、无产阶级的立场观点等提出了商榷意见，并提出功过标准是："凡是推动了社会发展的即为功、为是；凡是阻碍了历史发展的即为过、为非。"作者认为在评价历史人物时，应解决好以下几个问题：第一，要紧紧抓住时代的主要矛盾和历史发展的主要趋势；第二，要正确处理历史人物活动的主观动机与客观效果的关系；第三，注意暂时的、局部的作用与长远的、全局的作用之间的关系；第四，强调具体分析，区别对待。同时，作者综述了对评价历史人物的阶段论、方面论、综合论、历史条件论、联系比较论。在该著中，蒋大椿对"关于历史人物评价的理论"做了综述。①

　　王正平在《史学理论与方法》中认为，评价历史人物，第一，要了解历史人物所处的时代背景及发展趋势。第二，要尽可能详细地占有可信的基本史料。第三，要以发展的观点评价历史人物，包含三层意思：（1）把历史人物放在整个历史发展过程进行考察。（2）历史人物本身也是发展变化的，应当从发展的眼光考察他的一生及其对后世的影响；即使选取其生平的一个时段进行研究，亦要适当考虑到其上下联系。（3）对正面人物要肯定他比前辈提供了什么新的东西，同时，指出他存在什么缺失。对反面人物也要如实地评述他在另外领域有无贡献，有什么贡献。第四，应站在无产阶级立场，实事求是，不苛求，不溢美，全面评价历史人物。即使对无产阶级革命领袖，也要做出如实的全面的评价。第五，研究阶级社会的历史人物，必须正确处理个人性格、个人活动和阶级的关系。总之，"我们对历史人物的是非功过，必须如实评述，必须站在无产阶级立场，分析历史人物的思想和实践在历史上起了什么作用，指出他们存在的时代和阶级局限性"。同时，作者对社会历史发展

---

　　① 贾东海、郭卿友主编：《史学概论》，中央民族大学出版社1992年版，第228—381页。

的基本规律、阶级分析法、历史主义及其运用等问题有所论述。①

张艳国的《唯物史观与史学理论》中篇"唯物史观与史学理论"中，论述了历史评价与道德评价的关系问题。他认为："评价历史活动中的事件和人的作为是否合乎道德要求，是否'善'或'恶'，最根本的或从总的方面说，要看该事件的发展及其后果、该历史主题由动机到效果的发展，是否与历史发展的进步方向（总趋势）相一致，是否有利于历史的进步，简单地说，看该评价对象对历史进程起了促进作用，还是促退作用。这也就是历史的标准。道德评价中的一切具体的特殊的标准，都是在研究中对这一总标准的运用和体现，离开这个标准，一切具体的标准都失去了意义和作用。善与恶，这对道德评价的基本范畴和标准，也要在这个总标准面前接受检验。一般来说，符合社会历史发展要求的作为，是与历史发展的进步性相统一的，这种历史活动是'善'的；反之，便是'恶'的。"②

王旭东在《史学理论与方法》中认为，关于历史人物评价，马克思主义经典作家为我们树立了典范，这主要包括以下几个方面：首先，肯定人民群众是历史的创造者，并不等于否认个人在历史发展中的作用；其次，任何伟大的历史人物都是社会需要的产物，任何英雄人物都是时势造就的；再次，任何历史人物所发挥的作用，都受历史条件的制约，都脱离不了历史发展规律的支配；最后，历史人物只有依靠群众力量才能实现自己的历史作用。王旭东中认为，对历史人物进行全面考察，实事求是地评价，必须从以下几个方面着手：第一，关于历史人物生平事迹的史实研究，除了收集、整理、订正有关史料之外，还要对历史人物做阶段分析和方面分析。第二，关于历史人物的功过评价，主要采用价值分析、辩证分析和阶级分析。第三，关于历史人物经验教训的总结，主要应进行

---

① 王正平：《史学理论与方法·评价历史人物》，杭州大学出版社 1995 年版，第 47—204 页。

② 张艳国：《唯物史观与史学理论》，华中理工大学出版社 1997 年版，第 241—260 页。

思想性分析和规律性分析。关于评价历史人物的基本标准，王氏认为："应该依据马克思主义的基本原理，综合考察历史人物的全部活动，看其对当时社会和整个人类社会的生产发展和历史进步起了推动作用，还是起了阻碍作用，起推动作用者即予以肯定，起阻碍作用者即予以否定，如果两者兼而有之，则应分别情况，视其大小，予以恰如其分的判定。"① 作者在此体现出了马克思主义史学的正统观点。

杨豫、胡成合著《历史学的思想和方法》中涉及历史人物评价的道德标准问题。对历史人物评价中忽略道德评判存在的现象，提出反问与质疑。②

李振宏的《历史学的理论与方法》中论述了评价人物的标准，动机与效果，人物评价中的阶段论、方面论、综合论，关于反面人物的评价问题。③

2008 年新版的李振宏、刘克辉合著《历史学的理论与方法》第十五章是"历史人物评价的理论方法"。作者认为历史人物评价的理论方法，主要包括：

第一，个人在历史上的作用问题。作者主要论述了历史的必然性思想丝毫不否认个人在历史上的重大作用；个人与群众的历史作用及其关系问题；个人作用与历史趋势的关系；英雄与英雄崇拜；个人隶属于阶级，历史个人是一定的经济关系的人格化。这些问题是在马克思主义史学的范畴内展开的。

第二，历史人物评价的基本方法。主要包括以下几个方面。

（1）分析历史人物的活动在多大程度上满足了当时社会的需要。分析历史人物活动的时代条件及各种社会矛盾，把历史人物紧紧置于他所处的社会时代之中，看他的活动在多大程度上满足了当时社会的伟大需要。首先要分析他所处的时代的各种社会条件，诸

---

① 王旭东：《史学理论与方法》，安徽大学出版社 1998 年版，第 55—66 页。
② 杨豫、胡成：《历史学的思想和方法》，南京大学出版社 1999 年版，第 387—391 页。
③ 李振宏：《历史学的理论与方法》，河南大学出版社 1999 年版。

如生产力发展水平，社会政治经济状况，以及在这种状况下产生的各种社会矛盾等，并指出在当时的条件下，社会向前发展对人们提出了哪些亟待解决的重大课题。然后再考察历史人物的活动如何解决、在多大程度上解决了他面对的重大课题。这样，我们就可以清楚地看到历史人物的活动对于他所处的时代的价值和意义。

（2）考察历史人物一生活动的全过程。分析历史人物一生活动的全过程，弄清其思想发展的各个不同阶段，对历史人物本身做历史考察。这是从历史人物自身成长的线索中考察他的思想行为归宿的基本方法。

（3）对历史人物进行阶级分析。联系历史人物所代表的那个阶级的政治经济状况，从其利益和要求考察历史人物的社会活动，把个人的活动归结为阶级的活动。这是阶级分析方法在历史人物评价中的推广和运用。

（4）分析历史人物对整体历史进程所产生的影响。把历史人物放到历史发展的全过程中进行考察，和他先前的时代相比，看他比前人提供了哪些新的东西；和他身后的时代相比，看他对后人产生了哪些影响。这是评定历史人物的历史地位的基本方法。历史人物对后世影响的大小，积极与消极，也成为我们判定其历史地位的重要方面。这一方法也体现着历史主义的重要原则。

（5）分析历史局限性，正确对待个人的历史过错。分析历史人物的历史局限性，不苛求于古人；但亦需分清是非，指出其过错中的个人责任。这是正确看待历史人物过错的基本方法。关于历史局限性的思想，可以归纳为以下三点：就一个时代来说，任何个人的历史活动和历史认识，都不能超越这个时代的社会经济状况、政治状况及科学文化发展水平所规定的界限；除去时代的限制之外，任何个人的历史活动和历史认识还不能超越他所代表的那个阶级的利益及其历史地位所规定的界限；除去时代和阶级的限制之外，任何个人的活动和认识又不能超出他个人有限的活动能力和认识能力的界限。正确分析历史人物时代的、阶级的及个人认识和活动的局限性，这是历史主义原则在评价历史人物中的具体运用。但是，历史局限性的思想，并非是要我们无原则地原谅古人的一切过错。在评论历史人物的过错时，不能用历史局限性来原谅他们的一切过错。对那些没有充分利用历史提供的可能性，没有充分发挥自己的主观能动性，或者没有使自己的主观努力方向同历史发展方向一致而造成了不应有的历史失误的人，必须实事求是地分清是非，指出其个人责任。①

　　周建漳著《历史及其理解和解释》的第六章为"历史评价问题"，其主要内容有历史评价的类型、历史评价的逻辑前提、关于历史的道德评价的必要性与次要性、历史评价的对象层次及历史进步问题。②

　　陈其泰主编《中国马克思主义史学的理论成就》第二章第五节是"关于历史评价的理论"，其主要内容有：第一，历史评价理论对于史学研究的意义。第二，历史评价理论体系之初步建构。主要论述了从新中国建立到"文化大革命"前的 17 年，以郭沫若、范文澜、翦伯赞、嵇文甫和吴晗等为代表的中国马克思主义史学家，在创建历史评价理论体系上做了突出的贡献，主要包括：（1）关于个人在历史上的作用和统治阶级的评价问题；（2）关于历史上爱国主义、民族战争性质和民族英雄的评价问题。第三，历史评价理论所经受的考验和历史主义原则的阐扬，主要内容包括学术的争鸣和论争推进了理论的发展，阐发历史主义的基本原则。第四，近代史上有关重大是非的两个问题的评价，即如何看待帝国主义的侵略和近代史上的革命与改良。③

（四）综述性论著

　　由于历史人物评价问题是新中国成立后史学理论中的一个热点问题，诸多学者对历史人物评价状况进行总结。这些文章或单独发

---

①　李振宏、刘克辉：《历史学的理论与方法》，河南大学出版社 2008 年版，第 347—383 页。

②　周建漳：《历史及其理解和解释·第六章·历史评价问题》，社会科学文献出版社 2005 年版，第 250—281 页。

③　陈其泰主编《中国马克思主义史学的理论成就》，国家图书馆出版社 2008 年版。

表，或散见于有关的史学理论著作中。主要有：

高世瑜的《关于历史人物评价的一些意见》和《关于历史人物评价的理论与方法》，这两篇文章主要综述了以下五个方面的问题：对历史人物的评价标准；历史人物评价方法论；重点问题探讨（动机与效果、历史人物的局限性、个性与个人品德）；综评与结论；研究主体问题。①

梁友尧、谢宝耿编著的《中国史问题讨论及其观点》（1976.10—1980.6），其第六章"关于若干历史人物的评价"和第四、第五章的相关内容，对夏启、帝辛（纣）等45位历史人物的评价做了综述。②

周朝民、庄辉明、李向平编著的《中国史学四十年（1949—1989）》，其中第一编第三章第三节"历史人物的评价"，和第四编第一章第四节"关于历史人物评价的再探讨"，对关于评价历史人物的标准、分析方法（包括阶级分析、历史主义的分析等方法）、如何看待历史人物的局限性、关于政治活动与个人道德品质和主观动机与客观效果等几种关系做了简要综述。③

罗宝轩的《1979年以来关于史学理论和史学方法论探讨的摘述（二）》④，对"关于历史人物的评价问题"做了"摘述"，但内容相当简略。

在某些相关著作中亦有关于历史人物评价标准的综述。蒋大椿的《历史理论·关于历史人物评价的理论》《40年来历史理论研究述略·关于历史人物评价的理论》《新中国40年来历史理论研究述

---

① 高世瑜：《关于历史人物评价的一些意见》，《历史研究》编辑部编：《建国以来史学理论问题讨论举要》，齐鲁书社1983年版，第347—389页；高世瑜：《关于历史人物评价的理论与方法》，载肖黎主编：《20世纪中国史学重大问题论争》，北京师范大学出版社2007年版，第238—263页。

② 梁友尧、谢宝耿编：《中国史问题讨论及其观点》（1976.10—1980.6），山西人民出版社1984年版。

③ 周朝民、庄辉明、李向平编著：《中国史学四十年（1949—1989）》，广西人民出版社1989年版。

④ 罗宝轩：《1979年以来关于史学理论和史学方法论探讨的摘述（二）》，《历史教学》1986年第8期。

略·关于历史人物评价的理论》，这三篇文章的内容基本一致，主要综述了历史人物评价研究课题的价值、历史人物评价的标准、评价历史人物的方法论。①

周朝民、孙炳元、刘宪章主编的《历史学新论点》中有"历史人物的评价"专文，主要综述了评价历史人物的原则、标准和方法，研究历史人物的目的和意义，历史人物的具体分析与评定，阶级分析方法的运用，历史人物的局限性问题，关于评价历史人物的学科建设。② 其中最富特色的是关于评价历史人物的学科建设。但该文对上述问题的综述欠全面。

陈伟桐的《历史人物评价标准问题》，主要从 20 世纪 50 年代初、50 年代末至"文化大革命"、"文化大革命"后，三个阶段综述了历史人物评价的标准及方法。③

姜义华主编的《社会科学争鸣大系（1949—1989）·历史卷》中，有关于孔子、秦始皇、曹操、武则天、王安石、海瑞以及"清官问题"的综述。④

张利的《新时期关于历史人物评价问题之探索》，综述了三个方面：历史人物评价基本原则和方法的探索；关于历史人物评价标准的讨论；关于对李鸿章和曾国藩的评价。⑤ 张利的另一篇文章《关于历史评价的理论》，则综述了四个方面：（1）历史评价理论对于史学研究的意义；（2）历史评价理论体系之初步形成，包括关于

---

① 蒋大椿：《历史理论·关于历史人物评价的理论》，肖黎主编《中国历史学四十年》，书目文献出版社 1989 年版，第 54—60 页；蒋大椿：《唯物史观与史学·40 年来历史理论研究述略·关于历史人物评价的理论》，吉林教育出版社 1991 年版，第 523—530 页；贾东海、郭卿友主编：《史学概论》，中央民族大学出版社 1992 年版，第 375—381 页。

② 周朝民、孙炳元、刘宪章主编：《历史学新论点·历史人物的评价》，黄山书社 1990 年版，第 166—176 页。

③ 陈伟桐：《历史人物评价标准问题》，载姜义华主编《社会科学争鸣大系（1949—1989）·历史卷》，上海人民出版社 1991 年版，第 45—51 页。

④ 姜义华主编：《社会科学争鸣大系（1949—1989）·历史卷》，上海人民出版社 1991 年版，第 168—204 页。

⑤ 张利：《新时期关于历史人物评价问题之探索》，《许昌学院学报》2005 年第 6 期。

个人在历史上的作用和统治阶级的评价问题、关于历史上的爱国主义、民族战争性质和民族英雄的评价问题；（3）历史评价中的历史主义原则；（4）近代史上有关重大是非的两个问题的评价：一是如何看待帝国主义的侵略；二是如何认识近代史上的革命与改良。①

在上述论著中，对历史人物的评价的理论、方法与实践中的诸多倾向或问题及具体历史人物的评价作了深入而系统的论述或综述。其所涉及的主要内容有：个人的历史作用问题、个人与群众的关系问题、历史人物评价标准问题、动机与效果的关系问题、历史人物评价的基本方法，如阶级分析、历史主义原则等问题。历史人物评价的总原则是马克思主义的唯物史观，对此人们的看法比较一致。但对于评价历史人物的一些具体理论、方法、标准或问题，则仁者见仁，智者见智。现在看来，对这些问题的探讨，对促进历史人物评价研究具有巨大的积极意义。但是，在某些方面，对这些问题探讨的深度还有待加强，并且有必要对其他的相关问题进行深入研究。比如，历史人物评价中的规律问题、进步问题、道德与价值判断问题。限于学时与学识等方面的不足，本书重点在于一方面系统梳理上述的理论成果，另一方面力求对历史人物评价标准，及历史人物评价中的"规律""进步""道德与价值判断"等问题进行尝试性探究。

对历史人物的评价不仅在理论、方法、标准，而且在实践上，都需要新的突破，即用多元理论、多元方法、多元标准，加深对历史人物的剖析、理解与解释。同时向其他学科汲取营养，比如心理学、宗教学、政治学、人类学等。单纯的某一理论、某一方法或某一标准都不能对某些历史人物或某一历史人物做出全面而深入的理解与阐释。这如同一个医生不可能在专业上解决一个或多个病人身上的所有病痛。历史人物具有鲜明的个性，如何再现、评价这些个性，是历史人物研究的一个难题，同时具有很大的发展空间。这将

---

① 张利：《关于历史评价的理论》，载瞿林东主编《史学理论与史学史学刊（2007年卷）》，社会科学文献出版社 2007 年版，第 81—94 页。

使历史人物的研究变得更加丰富多彩。

二　研究方法、重点、难点及问题

（一）研究方法

1. 中西比较研究法。例如中西史学中道德标准之比较；中国传统伦理道德与基督教伦理道德、佛教道德伦理、伊斯兰教伦理道德之比较。

2. 多学科研究法。借用哲学、伦理学等学科研究的相关理论和分析工具。例如从哲学的角度考察历史与道德的关系等问题；从伦理学考察相关伦理范畴的内涵，如道德、正义、善恶等。

3. 个案研究方法。个案主要选自不同学者对相同或不同历史人物的评价，但为避免陷入对某个具体人物评价的是是非非中，本书的个案研究注重不同史学家对历史人物评价的不同观念，而尽量不涉入具体问题当中。

由于才疏学浅，在论述中没有对具体的道德概念和众多具体历史人物的评价展开详细论述，文字生硬而勉强，这尚需以后加倍努力。

（二）研究重点

1. 集中梳理 20 世纪后半期在大陆史学中的历史人物评价的理论与实践方面的主要成果及存在的问题。

2. 探讨道德价值评价在历史人物研究中的意义，并冀望引起学界对这一问题的重视。

3. 探讨历史人物评价的基本原则。

（三）研究难点

1. 一些概念或史学现象需要从历史哲学或伦理学等学科的视域进行分析。例如：史学的客观性、真实性、科学性、解释性，道德、价值、真、善、美、假、恶、丑等伦理学概念等，限于学识和时间，进行贯通式的深入研究不够。

2. 阐述道德标准，即善恶褒贬在史学之意义，需要对中外古今史学史、伦理学及中外历史与文化有较深入的了解，并需要浏览大量中外论著，需要深厚功力和深刻洞见，这点做得远远不够。

3. 尽管历史具有客观性质，但道德标准是一个"主观"概念，须置身其外进行"客观"而"冷静"地叙述，以免卷入对不同历史人物评价的是是非非之中，并且在个案的选择与评述上也要显得"客观"且"冷静"，准确把握其分寸有相当难度。

4. 探究"道德"及其具体的内容，从严格意义上，本是伦理学研究的范畴，但历史人物评价的道德标准中，若不指明"道德"的具体内容，则明显是缺憾；但若要深入探究，则该研究就变成了"伦理学"问题，而不是"史学"问题。要将两者有机结合起来，实非易事。

（四）问题所在——难以圆融

1. 对新中国成立后的历史人物评价的理论与方法问题从具体的语境中抽出，单独叙述，难见新中国成立后历史人物评价的全景和当时具体的语境，从而使这一问题显得薄弱而不生动。

2. 具体生动的历史人物评价个案涉及很少，从而使具体的历史人物评价问题缺少具体实例的有力支撑，从而使论述与行文空乏无味。

3. 分析与阐述薄浅。一部生动的著作，需要在理论上阐述深刻，在行文上深入浅出、语言生动，同时将理论与具体案例有机融为一体，夹叙夹议，寓义理于叙事。而拙著对此难以企及。

4. 对历史人物评价这一理论问题，本书仅仅是在叙述这一现象，但是这一现象背后的深层原因——例如政治与学术的关系问题，难以圆融学理与事例而阐释清楚。再深一步追问，在纷繁的表象下面所隐藏的"人心"问题——例如人心躁动、人心不稳、人心哀怨等。人该如何"立心"，如何起心动念才能断恶修善？从而人心安定、社会稳定、学术繁荣。对此，本书只是稍稍涉猎了先贤大德的观点，没有结合历史人物评价的案例而深入展开。

总之，不论是在语境与问题，还是在实例与理论、叙述与议论等方方面面，拙著都难以圆融。本书与其说是解决问题，倒不如说是提出了问题。当今社会问题越来越多，而史学界在一些重大问题上表现出失重和失语，对历史及历史学的人文性认知不足。当善恶颠倒、价值缺失、人心迷离、世风败坏等成为社会的严重问题时，历史学者或历史学家该如何面对学术研究中的道德价值判断问题，这也拷问着知识人的良知。这不仅表现为"学"，即学问多寡、学术强弱；更体现为"修"，即起心动念为天下苍生，断恶修善立世人典范。

　　历史人物评价是一件困难的事情，加之对 20 世纪后半期历史人物道德评判问题尚没有深入系统的论著借以参考，故而难度和风险可想而知。因此，本书针对 20 世纪 50 年代以来中国史学中的人物评价问题只能粗浅梳理和提出薄见，对问题之解决尚在初步，其成败利钝尚祈学界贤哲批评指正。

第一章 历史人物评价的理论与方法

历史人物评价研究是 20 世纪中国史学中的一项重要内容。20世纪初期的历史人物评价，一方面沿袭中国传统史论的做法，以道德伦理为准绳对历史人物施以褒贬臧否，另一方面引入了西方观念对历史人物进行重新审视。其中严复、梁启超、夏曾佑等人可为代表。例如严复在《辟韩》一文中批评韩愈"知有一人而不知有亿兆"①。这就体现出一种民主思想。梁启超评价王安石道："其德量汪然若千顷之陂，其气节岳然若万仞之壁……若乃于三代以下求完人，惟公庶足以当之矣。"② 与传统史学的人物评价不同，近代学者基本抛弃了专制保守思想而代之以民主进步观念，批驳正统论，跳脱英雄史观，立场和认识均产生了巨大革新。

1949 年新中国的建立，成为现代中国史学发展的重要转折点。自此，在历史研究中确立了马克思主义唯物史观的支配地位，建立了新的价值评价体系。历史人物研究的面貌随之发生了前所未有的变化。在这一历史阶段有关历史人物评价的研究与论争中，史学界还针对某些带有普遍性的理论问题进行了探讨，这主要有：历史人物评价中的矛盾现象，历史人物的局限性，历史评价的主体性、客观性、科学性，个人与群众的关系，历史人物评价研究的价值与意义，历史人物历史活动与其道德品质及私生活的关系问题，历史人物评价中"规律"和"进步"问题以及评价标准等。对历史人物评

---

① 黄克武编：《中国近代思想家文库·严复卷·辟韩》，中国人民大学出版社 2014年版，第 17 页。

② 梁启超：《饮冰室合集·专集第七册·王荆公》，中华书局 2015 年版，第 6107页。

价的方法，主要有阶级分析法、历史主义观念、综合论、方面论、阶段论、历史条件论、开成论等。同时，史学界对具体历史人物做了大量微观研究，丰富了对历史评价的实践。这一时期，史学界主要评价了以下历史人物：夏启、帝辛（纣）、周公旦、孔丘、孟轲、嬴政（秦始皇）、吴广、项羽、刘邦、吕雉（吕后）、韩信、王莽、刘秀、曹操、武则天、王安石、苏轼、宋江、方腊、岳飞、朱熹、成吉思汗、朱元璋、张献忠、海瑞、史可法、胤禛（雍正）、魏源、洪秀全、杨秀清、韦昌辉、石达开、李秀成、杜文秀、刘步蟾、载湉（光绪）、林则徐、慈禧太后、曾国藩、李鸿章、袁世凯、梁启超、孙中山、章太炎、黄兴、宋教仁、吴虞、杨度、胡适、李大钊、陈独秀、瞿秋白、蒋介石、张学良等。封建帝王、农民起义领袖等群体也是这一时期研究的重点所在。这些理论与方法促进了历史人物评价研究的发展和繁荣。

第一节　20 世纪后半期历史人物评价的演变

1949 年新中国成立后，我国大多数史学工作者逐步学习和接受马克思主义的理论和方法，并以此指导研究工作。老一辈马克思主义史学家继续辛勤耕耘，不断推出新的成果，新一代马克思主义史学队伍成长壮大，在历史研究中确立了马克思主义辩证唯物主义和历史唯物主义的支配地位，建立了新的价值评估体系。在此价值体系下，历史人物研究的面貌发生了前所未有的变化。

首先，与传统正史以帝王将相为历史书写的中心迥异，底层人民群众的活动和作用开始受到研究者的高度重视。例如历朝历代的农民起义或反抗斗争、鸦片战争时期三元里以及东南沿海人民群众的抗英斗争、五四时期的青年学生运动、抗日战争时期全国各族人民的抗日斗争、解放战争时期人民群众的支前运动，等等，都成了学者深入研究的重要对象，一部中国史已不再单纯是统治阶级的历史。

其次，推翻了以往强加给农民起义领袖的所谓"贼寇""匪首"之类的称呼，赋予他们在历史上革命者的地位。他们反抗外国侵略和压迫的光辉业绩得到肯定，他们挽救民族危亡和推动社会进步与发展的献身精神得到尊重与赞扬。从这个意义上说，的确是将被颠倒的历史颠倒过来了。

再次，在这一历史时期，由于以阶级斗争为纲，强调史学研究必须为无产阶级政治服务，历史人物研究的阶级属性为首要考量。对待历史人物，首先要看他是属于统治阶级还是被统治阶级，是主张保守改良，还是主张革命暴力。主张"革命无罪，造反有理"的观念，对于统治阶级中的历史人物，则持一种基本否定的态度。

最后，强调历史人物的历史作用而忽略道德价值评判。这些评价观念影响至今，并成为历史人物研究的主要观念。

自 1949 年以来，历史人物评价问题一直是引人注目、争论较多的论题之一。这大体分为以下几个阶段：1949 年至 1966 年、1966 年至 1976 年、1977 年至 1989 年、1990 年至今四大历史阶段。每个阶段的主要特征如下。

一 1949 年至 1966 年——价值体系的重建与实践

对历史人物评价问题的讨论，发端于 20 世纪 50 年代。50 年代初期，史学工作者开始学习运用马克思主义的唯物史观研究历史，各地报刊陆续发表了许多重新评价历史人物的文章，对屈原、荆轲、秦始皇、岳飞、史可法等历史人物进行研究和评价，有的刊物还组织了专题讨论。在这种情况下，诸多研究者认为在研究、讨论中存在着一些错误和偏差，其中很多属于观点、方法问题，于是史学界展开了一场关于历史人物评价理论方法问题的讨论。很多研究者著书撰文，就如何掌握运用唯物史观评价历史人物进行了探讨。

20 世纪 50 年代末期出现历史人物评价研究讨论的高潮。这场讨论由"替曹操翻案"的争论引发。1959 年 1 月 25 日，郭沫若在

《光明日报》发表了《谈蔡文姬的〈胡笳十八拍〉》，一改千百年来对曹操的评价，重塑曹操形象。他说："曹操对于民族的贡献是应该作高度评价的，他应该被称为一位民族英雄。然而自宋以来所谓'正统'观念确定了之后，这位杰出的历史人物却蒙受了不白之冤。自《三国志演义》风行以后，更差不多连三岁的小孩子都把曹操当成坏人，当成一个粉脸的奸臣，实在是历史上的一大歪曲。"① 1959年2月19日，《光明日报》刊出翦伯赞《应该替曹操恢复名誉》一文，该文认为："曹操不仅是三国豪族中第一流的政治家、军事家和诗人，并且是中国封建统治阶级中有数的杰出人物"；"像这样一个中国史上有数的杰出人物，却长期被当作奸臣，这是不公平的。我们应该替曹操摘去奸臣的帽子，替曹操恢复名誉。"② 1959年3月23日的《人民日报》又登载了郭沫若《替曹操翻案》一文，明确指出："曹操冤枉地做了一千多年的反面教员，我们在今天是要替他恢复名誉。""我们今天要从新的观点来追求历史的真实性，替曹操翻案；而且还须得替一切受了委曲的历史人物，如殷纣王，如秦始皇，翻案。……我们乐于承担这个任务：替曹操翻案。"③ 郭沫若、翦伯赞替曹操翻案的文章，引发了国内史学界、文学界、戏剧界关于历史上的曹操、《三国演义》与戏剧中的曹操，以及曹操的事功、历史作用、个人品德等的大讨论。

　　"替曹操翻案"大讨论争鸣之热烈，气氛之活跃，可以说是自1949年10月新中国成立以来所罕见的。吴晗、谭其骧、郑天挺、吴泽、杨宽等一大批著名学者参加了论战。《人民日报》《光明日报》《文汇报》、上海《解放日报》、广州《羊城晚报》、山东《大众日报》《天津日报》等报刊组织并发表了大量关于这一专题的文章。一时间在全国范围内历史学界、文学界、文艺界形成了关于曹操评价的讨论热潮。据统计，在1959年1月至7月间，见于各报纸

① 郭沫若：《谈蔡文姬的〈胡笳十八拍〉》，《光明日报》1959年1月25日，第6版。
② 翦伯赞：《应该替曹操恢复名誉》，《光明日报》1959年2月19日，第3版。
③ 郭沫若：《替曹操翻案》，《人民日报》1959年3月23日，第7版。

杂志上的有关曹操评价的文章就有 150 多篇，并尚有许多文章未曾发表。① 如在前文所列，仅在 1959 年发表的"替曹操翻案"讨论的综述性文章有 7 篇之多。1960 年，三联书店将这些讨论文章精选汇编为《曹操论集》出版，② 从整体上反映了这场讨论的主要成果。同时，许多大学、科研院所组织了专门讨论会并发表了会议综述。例如，北京大学、北京师范大学、南开大学、中山大学、复旦大学、华东师范大学、华南师范学院、江苏师范学院、天津师范大学、山东历史研究所等召开了讨论会，争论非常激烈，并形成、发表了诸多会议综述。③

关于"替曹操翻案"大讨论的内容主要围绕郭沫若在上述两篇文章所提到的理由展开，即要不要为曹操翻案及对曹操的整体性评价问题、曹操与黄巾起义军的关系问题、曹操的屯田问题、关于曹操征讨乌桓与是否是民族英雄问题、关于曹操的杀人与道德品质问题，以及关于曹操的阶级属性问题、曹操的思想问题等。对这些问题，在争论中有肯定者，有否定者，也有部分肯定与部分否定者。根据参加讨论学者对"替曹操翻案"的不同意见和对曹操的不同评价，可把他们的意见或观点分为以下四类。

---

① 参见生活·读书·新知三联书店编辑部《曹操论集》，生活·读书·新知三联书店 1960 年版，第 343—440 页；《光明日报》编辑部《如何评价曹操——意见基本有三：功大于过；功过参半；过大于功》，《光明日报》1959 年 4 月 2 日，第 3 版。

② 生活·读书·新知三联书店编辑部：《曹操论集》，生活·读书·新知三联书店 1960 年版。

③ 南开历史中国古史世纪教研组：《师生齐争鸣，纵横论曹操——南开大学历史系举行科学讨论会》，《光明日报》1959 年 4 月 20 日，第 3 版；《关于替不替曹操翻案问题——安徽省哲学社会科学学会热烈讨论》，《光明日报》1959 年 4 月 20 日，第 3 版；《广州史学界争论曹操的功过——同意替曹操翻案，对功绩的估计则有分歧》，《光明日报》1959 年 4 月 21 日，第 3 版；《广州学术界对曹操评价问题的讨论逐渐深入》，《学术研究》1959 年第 6 期；卢权：《广东史学会举行关于曹操评价问题的第三次讨论会》，《学术研究》1959 年第 8 期；《历史系师生热烈展开对曹操评价问题的讨论》，《北京大学学报》（哲学社会科学版）1959 年第 2 期；《历史系中国上古中古史教研组举办"如何评价曹操"座谈会》，《武汉大学学报》（人文科学版）1959 年第 4 期；历史系中国古代中世纪史教研组：《关于曹操评价问题的讨论》，《华中师范大学学报》（人文社会科学版）1959 年第 3 期；学通、振东：《在山东历史研究所举办的讨论会上对曹操评价的不同意见》，《光明日报》1959 年 5 月 14 日，第 3 版。

　　第一种意见对曹操几乎完全肯定，并同意为其翻案。这以郭沫若、翦伯赞、闻亦步、微声、戎笙、王昆仑、刘东海、式毅、尚钺、束世澂、永健、周一良、齐思和、吴泽、唐长孺、陈光崇、戴裔煊、贺昌群等为代表。① 这些学者对曹操的肯定性评价，或同郭沫若的观点如出一辙，或与其相类似。

　　第二种意见认为曹操功大于过。这种意见认为：虽然曹操有镇压过黄巾起义和屠杀过人民等罪恶，但他的历史作用是功大于过，是基本上应该肯定的历史人物。持此种观点的学者，有的明确提出为曹操"翻案"，如吴晗、郑天挺、邹贤俊、支水山、游绍尹等；② 而有的没有提出为曹操"翻案"，如万绳楠、罗耀九、陈周棠、洪焕椿、袁良义、刘凤翥、陈智超、朱学习、李春棠、李耀祖、吴宗

---

　　① 闻亦步：《还他一个本来面目——谈舞台上的曹操》，《文汇报》1959年3月1日，第3版；微声：《曹孟德翻身了》，《光明日报》1959年3月5日，第3版；戎笙：《谈"蔡文姬"中曹操形象的真实性》，《光明日报》1959年3月6日，第2版；戎笙：《黄巾与曹操》，《光明日报》1959年4月29日，第6版；王昆仑：《历史上的曹操和舞台上的曹操》，《光明日报》1959年3月10日，第3版；刘东海：《曹操脸上的白粉不是人民给抹的》，《光明日报》1959年4月2日，第3版；式毅：《关于曹操的功过问题》，《光明日报》1959年4月2日，第3版；尚钺：《曹操在中国古代史上的作用》，《文汇报》1959年4月16日，第3版；束世澂：《关于曹操讨论中的几个问题》，《文汇报》1959年4月16日，第3版；永健：《我所认识的曹操》，《光明日报》1959年4月16日，第3版；周一良：《要从曹操活动的主流来评价曹操》，《光明日报》1959年5月6日，第5版；齐思和：《对于评价曹操的几点意见》，《光明日报》1959年5月6日，第5版；吴泽：《关于曹操在历史中的作用问题》，《光明日报》1959年5月8日，第3—4版；《曹操平定三郡乌桓战争的性质和历史作用》，《文汇报》1959年7月17日，第3版；唐长孺：《关于评价曹操的几点意见》，《文汇报》1959年5月8日，第3版；陈光崇：《关于曹操的评价问题》，《辽宁日报》5月27日，第3版；戴裔煊：《应该如何评价曹操》，《学术研究》1959年第6期；贺昌群：《论黄巾农民起义的口号》，《历史研究》1959年第6期。
　　② 吴晗：《谈曹操》，《光明日报》1959年3月19日，第3版；郑天挺：《关于曹操的评价问题》，《文汇报》1959年4月22日，第5版；南开历史系中国上古中世纪教研组：《师生齐争鸣 纵横论曹操——南开大学历史系举行科学讨论会》，《光明日报》1959年4月20日，第3版；邹贤俊：《应当全面地实事求是地评价曹操》，《华中师范大学学报》（人文社会科学版）1959年第3期；支水山：《从战争来看曹操的功过》，《光明日报》1959年5月7日，第6版；游绍尹：《曹操是应当被肯定的》，《人民日报》1959年5月8日，第7版。

国、王文明、何兹全、长弓、杨荣国、李锦全、朱活等为代表。①
而有的学者则认为"对于曹操不存在翻案问题"，谭其骧、唐兰持
此论。②

第三种意见认为曹操在历史上是一个功过参半的人物。这种意
见认为：曹操一生的主要活动，有些对人民有利，对当时社会发展
起了促进作用；但另一方面，曹操也有不少罪恶，所以他是个功过
参半的历史人物。持这种观点的代表人物有刘亦冰、杜化南等。③

第四种意见对曹操完全加以否定，或认为曹操过大于功。这以
杨柄、孙次舟等为代表。④

在当时看来，可以说为曹操"翻案"成功，"多数同志对曹操
在历史上所起的主要作用，认识上还是很接近的，都认为曹操接受
了农民起义的教训，对农民采取了让步政策，推动了历史向前发

---

① 万绳楠：《对曹操应有的认识——与刘亦冰同志商榷》，《光明日报》1959年4月
9日，第3版；《关于曹操在历史上的地位问题》，《新史学通讯》1956年第6期；罗耀
九：《关于曹操打黄巾的意见》，《光明日报》1959年4月16日，第3版；陈周棠：《关
于曹操镇压黄巾军的问题》，《中学历史教学》1959年第4期；洪焕椿：《我对曹操的功
过认识》，《新华日报》1959年5月5日，第3版；袁良义：《关于曹操的历史地位问
题》，《光明日报》1959年5月6日，第6版；刘凤翥、陈智超、朱学习：《评价曹操的两
种意见》，《光明日报》1959年5月6日，第6版；李春棠、李耀祖、吴宗国：《曹操应该
被肯定》，《光明日报》1959年5月6日，第6版；王文明：《曹操的主要功罪》，《光明
日报》1959年5月14日，第3版；何兹全：《时代的矛盾、曹操的矛盾和其他》，《文汇
报》1959年5月22日，第3版；长弓：《曹操是个英雄，但并非民族英雄》，《光明日
报》1959年5月28日，第3版；杨荣国、李锦全：《从曹操的历史时代看曹操》，《光明
日报》1959年6月2日，第3版；朱活：《我对历史教学中怎样评价曹操的看法》，《历史
教学》1959年第7期。

② 谭其骧：《论曹操》，《文汇报》1959年3月31日，第3版；瑞武：《怎样评价曹
操？——谭其骧不同意郭沫若"替曹操翻案"文章中的若干看法》，《文汇报》1959年3
月27日，第1版；唐兰：《对曹操要有适当的评价》，《文汇报》1959年5月22日，第
3版。

③ 参见刘亦冰《应该给曹操一个正确的评价》，《光明日报》1959年3月5日，第3
版；杜化南：《曹操的功与过》，《光明日报》1959年4月16日，第3版。

④ 杨柄：《曹操应当被肯定吗?》，《人民日报》1959年4月21日，第7版；孙次
舟：《我对替曹操翻案问题的观感》，《光明日报》1959年5月21日，第3版；方明：
《也谈替曹操翻案》，《光明日报》1959年4月16日，第3版。

展"①。但是，随着社会和学术的进步，历史不时需要翻新重写。在60 余年后的今天，我们站在新的学术高度与全球视野再来审视这场论战，其中既有值得我们进一步继承和发扬的地方，也有需要进一步反思与斟酌之处。

1949 年后，马克思主义史学逐渐成为大陆史学的主流，唯物史观随之成为评价历史人物的总原则。在"替曹操翻案"的讨论中，这一总原则得到切实的运用，可简单表述为：把曹操放在一定的历史条件之下和一定的历史范围之内进行考察，虽然其属于剥削阶级并有滥杀无辜、屠城坑卒、暴虐奸诈等不光彩的一面，但在客观上统一了北方，抑制豪强兼并，实行屯田政策，发展了生产，对人民做了让步，满足了人民的利益，促进了社会的进步，并为以后西晋的统一铺平了道路；而且他在军事上和文学上有巨大成就，所以他是值得肯定的杰出历史人物，应该为其"翻案"。这就是"替曹操翻案"讨论中评价观念或标准所运用的逻辑思路。在替曹操翻案的讨论中，主要贯穿了以历史作用标准为主体，并辅以阶级标准和历史主义观念的评价体系，即站在无产阶级的立场上，坚持历史主义原则，把历史人物放到具体的历史范围和历史条件之内，在肯定人民群众是历史的决定力量的前提下，既考察历史人物的阶级属性，又考察其历史作用。

（一）历史作用标准

郭沫若在《替曹操翻案》中指出："我们评价一位历史人物，应该从全面来看问题，应该从他的大节上来权其轻重，特别要看他对于当时的人民有无贡献，对于我们整个民族的发展、文化的发展有无贡献。"② 在《关于目前历史研究中的几个问题》中，郭沫若明确提出："历史是发展的，我们评定一个历史人物，应该以他所处的历史时代为背景，以他对历史发展所起的作用为标准，来加以全

---

① 生活・读书・新知三联书店编辑部编《曹操论集》，生活・读书・新知三联书店1960 年版，第 430 页。
② 郭沫若：《替曹操翻案》，《人民日报》1959 年 3 月 23 日，第 7 版。

面的分析。"① 持"历史作用"标准的人很多，他们虽然表述不一，但基本观点一致，都是以历史人物所作所为的客观效果，以及对历史发展所起的推动或阻碍作用作为标准。这个标准在新中国成立后最为人们所公认并被普遍采用。值得注意的是，在历史作用标准中的几个具体的标准或观念非常值得重视，即生产力发展标准、进步标准、必然"规律"论等。这些标准或观念至今在历史人物评价中仍占主流地位。

（二）阶级标准

在"替曹操翻案"争论中的主要问题中，阶级与阶级斗争观点是其中最主要的观念之一。用阶级观点分析和评价历史人物，确为新的视角，这能够较为清楚地考察某一社会阶层的心理、生活等整体状况。但在历史研究的具体运用中，一方面需要警惕庸俗阶级观点，另一方面，阶级标准的适用范围与程度还需要进一步研究。

（三）历史主义观念

即在评判历史人物时，从他所处的具体历史条件出发，具体问题具体分析，即按照列宁所说的"判断历史的功绩，不是根据历史活动家没有提供现代所要求的东西，而是根据他们比他们的前辈提供了新的东西"②。把历史人物置于具体的历史范围和历史条件之内进行考察和具体问题具体分析，这无疑具有相当的合理性。历史主义观念在当时是对庸俗阶级观点的坚决回应和有力回击，这点应予肯定。

（四）坚持历史主义原则

在历史人物评价中应该对历史人物进行阶级分析，并坚持历史主义原则，以便认清其所起的历史作用，从而使历史作用标准、阶级标准与历史主义观念的关系得到一个协调和结合的试验。③

另外，虽然没有学者明确提出"道德标准"，但诸多学者提出

---

① 郭沫若：《关于目前历史研究中的几个问题》，《新建设》1959 年 4 月号。

② 《列宁全集》（第二卷），人民出版社 1959 年版，第 150 页。

③ 参见周一良《要从曹操活动的主流来评价曹操》，《光明日报》1959 年 5 月 6 日，第 5 版；吴泽、谢天佑《关于历史人物评价的若干理论问题——论一年来评价曹操讨论中存在的问题》，《史学月刊》1960 年第 1 期。

曹操的"道德"问题。在对曹操的否定性或否定方面的评价中,道德是主要因素,这主要体现为曹操暴虐奸诈并滥杀无辜。正因如此,才有对曹操功过参半或功小于过乃至基本完全否定的评价。

从某种意义上说,自1959年"替曹操翻案"开始,在历史人物评价或历史研究中重新确立了占主导地位的评价标准,即阶级标准和历史作用标准。这种以阶级标准和历史作用标准为主体,并辅以历史主义观念的评价体系,对以后的历史人物评价及其研究产生了深远的影响。虽然从20世纪50年代以来,阶级标准一度占主导优势,但历史作用标准仍被普遍采用,并自20世纪90年代以来随着阶级标准的式微而成为主导标准。这种状况的存在,与在史学界、文学界、戏曲界"替曹操翻案"的全国性大讨论及其影响有着直接或间接的渊源。这些标准或观念及其综合运用丰富了历史人物评价的理论与方法,推动了对历史人物评价的研究。

在近代史研究领域,研究重点主要在于那些"正面"的历史人物,如鸦片战争前后的龚自珍、林则徐和魏源,太平天国运动中的洪秀全、洪仁玕,戊戌维新运动中的维新派,辛亥革命中的革命派,五四新文化运动中的早期马克思主义者,以及中国共产党的领袖人物,等等。而对于历史上的那些"反面"人物,诸如清王朝统治集团中的道光帝、西太后、光绪帝以及琦善、曾国藩、李鸿章、袁世凯与北洋军阀、蒋介石,以及那些国民党统治集团中的历史人物,除了一些批判性的、宣传性的小册子外,相对说来缺少具有学术理性的研究著作。对民国时期的历史人物当然最主要的是看他对共产党的态度,即反共还是拥共?凡是属于前者,当然立足于"批";凡是后者,首先立足于"颂"。

在这个阶段,由于逐步成长起来的"左"倾路线的干扰,在"阶级斗争为纲"的束缚以及在"阶级斗争"的影响下,在对待历史和现实的这一基本问题上未能适时地完成转变。从而影响了史学自身的发展和历史人物评价问题的深入探究。同时在运用马克思主义指导历史研究中出现了教条化和简单化倾向。这明显表现出阶级标准的"泛滥",庸俗阶级论的流行。此时,历史主义尽管有其自身的缺陷，但确是对阶级观点进行了合理的纠偏，典型表现为翦伯赞等关于历史人物评价的论著中。

在1966年至1976年的"文化大革命"时期，极"左"思潮笼罩史学界，不仅帝王将相被统统赶下历史舞台，而且"影射史学"横行，历史学最终成为政治的附庸和政治斗争的工具，历史学因此而声名狼藉并失去了应有的学术尊严。历史人物则成了被随意涂抹、塑造和进行政治诬陷、影射攻击的工具。因此，历史人物评价研究领域也就成了令人不敢涉足的禁区，关于历史人物评价问题的理论探讨自然无法再进行下去。

二 1977年至1989年——从拨乱反正到初步繁荣

从1976年"文化大革命"结束，特别是1978年中共十一届三中全会之后，中国历史学家逐步挣脱"左"的锁链，重新学习马克思主义，逐步克服简单化、教条化倾向，为新中国历史人物评价的理论与实践的研究开创了新局面。

在这一历史时期，由于全国上下掀起揭批"四人帮"，并开始总结"文化大革命"的教训，批判极"左"思潮，史学界在总结反思历史人物评价问题的教训时，对以往的教条主义贴标签式的研究方法，以及以政治意识形态画线的危害有所认识，开始纠正教条化、简单化的偏向，力求用完整、准确的马克思主义历史观来研究和评价历史人物。这基本是按照历史唯物主义、辩证唯物主义的方法，"把问题提到一定的历史范围之内"进行研究分析。不过，此时社会政治刚刚解冻，对敏感时期的敏感人物，以及民国时期的历史人物，还不敢轻易涉足政治意识形态划定的禁区。

"文化大革命"后，史学界对"以阶级斗争为纲"观念进行了深刻反思，达成一种基本的共识：对历史人物进行阶级分析是完全必要的，但以往运用阶级分析方法时往往存在着形而上学的倾向，更多的是用贴阶级标签的简单办法代替具体而深入的阶级分析。具体表现可以归纳为：一是把历史人物的阶级性与历史性分析对立起来，形成了"以瑜掩瑕"或"以瑕掩瑜"的现象，从而把历史人物的评价推向两个极端；二是把阶级分析简单化。

由于逐步克服了以阶级斗争作为研究历史人物的唯一指针的缺陷，新时期的近代中国历史人物研究在许多方面取得了明显的进步，一个突出特色是研究范围的扩大，许多过去不被人们注意和研究的历史人物，在这十几年内都开始有人进行专门的研究。如对鸦片战争前后历史人物的研究，过去几乎一直局限于林则徐、龚自珍、魏源等寥寥数人，而在这十几年间，研究者的视野已扩展到姚莹、道光皇帝、琦善等人的活动。中法战争、甲午战争中的历史人物评价在这些年中也开始有所变化，对刘永福、刘铭传、刘步蟾、丁汝昌等人开始出现颇有新意的研究。至 20 世纪 80 年代中期，曾国藩、左宗棠、李鸿章、康有为、梁启超、胡适、罗家伦、傅斯年、顾颉刚，乃至林纾、辜鸿铭、梁漱溟、熊十力、周作人等，都有专人从事研究，并逐步得出比较合乎历史实际的评价。

关于太平天国领袖人物的研究，人们已不再一味地颂扬，而是对这些历史人物进行历史的、全面的考察，具体问题具体分析，在肯定太平天国革命性的同时，也看到其历史的、阶级的局限。

20 世纪 80 年代，史学界对许多先前蒙受冤屈的中共党史上的著名人物甚至是领袖人物，作了大量的研究工作，像陈独秀、瞿秋白、刘少奇、张闻天、王稼祥、李立三、项英、叶挺、彭德怀等，经过史学工作者的努力，恢复了历史的真相。对于曾是中国共产党的重要领导人的历史人物，如王明、张国焘、林彪、陈伯达等人的研究也在 80 年代取得许多重要成果，从根本上改变了过去那种说"好"一切都好，说"坏"一切都坏的简单化极端化倾向，贯彻了实事求是的精神。即便对有些国民党人士，如宋美龄、孔祥熙、何应钦、宋子文、胡宗南、陈布雷，甚至一些帮会中的人物如黄金荣、杜月笙、张啸林等，也有不少文章或传记论述他们在近代历史上的活动及应有的地位。

在思想文化人物方面，新时期的史学界，改变了以政治立场为取舍的做法，大大突破先前只研究一些主要的正面历史人物，而将许多次要或反面的历史人物弃而不理的倾向，人们的视野越来越开阔，关注的历史人物也越来越多。尤其是过去没有或很少研究的历史人物，如曾国藩、郭嵩焘、王国维、刘师培、黄侃等，都开始为研究者所重视。对于历史上因反对过鲁迅或其他进步人士而一度被误解或冤屈的文化历史人物，20 世纪 80 年代中国史学界也做过不少实事求是的研究工作，像林语堂因曾与鲁迅论战过，多年来得不到公正的评价，80 年代开始有文章表彰他不仅是一个"热烈的爱国者"，而且在文学发展史上占有相当重要的地位。

在个案的历史人物传记方面，这十年的成果也很值得重视，其中一个最重要的现象是人们开始采用新的方法、新的视角。这些传记作品大都能够注意将传主的思想与实践放在特定的社会历史环境中加以考察，摆脱了以往评论历史人物的简单模式，而采取了实事求是的态度，从多角度多层次剖析历史人物，有意识地追求公正，力求忠实于历史人物的本来面目。即使是对那些基本否定的历史人物，学者们也更愿意坚持具体分析，尽量肯定其值得肯定的方面。对于那些有着重大争议的历史人物和问题，学术界也适时展开了有益的讨论和争鸣。如对蔡锷的功过、宋教仁对民国初年政治的影响、梁启超在护国运动中的作用及其功过、虞洽卿的阶级属性等问题，都曾引起不少学者的讨论。

同时，20 世纪 80 年代以后，随着对极"左"思潮、影射史学的批判和历史科学的复兴繁荣，人们又重新开始了对历史人物和历史人物评价理论方法的探讨。对于历史人物评价问题的关注，主要集中在 80 年代前中期。随着改革开放，西方史学方法与史学思想不断传入中国。在西方史学思想的影响下，有的研究者主张在研究历史人物时，不仅要注意分析他们成长的时代和各种政治条件，研究他们在政治、经济、文化各个领域中所做的大事，而且还应当注意运用在西方史学中已经证明是有意义的一些现代科学方法，诸如弗洛伊德的精神分析方法、现代遗传学的方法和理念、现代人才学、历史心理学的理论等，来研究历史人物的不同特点，如个人性格、威信、心理、个人素质等。此外，对历史人物评价的综合论、方面论、阶段论、历史条件论、开成论等，亦多有学者进行了论述。此时，为了建立历史人物评价的理论体系，深入探讨基本理论、基本方法、主要标准等，有的研究者还提出了建立"历史人物学"的建议。①

三　1990 年至今——繁荣与局限

到了 20 世纪 90 年代，随着史学领域的扩大、论题的增多、角度的更新、方法的多元，人们对历史人物评价问题的关注已相对淡化。此时虽有论著出现，但相对较少，同时不少史学理论著作辟有关于历史人物评价问题的章节。比之五六十年代，这些论著涉及范围更广，角度更新，思考更为深入，但相对集中的讨论与争论则较少。

90 年代的中国近代历史人物的研究内容较 80 年代更加广泛，深度亦前所未有。许多长期湮没无闻的历史人物被发掘出来，历史人物传记的出版也远比过去丰富多彩。在 80 年代中国近代史领域，现代化的研究逐渐成为一道亮丽的风景线，到了 90 年代便开始出现一些从"现代化"的立场上重估近代中国历史人物的论文和专著。正是在这样一种学术背景下，在近代中国历史人物的研究与评价方面，自 80 年代中期以来，分歧越来越大。比如对曾国藩、李鸿章的评价。在民国时期人物的研究评价方面，也开始有所突破，但以政治意识形态画线的影响并未完全消除，对敏感问题、敏感人物的探索尚需进一步深入。②

总之，20 世纪 90 年代以后，历史人物评价研究已经进入一个众声喧哗的时代。学者们所持的立场观点趋于多元化，关注的具体问题也各不相同，重大理论问题的讨论减少，个别人物的争论较多，之前那些热闹局面已经消失。

---

① 谢本书：《"历史人物学"浅议》，《光明日报》1985 年 3 月 6 日，第 3 版。
② 关于近代历史人物的评价，参考了马勇先生《50 年来的中国近代历史人物研究》一文（《近代史研究》1999 年第 5 期）。

第二节　历史人物评价的理论

新中国成立后，在马克思主义唯物史观的引导下，历史人物评价问题与历史创造者问题、历史发展动力问题、农民战争问题相交叉、相缠绕，蔚为史学领域的一个热点。而在历史人物评价的论争中，始终伴随着有关历史人物评价的理论与方法探讨。这不仅表现在集中讨论的高潮中，而且更渗透在对具体人物的认识、理解和评价中。由于不同历史时期的特定社会时代背景与学术背景，历史人物评价的具体理论表现出各自明显的特征。20 世纪 50—60 年代的讨论主要是在学习和运用唯物史观来重新评价历史和历史人物的过程中形成的，着重于正确理解和使用马克思主义史学的基本原则和方法及其在历史人物评价问题上的具体实践。80 年代的讨论则是在"拨乱反正"的形势下，对以往历史人物评价研究的重新检省，着重于纠正偏差和错误，恢复正常的学术探讨，深化原有命题的认识，并初步开拓了新的视角。90 年代中后期的讨论是在实证性研究积累到一定程度后形成的，它所面对的是来自中西方不同学术旨趣下的各种思潮。90 年代关于近代人物评价"翻案"问题论争最为突出，由此开启了新一轮的理论和方法探讨。

在这一历史阶段，在历史人物评价的论争中，史学界还针对某些带有普遍性的理论问题进行了探讨，这主要有：历史人物评价中的矛盾现象，历史人物的局限性，历史评价的主体性、客观性、科学性，个人与群众的关系，历史人物评价研究的价值与意义，历史人物历史活动与其道德品质及私生活的关系问题，历史人物评价中"规律"和"进步"问题以及评价标准等。

一　历史人物评价的总原则——唯物史观

唯物史观被认为是自 1949 年 10 月以来中国大陆史学研究中历史人物评价的总原则。不论是其中的阶级标准、历史作用标准，还是生产力与进步标准等，皆与唯物史观这一总原则有着密不可分的渊源。对唯物史观，马克思、恩格斯、列宁、斯大林、毛泽东等经典作家有着不同的阐释，从而导致了人们对唯物史观的理解有了或大或小的差异。限于学科性质和本书的主题，笔者无意于也无力于从哲学源流上对唯物史观做总体上的考察，只是对其中涉及历史人物评价密切的部分梳理一下前贤的成果，以对唯物史观在历史人物评价中的影响与运用有一个较为全面的把握。

对唯物史观的内容已有不计其数的文章著作进行阐述，它们虽在形式上、表述上略有差异，但基本观点大体一致。这些观点代表了新中国成立前与成立后中国大陆马克思主义史学研究中"唯物史观"的主要内容。其主要观点如下。

其一，人类社会及其历史是客观存在的。社会历史包括什么内容？历史唯物主义著作一般不专门讲社会及其内容，当然不是没有看法。从其总体叙述以及所做结论中大体有三种基本见解：第一，社会即社会经济形态，指生产关系总和构成的经济基础与政治、思想上层建筑的统一；第二，认为应当包括生产力，由生产力与生产关系统一构成的物质生产方式总和是经济基础，即社会经济形态；第三，由物质生产方式总和构成的经济基础与政治、思想上层建筑的统一则是社会形态。

其二，人类社会历史按照不以人的意志为转移的必然规律向前发展。传统唯物史观并不否认人的自主活动，但强调必须按照客观必然的历史规律行动才能成功，否则便要失败。唯物史观认为自己已经发现了人类社会历史发展的基本规律：第一，生产力决定生产关系，生产关系对生产力具有反作用，即生产力与生产关系的矛盾运动规律；第二，经济基础决定上层建筑，上层建筑对经济基础具有反作用，即经济基础与上层建筑的矛盾运动规律。

其三，社会存在和社会意识的关系被视为社会历史观的根本问题。唯物史观认为，社会存在决定社会意识，社会意识对社会存在具有反作用。唯物史观有时被高度概括为从社会存在说明社会意识的根本途径。

其四，由社会基本矛盾运动规律决定，主要以生产关系作为标准，人类历史由原始社会、奴隶社会、封建社会、资本主义社会向社会主义社会、共产主义社会依次演进。也承认个别国家、民族可能跨越某个社会阶段，然而就整个人类历史发展而言，则坚持单线发展的五种社会经济形态说，亦称五种社会形态说，或五种生产方式说。

其五，生产斗争、阶级斗争（社会革命）、科学实验（指自然科学技术）是推动历史发展的动力。

其六，人民群众是历史的创造者（在有些著作中实际是说只有人民群众是历史的创造者），亦承认杰出个人在历史上的作用。①

在以上述内容为主要特征的"唯物史观"的指导下，中国的马克思主义史学具有以下特点。

其一，坚信历史学是一门科学。唯物史观是科学的历史观，研究和认识客观历史，应当以物质资料的生产方式为基础，从生产力与生产关系的矛盾运动中探索历史发展过程，认清社会性质，用社会存在说明社会意识。这是唯物史观指导下的历史研究方法区别于以往一切历史研究方法的根本所在。

其二，中国历史的发展和世界历史一样，有着大致相同的历史发展规律，都依照着从低级到高级的社会形态向前发展；同时，中

---

① 白寿彝主编：《史学概论》，宁夏人民出版社 1983 年版，第 57—72 页；赵吉惠：《历史学概论》，三秦出版社 1986 年版，第 65—71 页；葛懋春主编：《历史科学概论·在唯物史观指导下中国历史科学的发展》，山东教育出版社 2002 年版，第 105—108 页；王正平：《史学理论与方法》，杭州大学出版社 1995 年版，第 8—13 页；张艳国：《唯物史观与史学理论》，华中理工大学出版社 1997 年版，第 18—24 页；中国社会科学院历史研究所中国史学史研究室编：《尹达史学论著选集·马克思主义与中国历史学的发展》，人民出版社 1989 年版，第 394—412 页；戴逸：《二十世纪中国史学名著·总序》，河北教育出版社 2000 年版，第 4—5 页；蒋大椿：《当代中国史学思潮与马克思主义历史观的发展》，《历史研究》2001 年第 4 期；瞿林东：《20 世纪中国中外史学交流·总序》，张广智主编，北京师范大学出版社 2007 年版，第 1—9 页；瞿林东：《20 世纪中国史学发展分析·总序》、《20 世纪中国史学发展分析·唯物史观与中国史学的发展》，北京师范大学出版社 2009 年版，第 1—9、320—327 页；唐德刚：《史学与红学·当代中国史学的三大主流——在中国留学生历史学会成立上的讲辞原稿》，广西师范大学出版社 2006 年版，第 1—8 页。

国历史由于其自身的具体条件，还有其特殊性。马克思主义社会经济形态学说，是研究历史的基本理论依据和方法论依据。

其三，重视历史上的阶级关系和阶级斗争，认为除原始社会外，历史存在着阶级和阶级斗争，阶级斗争是推动历史发展的重要动力，故将阶级分析方法作为研究历史的基本方法之一。

其四，在历史研究中重视史料，不仅尊重其他史学派别在史料及具体研究中的成果，而且在自身的研究中也尽可能全面地鉴别、分析和占有第一手材料。同时，还强调历史研究的对象不仅仅是史料，还是活生生的客观历史，主张理论与史料的结合。

其五，主张历史研究中科学性和革命性的统一，重视历史学对于社会进步和发展的现实功用。中国马克思主义史学家坚持在唯物史观的指导下，历史研究可以揭示历史发展规律和认清历史真相，由此为现实提供借鉴，以显示历史学的现实作用。

其六，中国马克思主义史学的产生和发展，都坚持以重视经济关系的研究和重视阶级社会中阶级关系的研究为基本研究方法。这是唯物史观指导下的历史研究方法区别于以往一切研究方法的根本所在，也是马克思主义史学区别于以往一切其他史学的明显标志。①

既然这些特点是马克思主义史学的特点，那么在 20 世纪后半期马克思主义史学中的历史人物评价也带有类似的特点。这种对唯物史观的不同理解，对历史人物评价理论和评价方法的阐释就有了诸多影响。

马克思主义传入中国后，唯物史观成为进行革命的思想武器，中国历史学发生了前所未有的变化。100 年来，特别是新中国成立 60 余年来的史学发生的变动，经历的波动，归结到最后，都与对唯物史观的认识密切相关。发端于五四时期、壮大于社会史论战的唯物史观史学，到抗日战争和解放战争时期，获得了进一步的发展。

---

① 参见瞿林东《20 世纪中国史学发展分析》，北京师范大学出版社 2009 年版，第 213—215 页；侯云灏《20 世纪中国史学思潮与变革》，北京师范大学出版社 2007 年版，第 86—89 页；张书学《中国现代史学思潮研究》，湖南教育出版社 1998 年版，第 37—41 页。

抗战时期，中国唯物史观史学思想进一步体系化，长期支配后来中国史坛的理论范式、基本假定、核心观念、话语系统等，①至今影响并统治着中国的史学界。

在相当长的时间里，历史学界把唯物史观视为指导史学工作的全部理论，或唯一理论；而对于历史学本身是否需要建立自己的理论，则缺乏明确的和自觉的意识。对唯物史观的"僵化"坚持，或由于政治巨大影响，或出于对伟大领袖导师的"敬畏"，或缘自学者本身利益与观念的束缚，等等。马克思主义理论尤其是历史唯物主义理论作为一切科学，特别是哲学、社会科学的指南，但却无法代替哲学、社会科学包括历史学科自身的理论。②这对历史人物评价的研究也是如此。尽管有些研究者的论著，曾经涉及历史人物评价理论与方法的某些方面，如评价标准问题、道德与价值评判问题，但毕竟不是明确地从史学理论或历史人物评价理论的整体上来考虑。这种状况亟待改变。

具体到历史人物评价问题而言，马克思、恩格斯、列宁、斯大林和毛泽东的相关论述被人们作为研究的指针和准绳。这里需要提到新中国成立后不同时期编辑出版的 4 部经典作家关于历史人物评价的文选。

1956 年，人民出版社编辑出版《马克思主义经典作家论历史人物评价问题》一书。该书摘录汇编马、恩、列、斯关于历史人物评价问题的相关言论，分为两大部分：第一部分是评价历史人物的原则，包括个人和阶级的关系，个人活动为阶级关系所决定；个人活动和社会历史条件的关系，个人活动是一定社会关系的表现，受一定社会条件的制约；偶然性和必然性；时势造英雄；如何判断历史人物的功过。第二部分是关于若干历史人物的评价。另有附录普列汉诺夫的《论个人在历史上的作用》。此书选编的文献突出历史人

---

① 参见蒋海升《"西方话语"与"中国历史"之间的张力——以"五朵金花"为重心的探讨》，山东大学出版社 2009 年版，第 41—63 页。
② 参见《让马克思主义史学理论之花迎风怒放》，《世界历史》1983 年第 3 期。

物评价的阶级性，强调个人活动从属于社会历史条件，时势造英雄。

　　1974 年人民出版社义编辑出版《马恩列斯论评价历史人物》。此书为适应当时"评法批儒"斗争的需要而选编，继续强调阶级性，坚持人民群众是历史的创造者的观点，同时也承认应对历史人物作"历史的、全面的、具体的分析"。这一选本内容空泛杂乱，总体不及 1961 年版本。

　　1981 年，黎澍主编的《马克思恩格斯列宁斯大林论历史人物评价问题》由人民出版社出版。此书结构与 1961 年选本基本相同，但立场发生明显转变。此书突出了个人在历史上的作用，增加对英雄史观、庸俗决定论、非历史主义等错误倾向的批判，具有拨乱反正的意义，体现出一种成熟和进步。该著坚持对历史人物作历史地、全面地、具体地分析，其具体内容较 1974 年版已有大幅度扩充。这一选本最能体现经典作家的原意。

　　黎澍、蒋大椿、王也扬主编的《马克思恩格斯列宁斯大林论历史人物评价问题》选录马克思、恩格斯、列宁、斯大林著作中有关评价历史人物的基本观点。第一部分为"评价历史人物的原则"，包括：马克思主义承认个人在历史上的作用；从历史实际出发，唯物地研究和评价历史人物；用辩证的方法，历史地、具体地、全面地研究和评价历史人物；对研究和评价历史人物的各种错误倾向的批评。第二部分为"对若干历史人物的评价"，以斯巴达克、路德、闵采尔等人物分类。另有附录《黑格尔论必须历史地看待历史人物》。[①] 该著为 1961 年《马克思主义经典作家论历史人物评价问题》和 1981 年《马克思恩格斯列宁斯大林论历史人物评价问题》的修订再版。[②]

---

　　① 黎澍、蒋大椿、王也扬主编：《马克思恩格斯列宁斯大林论历史人物评价问题》，中国社会科学出版社 2012 年版。

　　② 人民出版社编辑部编：《马克思主义经典作家论历史人物评价问题》，人民出版社 1961 年版；黎澍主编：《马克思恩格斯列宁斯大林论历史人物评价问题》，人民出版社 1981 年版。

二 历史人物评价的具体理论问题

在历史人物评价的研究与论争中，史学界还针对某些带有普遍性的理论问题进行了探讨，这主要有：历史人物评价中的矛盾现象，历史人物的局限性，历史评价的主体性、客观性、科学性，个人与群众的关系，历史人物评价研究的价值与意义，历史人物历史活动与其道德品质及私生活的关系问题，历史人物评价中"规律"和"进步"问题以及评价标准等。同时，史学界对具体历史人物做了大量微观研究，这些都丰富了对历史人物评价研究的理论与实践。

（一）历史人物评价中的几对矛盾

1. 动机与客观效果的关系问题

人有意识、有目的地参与社会活动，但活动的结果却不一定都如人们所想象、计划和预期的那样。因此，在历史人物评价中经常会出现历史人物的主观动机与客观效果不一致，甚至矛盾的现象。如何看待这种矛盾关系，主要有以下观点：一是不同意将动机作为评价的依据，而注重活动的客观效果；二是历史人物的主观动机与其活动的客观效果不能轻易分开，应将二者统一起来。

人的动机不可能按人所愿而完全实现，或基本实现或不能实现；其中受多因素合力作用的影响而往往产生与当初设想不同的结果，甚至产生与动机完全相反的结果。动机与行为结果的表现形式有以下几个方面。不论哪方面或哪几方面，在评价历史人物时都应交代清楚。

（1）好动机——好结果，即好心办成好事。这值得褒奖和肯定。

（2）恶动机——恶结果，即坏心办成坏事。这应受谴责和否定。

（3）恶动机——好结果，即坏心办成好事。其境界低于好动机——好结果。

（4）好动机——恶结果，即好心办成坏事。其恶劣程度比恶动机——恶结果稍轻一点，但不能因此而忽视当事人应负的责任。

结果可以分为可预见性结果和不可预见性结果两种情况。当从一种良好的动机出发而发动或从事某种活动时，当出现某种不良的迹象并由这种迹象预见或看到某种恶的结果要产生时，继续以这种动机出发，继续从事这种活动，并最终导致了严重的恶结果，那么这种动机就应该否定。我们不能因为这一所谓好的动机就对人物本身做出肯定性评价。

恶动机——好结果，即坏心办成好事。例如隋炀帝开凿大运河的目的是为了游乐江南，但大运河的开通为当时南北的水利交通和农业生产起了巨大积极作用。对这种情况而言，恶动机说明这个人做人或人品有问题，不值得我们颂扬，甚至应该否定。但对恶动机导致的好结果，我们只能实事求是地评价，不能因此而对历史人物全面肯定，而忽视其恶劣的动机。

动机和心理因素是评价人物的一个因素，而不是关键性的因素。关键性的因素是看其活动的结果，不论是事功方面还是道德方面。完全以人的动机为评价人物的关键因素，这不仅没有评价标准的客观尺度，而且容易引起混乱。

以往关于动机与效果关系问题还只是在理论层面的泛泛阐述，缺乏具体心理科学的"专业"知识的支撑。因此，在涉及具体历史人物的动机、心理时，还需借助心理学的理论与方法做进一步深入细致研究。

2. 局部和全局、长期效应与短期效应关系问题

历史人物活动的影响从局部观察和从全局观察，意义不一定相同，在不同的历史阶段，可能会呈现不同的意义。从短期和局部来看，影响并不大甚至还带有巨大破坏性的活动，从长期和整体来看却可能具有极大的历史价值。像秦始皇修长城、隋炀帝开运河等，在当时都给人民造成了巨大的灾难，但从长远看这些工程对历史发展却有很大好处。这里需要正确分析二者之间的辩证关系。一种观点认为，全局重于局部，长远利益重于眼前利益。另一种观点认为，在看重整体利益和长期效益的同时注意将局部评价和总体评

价、短期效应与长期效应相结合。

3. 人物活动与个人品德、私生活的关系问题

历史上叱咤风云、建立丰功伟业的人物往往不是贤良之辈，其个人道德品质不免存在瑕疵，甚至备受非议。这一问题也是历史人物评价中的一种矛盾现象，但学术界对此的研究和重视程度不够，故在此详述。对这一问题，主要集中体现在关于为曹操、武则天、殷纣王等历史人物翻案的讨论中，尤其是 1959 年关于"替曹操翻案"的讨论。① 其中，诸多学者专门就曹操的杀人及道德品质问题进行过争论。其内容主要如下。

郭沫若认为，关于曹操杀人问题，在史料上是有问题的。主张"应该根据历史事实重新考虑"②。齐思和对曹操的杀人问题，认为曹操屠杀了许多人民，这是事实，但同时也必须指出"他为了实现他的政策而杀人时多，为了私仇恩怨而杀人时少"；并且关于曹操的材料"不可尽信"。总之，"作为一个帝王将相而论，曹操不但不是其中最坏的典型，而且是其中比较好的，他的政治措施，学术思想，是对于社会的发展，起了推动的作用的"③。吴泽说曹操攻打徐州，有杀戮人民的暴行，但不如是之甚；坑杀袁绍降卒是坑杀危险的"伪降"者；拍清议，杀孔融，清除世族地主的腐朽言论及其代言人，就其时代来说具有积极意义。④ 郑天挺认为，曹操杀了很多人，这是违反当时人民愿望的；但对曹操的杀人问题应具体分析，

① 在新中国成立后其他时期关于曹操的评价中，也涉及历史人物的历史活动与道德品质、个人私生活问题的争论。参见史达东《关于评价曹操的几个问题》，《北京师范大学学报》（社会科学版）1975 年第 1 期；刘安志《近年来曹操评价问题讨论综述》，《历史教学》1987 年第 6 期；方敏、宋卫忠、邓京力《中国历史人物研究论辩·中国古代人物研究中的论辩·曹操》，百花洲文艺出版社 2004 年版，第 148—160 页；邓京力《历史评价的理论与实践·"奸雄"的历史评价——以曹操为例》，人民出版社 2009 年版，第 263—279 页；孙明君《45 年社会史思想史领域曹操研究综述》，《阴山学刊》（社会科学版）1996 年第 3 期；孙明君《45 年来文学家曹操研究综述》，《古典文学知识》1995 年第 3 期。

② 郭沫若：《替曹操翻案》，《人民日报》1959 年 3 月 23 日，第 7 版。

③ 齐思和：《要从曹操活动的主流来评价曹操》，《光明日报》1959 年 5 月 6 日，第 5 版。

④ 吴泽：《关于曹操在历史中的作用问题》，《光明日报》1959 年 5 月 8 日，第 3 版。

如曹操的"围而后降者不赦"的规定，只是希望战争早点结束，用以威胁坚守的人。①

关于历史作用与个人私生活问题，吴晗认为，评价历史人物应从政治措施、政治作用出发，而不应该从私生活方面出发，应政治第一，以政治为衡量历史人物的尺度。个人生活、作风是次要的，不是评价人物的主要标准。② 吴泽、谢天佑提出，评价历史人物主要以政治实践为依据，但并不排斥对人物品质和个性的估计。历史人物的品质和个性是从属性的东西，必须结合历史人物的社会地位和阶级性来考察。王昆仑认为，"衡量历史人物的主要标准是他在客观上对历史的推进作用，还是他的性格品质？我认为尽管中国民族有自己的从来的道德观点，不可忽视，可是对历史人物估价还是要首先衡量他对历史的客观效果"③。杨荣国认为"评价历史上英雄人物，他的私生活，我们固然要注意，但不是主要的；主要的，自是他的世界观，他的政治态度；私生活有些方面虽不好，但如果他的世界观对，他的政治态度好，这样的英雄人物自应予以肯定。反之，他的世界观与政治态度都不对不好，虽然他的私生活无可訾议，这样的英雄人物仍应予以否定"④。敬贤认为，评价历史人物要考察他的思想意识乃至作风，但更重要的是要考察他为什么会有这样的思想作风。作为社会意识形态之一的道德，必然与一定的阶级利益息息相关并以之为依归，没有抽象的适合于任何阶级的道德。评价历史人物，重在阶级分析，弄清他在具体历史条件下所处的地位与所起的作用，不能停留在个人思想意识、道德品质和个人作风上。⑤ 从这些观点来看，尽管曹操身上存在着备受争议的道德问题，但仍以一个值得肯定的历史人物展现在人们面前。这也反映在当时

---

① 郑天挺：《关于曹操的评价问题》，《文汇报》1959 年 4 月 22 日，第 5 版。
② 吴晗：《关于评价历史人物的一些初步意见》，《历史教学》1959 年第 12 期。
③ 王昆仑：《历史上的曹操和舞台上的曹操》，《光明日报》1959 年 3 月 10 日，第 3 版。
④ 杨荣国：《如何评价历史人物》，《文汇报》1959 年 8 月 11 日，第 3 版。
⑤ 敬贤：《对评价历史人物的一些想法》，《江汉学报》1963 年第 7 期。

文学研究中关于曹操有没有人道主义精神的争论中。[1]

当时诸多学者认为曹操犯有屠杀人民的罪行，并在道德品质方面不足取。例如，谭其骧认为："在道德品质方面，他的忌刻残忍也实在是不可饶恕的。"[2] 刘亦冰指出曹操"本性凶残""猜疑忌刻、狠毒奸诈"[3]。杜化南指出曹操的杀人是"罪过"，这表现为大量屠杀劳动人民，这主要有对黄巾农民军的屠杀，屠徐城、取虑、睢陵和夏丘，坑杀袁绍降卒。[4]

同时诸多学者以"历史发展"或"必然规律"为曹操的杀人做了开脱或辩护。因此，这次讨论开创了以"历史发展"或"必然规律"为历史人物的道德开脱或辩护之风。一方面，体现历史作用的生产力发展、社会进步、民族统一等，被看作不可抗拒的历史潮流，因为它遵循着历史发展的规律。例如，柳春藩认为，曹操统一北方"是必然的规律"[5]；刘东海认为："统一是广大人民的要求，是历史发展的必然趋势。曹操所进行的统一战争，正是适应了这种客观规律。"[6] 李慧清认为，"社会发展的必然趋势，是不以人们意志为转移的客观规律"，应从这个角度去评价曹操的功过。[7] 另一方面，以历史发展的必然规律为历史人物的罪责进行了辩护与开脱。例如，永健认为，"对历史人物评价如果离开了客观历史阶段的特点，离开了历史发展的规律，是不可能得出正确结论的……对曹操

---

① 贾流：《曹操的"人道主义精神"在哪里？——对评价曹操诗歌的一点意见》，《解放日报》1959年3月16日，第4版；郭豫适：《曹操的"人道主义精神"在这里！——评复旦"中国文学史"对曹操的评价并与贾流同志商榷》，《解放日报》1959年3月17日，第4版；隽因、网珠：《从曹操有没有人道主义精神说起》，《解放日报》1959年3月22日，第4版；刘大杰：《关于曹操的人道主义》，《文汇报》1959年3月25日，第3版；《上海学术界对曹操诗歌的评价》，《光明日报》1959年4月29日，第6版。

② 谭其骧：《论曹操》，《文汇报》1959年3月31日，第3版。

③ 刘亦冰：《应该给曹操一个正确评价》，《光明日报》1959年3月5日，第3版。

④ 杜化南：《曹操的功与过》，《光明日报》1959年4月16日，第3版。

⑤ 柳春藩：《对"应该给曹操一个正确的评价"一文的意见》，《光明日报》1959年4月2日，第3版。

⑥ 刘东海：《曹操脸上的白粉不是人民给抹的》，《光明日报》1959年4月2日，第3版。

⑦ 李慧清：《对有关曹操翻案问题说几句话》，《光明日报》1959年5月7日，第6版。

正确评价的主流，仅是他在历史发展中所起的作用""正由于在封建社会中农民的斗争不可能取得真正的胜利，那么曹操即使不镇压黄巾，其他封建统治者也不会放松对黄巾的镇压"。因此，"如果把曹操曾经镇压黄巾起义视为是重大的历史罪恶和缺点，贬低他对历史发展的贡献，就是离开了历史唯物主义的观点"①。邹贤俊认为："我们评价历史人物，是为了通过历史人物的正确分析，来揭示社会发展的规律""曹操活动的主要方面，正'表现了社会经济发展的要求'，因之，他固然是镇压黄巾的罪人，但更重要的还是'杰出的人物'，是我国封建社会有数的著名军事家、政治家"②。洪焕椿认为："我们怎样能要求一千七百多年前的剥削阶级人物曹操不打黄巾、不杀人呢?"③ 吴荣曾认为："现在有些人说曹操好杀人乱杀人，这和事实确是不符的……封建统治阶级的阶级本质要求封建统治者完全不杀人，这是不可能的。"④ 崇实提出，评价帝王将相应该主要着眼于他们统治时期采取的政策措施是否有利于社会的安定、国家的统一、经济文化的发展，其他方面不必苛求，封建帝王剥削压迫人民、权力欲强、沽名钓誉、搞阴谋诡计、生活上奢侈都是必然的，应揭露抨击，但不能作为评说功罪的主要标准。⑤ 这就以客观规律为曹操的滥杀无辜、坑杀降卒等作了开脱。

在 1959 年，就有学者对这种以必然规律为历史人物开脱罪责的观点进行了批评。陈陵、以怀反对"为了把曹操在小说和戏曲中的'白脸'翻案，于是处处都替曹操辩护、开脱，说镇压黄巾起义仅是'大缺点'而已，杀人几十万也是统治阶级的'本质'使然，好

① 永健:《我所认识的曹操》,《光明日报》1959 年 4 月 16 日, 第 3 版。
② 邹贤俊:《应当全面地实事求是地评价曹操》,《华中师范大学学报》（人文社会科学版）1959 年第 3 期。
③ 洪焕椿:《我对曹操的功过认识》,《新华日报》1959 年 5 月 5 日, 第 3 版。
④ 吴荣曾:《在评价曹操中被忽视了的史实》,《光明日报》1959 年 5 月 6 日, 第 6 版。
⑤ 崇实:《浅谈历史人物评价的几个问题》,《延边大学学报》1980 年第 4 期。

像曹操一无'白'处①。关履权认为，企图将曹操镇压黄巾起义的罪过归之于历史发展的必然结果，为曹操洗脱罪名，这种评价历史人物的观点方法，是很值得商榷的。这种论点竭力强调历史必然的意义，却忽视了个人有加速或延缓历史进程的作用；并且，那种认为历史上的人物之所以落后甚至犯了错误、罪过，那是因为历史条件所限制的结果，是必然的，无可避免的观点，是另一种偏向。②吴晗的说法比较中肯，他认为，在战争中总是要杀人的，"但是在战争结束后的屠城行为则是另一回事。……有人为了替曹操翻案，说曹操杀的人没那么多。其实这不是数量多少问题，而是该不该杀的问题。不该杀的人即使杀几个也是罪恶"③。

由此可见，历史人物一旦成为"规律"的代言人和"进步"的化身，那么不管他有多大的罪恶，似乎都可以原谅，甚至可以忽略不计，从而放逐了他该承担的道德责任。④ 这个"必然规律"的执行人，无论有多么大的道德问题，似乎也必须肯定乃至歌颂。历史"必然规律"的体现者就这样可以不受伦理准则的约束。人们甚至认为，只有摆脱了伦理的束缚，人才可以更好地按照"必然规律"创造历史。这也就把人伦道德完全排除在历史人物评价或历史研究之外，历史人物评价的道德观念之所以再检讨再斟酌，关键就在这里。⑤

由此看来，在对历史人物评价研究中，缺少鲜活个人生命具体而生动的分析，忽略了历史人物性格气质、心理状态、知识结构、家庭背景、独特经历等具体因素对其自身的影响，而过分强调了所

---

① 陈陵、以怀：《对〈我所认识的曹操〉一文的意见——兼谈如何认识曹操镇压黄巾起义的问题》，《光明日报》1959 年 4 月 2 日，第 3 版。

② 关履权：《从曹操的讨论中所发现的一些有关评价历史人物的问题》，《中学历史教学》1959 年第 5 期。

③ 吴晗：《从曹操问题的讨论谈历史人物评价问题——在北京教师进修学院对中学历史教师的讲话》，《历史教学》1959 年第 7 期。

④ 详参考柏林《历史的不可避免性》，刘北成、陈新编《史学理论读本》，北京大学出版社 2006 年版。

⑤ 参见王学典《历史学若干基本共识的再检讨及发展前景——访王学典教授》，《历史教学问题》2004 年第 1 期。

谓的阶级共性，扩大了所谓历史必然性的作用，从而出现绝对化、简单化、脸谱化倾向。可以说，在历史人物评价研究中对这些个性因素重视不够，是研究的薄弱环节，有必要把人物作为一个有血有肉的活生生的人来研究，加强对其个性特征的探究。在这方面已有不少学者进行了尝试。例如，迟克举论述了历史人物个性对历史的作用，认为有以下几点：（1）个性是历史人物之所以成为历史人物和成为什么样的人物的必要条件或自我选择的主观依据；（2）个性可以在一定程度上影响历史发展进程；（3）个性特征影响或左右整个社会和某个领域人们的精神风貌及活动特色；（4）政治人物的突出个性形成了领袖集团间的互补关系，这是领袖集团保持稳定和有效发挥作用的重要条件。[①]整体而言，这方面研究的突破还有待借助心理学、人类学、遗传学、社会学、宗教学、伦理学等专业学科知识支撑，从而有所深入。

（二）历史人物评价的主体性、客观性、科学性

20 世纪五六十年代关于历史人物评价的讨论基本全部集中在研究客体上，80 年代以后，有些学者开始关注研究主体的问题。影响历史人物评价的因素很多，诸如客观的历史条件、时代背景、史料丰寡、对象特点，以及研究者的主观条件、见识高下、爱憎好恶等。新时期的史学界对这些因素给予了更多的注意，这有助于历史人物评价的理性发展，也标志着历史人物评价研究进入了新的阶段。在讨论影响历史人物评价的多种主客观因素时，争论较多的是如何看待研究者主体对历史人物评价的影响。20 世纪 90 年代以来，随着中国近代人物评价中诸如曾国藩、李鸿章等人物讨论的热潮，历史人物评价的客观性和科学性问题也被诸多学者所论述。

（三）个人与群众的关系问题

关于历史人物和群众的关系问题，人们比较一致地放弃了英雄史观，接受"人民群众是历史的创造者"这一基本观点，并在此前

---

① 迟克举：《试论历史人物的个性在社会历史中的作用》，《社会科学》1993 年第 9 期。

提下并不完全否认个人的历史作用。"人民群众是历史的创造者"，被认为是不可辩驳的真理，因为第一，人民群众是直接生产者，而生产活动是人类最基本的活动；第二，人民群众是任何比较具有深度和广度的进步社会运动的承担者；第三，人民群众既是物质财富的创造者，同时也是精神财富的创造者。历史人物顺应历史趋势，体现人民群众的愿望和要求，他就可以做出自己的贡献。①

在这方面的突破是黎澍发起的历史创造者问题的论战。在"文化大革命"中乃至"文化大革命"前的中国历史学界，谈到历史的动力问题时，基本上都遵循斯大林的说法，认为"只有人民群众才是历史的创造者"。到了 20 世纪 80 年代初期，黎澍对这种传统的观点提出质疑，他认为，这种观点现在看来可能是对马克思主义的曲解，因为马克思、恩格斯、列宁等经典作家提的是"人们自己创造自己的历史"，显然认为所有的人都在创造自己的历史，并且每次强调不能随心所欲地创造"一切历史"。在黎澍看来，论证人民群众是历史创造者的理由，无非是说"人民群众是物质财富的生产者"；另一个理由是"人民群众是精神财富的创造者"，根据是人民群众的社会实践是一切科学文化艺术的源泉。黎澍认为，前一说法不确切，后一说法依然根据不足，逻辑也成问题。这样论证实际是把源泉看作创造，代替精神财富的创造。从而否定了一切高级的科学文化艺术作品的真正创造者——科学家、思想家、文艺家的贡献。②

在关于历史人物评价的理论中，诸多学者还对民族战争中的人物及民族英雄、农民起义领袖当皇帝问题，伟大工程与人民的灾难（秦始皇筑长城、隋炀帝开运河等伟大举措与其给人民造成的灾难），统一战争与自卫，生前成就与身后影响，政治表现与学术成

---

① 参见张磊《关于历史人物评价的几个问题——略论几种值得注意的倾向》，《内蒙古大学学报》（人文社会科学版）1979 年第 1、2 期（合刊）。

② 参见黎澍《再思集》，中国社会科学出版社 1985 年版；王学典、蒋海生《历史创造者问题争论》，载肖黎主编《20 世纪中国史学重大问题论争》，北京师范大学出版社 2007 年版，第 303—318 页。

就、政治态度与哲学观点等问题进行了论述。① 另外，对历史人物评价理论中的"规律"和"进步"问题，在哲学、历史哲学、史学理论等论著中多有论述，但是从历史人物评价的视角来审视"规律"与"进步"观念对历史人物评价影响的文章或著作较少，而且尚欠深入。

第三节　历史人物评价的方法

对历史人物进行评价的方法，不同时代的史学家有时也截然不同，即便是运用同一种方法，很多时候也会有不同的理解和侧重。近代以来学术旨趣变化纷繁，新旧史学之间、中西史学之间，甚至不同学科之间的互动，常常给历史人物的评价研究带来新的气息与分歧。在 20 世纪后半期的大陆史学研究中，对历史人物评价的方法问题有过很多讨论，如阶级分析法、历史主义观念，以及综合论、方面论、阶段论、历史条件论、开成论等。

一　阶级分析法

在中国马克思主义史学体系中，"阶级""阶级斗争"是频频使用的核心概念之一，为人们耳熟能详、妇孺皆知。通行观点是：在阶级社会中，任何个人都是一定阶级关系和阶级利益的代表；任何个人的活动，都受到他们所属的那个阶级和社会阶级斗争形势的制约与规定。因此，研究和评价历史人物，应该而且必须进行阶级分析。在意识形态话语体系中，阶级斗争是史学研究的主要理论依据，阶级斗争史是主要的研究对象，阶级分析方法被认为是评价历史人物的最基本方法。对此，绝大多数人没有异议。但在史学研究和历史人物评价中如何进行阶级分析，一些学者进行了论述，且意

---

① 参见高世瑜《关于历史人物评价的一些意见》，载《历史研究》编辑部编《建国以来史学理论问题讨论举要》，齐鲁书社 1983 年版，第 347—389 页；邓京力《历史评价的理论与实践》，人民出版社 2009 年版，第 351—383 页；方敏、宋卫忠、邓京力《中国历史人物研究论辩》，百花洲文艺出版社 2004 年版，第 87—111 页。

见也有不同。要点如下。

其一，评价历史人物必须注意阶级分析，因为任何文明社会都是阶级社会，人们都分成不同利益的阶级，并为了各自的利益而相互斗争。

其二，在"左"倾思潮影响下，对待历史人物则"唯成分论"，这是对马克思主义阶级分析法的简单化和莫大歪曲。阶级分析不是唯成分论，不能以阶级成分作为评价历史人物的唯一标准，不能以阶级成分简单否定一切剥削阶级人物。运用阶级分析法不等于给历史人物贴阶级标签，阶级分析法也不是唯一的评价方法。

其三，人的阶级属性在一定的条件下可以改变。

其四，对历史人物进行阶级分析，不能与他们道德品行的表现混同起来。

其五，对于中国现代史上各中间阶级、中间势力所起的作用应给予具体分析与估价。对中间性人物的评价要么绝对好，无限拔高；要么绝对坏，无一是处。这不是实事求是的态度。

总之，正确的阶级分析方法绝不是以阶级斗争为纲，不是简单地以阶级成分去肯定或否定他们；而是实事求是把历史人物放在他所处的时代中，从社会经济状况及其变化出发，去分析他的阶级代表性。同时，有些学者主张将阶级分析与历史分析相结合。①

---

① 关于"阶级分析"学界多有论述，参见陈旭麓《论历史人物及其阶级》，《历史教学》1954 年 10 月号；尚钺《如何理解历史人物、事件和现象》，《教学与研究》1956 年第 4 期；敬贤《对评价历史人物的一些想法》，《江汉学报》1963 年第 7 期；王瑞明：《评价历史人物应有哪些"想法"》，《江汉论坛》1963 年第 10 期；孙祚民《坚持阶级分析，还是取消阶级分析——评史维国先生的观点》，《哲学研究》1964 年第 4 期；苏双碧《论历史人物评价》，《近代史研究》1980 年第 3 期；苏双碧、肖黎《关于历史人物评价的几个问题》，《光明日报》1981 年 5 月 25 日，第 4 版；罗耀九《历史人物评价的几个问题》，《高校社会科学》1990 年第 4 期；郑师渠《近些年来近代史人物评价的若干问题》，《北京师范大学学报》1997 年第 1 期；赵吉惠《历史学概论》，三秦出版社 1986 年版，第 221—236 页；苏双碧《历史科学的理论和方法》，上海人民出版社 1990 年版，第 1—139 页；李振宏、刘克辉《历史学的理论与方法》，河南大学出版社 2008 年版，第 384—404 页；王学典《历史主义思潮的历史命运》，天津人民出版社 1994 年版；《二十世纪后半期中国史学主潮》，山东大学出版社 1996 年版；王学典、牛方玉《唯物史观与伦理史观的冲突——阶级观点问题研究》，河南大学出版社 2010 年版。

（一）阶级分析法的深入贯彻

在 20 世纪前半期国家命运多舛与转折之际，随着马克思主义进入中国，"阶级斗争"理论被高度凸显。阶级斗争理论不仅在现实革命中起到鼓舞人心的效果，而且在史学界得到大力贯彻。范文澜《中国通史简编》等通史著作贯彻了阶级斗争理论。翦伯赞、吴玉章等人都强调了历史科学本身是阶级的科学。毛泽东说："阶级斗争，一些阶级胜利了，一些阶级消灭了。这就是历史，这就是几千年的文明史。拿这个观点解释历史的就叫作历史的唯物主义，站在这个观点的反面的是历史的唯心主义。"① 这时，人们已经把阶级斗争理论作为唯物史观的核心来把握，"阶级观点"甚至成了唯物史观的代名词。就新中国成立后阶级斗争观点的"线索"而言，主要表现为：新中国成立前的"片面反封建"；新中国成立后的"朝朝代代都是坏蛋坐江山"；1958 年前后的所谓"打破王朝体系""见封建就反，见地主就骂"；"文化大革命"中影射史学导致史学的消亡；"文化大革命"后到 20 世纪 80 年代阶级观点依然流行；90 年代后逐渐式微。由此，新中国成立以来，历史人物评价与阶级观点或阶级标准有着割不断的"渊源"。即使肯定了历史人物的历史作用，最后也得加上个"阶级局限"不可。用吴晗的话说就是："往往在肯定了这个人物之后，笔锋一转，说可惜呀可惜，这个人可惜生在那个时代，为那个时代所局限，有了局限性云云。"②

阶级观点或阶级分析可细分为阶级立场、阶级成分或出身。这种阶级分析有时以一种标准出现，有时以一种史学观念——阶级观念，或研究方法——阶级方法贯穿历史人物评价之中。③

新中国成立后，阶级斗争成为历史研究的主线，阶级标准成为历史人物评价的一种主要标尺，甚至简化为贴阶级标签。在新中国成立后的学术著作与文章中，对阶级观点与阶级标准的论述可谓汗

---

① 《毛泽东选集》第 4 卷，人民出版社 1991 年版，第 1487 页。

② 吴晗：《历史教材和历史研究中的几个问题》，《人民教育》1961 年第 9 期。

③ 参见方敏、宋卫忠、邓京力《中国历史人物研究论辩·关于阶级分析法》，百花洲文艺出版社 2004 年版，第 66—78 页。

牛充栋。从 1949 年到 1976 年，阶级分析法是史学界普遍公认的历史研究方法，阶级身份成为绝大多数历史人物的"原罪"，思想行为的"根源"。即使大力倡导历史主义的翦伯赞，也强调指出："历史学是具有阶级性的科学""用阶级观点分析历史问题，这是一个历史学家的阶级性或党性在历史学上的表现"[①]。吴晗主张："看历史人物必须从阶级观点出发，要看他赞成什么？反对什么？是站在什么立场？……我们必须从阶级关系出发，从赞成什么、反对什么出发去评价历史人物。"[②] 陈旭麓认为："阶级社会没有超阶级的个人，个人的思想行动又是阶级利益的表现，因此我们不可能离开阶级来评价历史人物。"[③] 荣孟源说，用阶级分析的方法研究人物在历史上的作用，这是马克思列宁主义的历史科学方法，也只有这样的方法，才能给历史人物以正确的评价。[④]

20 世纪 60 年代中期以后，极"左"思潮笼罩了史学界。历史人物评价带有浓厚的政治目的，历史人物研究领域也因此成了极为敏感、令人不敢轻易涉足的领地。对历史人物评价问题的理论探讨，自然也无法正常进行下去。

1976 年"文化大革命"结束后，随着对极"左"思潮、影射史学的批判和历史学的复兴繁荣，人们又重新开始了对历史人物和历史人物评价理论问题的研究。阶级分析和阶级观点在这一时期仍为主要理论之一，并未根本动摇。苏双碧、肖黎认为，对历史人物的评价，必须注意阶级分析，这是运用历史唯物主义研究历史最起码的要求。因为在阶级社会中，人都是划分为阶级的，人们从事各种政治、经济、文化、宗教的活动，无一例外都是代表其所属的阶级利益。任何一个历史人物，他们的功绩与过错，进步与反动，对历史发展是促进还是促退，都不是用一根简单的尺标可以衡量的。因此评价历史人物，如果不进行认真的阶级分析，就无法解释历史

---

① 翦伯赞：《目前史学研究中存在的几个问题》，《江海学刊》1962 年第 5 期。
② 吴晗：《关于历史人物评价问题》，《新建设》1961 年第 1 期。
③ 陈旭麓：《论历史人物评价问题》，上海新知识出版社 1955 年版，第 19 页。
④ 荣孟源：《历史人物的评价问题》，华东人民出版社 1954 年版，第 61 页。

的真实，也就不可能对历史人物做出实事求是的评价。① 孙文范、李治亭在坚持历史作用标准的同时，指出："正确运用马克思主义的基本原理，来指导历史人物的研究和评价，一个重要问题，就是牢牢掌握历史主义和阶级分析方法。它始终是我们研究历史包括评价人物的出发点和最基本的方法。"没一个历史人物不是一定阶级的意志、利益的代表者。只有把对人物的评价置于马克思主义的阶级分析的基础之上，才能得出符合历史要求的结论。② 舒泰指出："在对历史人物进行具体分析时，很重要的一条，就是要对历史人物进行阶级分析。这是因为，在阶级社会中，每一个历史人物的表演，都是为其阶级利益所支配的。……我赞成对历史人物评价要注意'阶段论'、'综合论'和'方面论'，但只有把这几种评价历史人物的方法论，纳入阶级分析方法当中，即用马克思主义的阶级分析法对历史人物进行具体问题具体分析，才能对历史人物做出实事求是的评价。"③ 史苏苑认为，个人组成了阶级，所以必须用阶级分析的观点看待一切历史人物。④ 苏双碧认为，阶级分析的方法是研究历史的重要方法。⑤ 简桐在反思历史人物评价问题上的极"左"思潮的影响时，提出："在评价历史人物时，对历史人物的阶级属性进行分析是完全必要的，因为在阶级社会中的人无不打上阶级的烙印。"⑥ 李时岳强调，在阶级社会里，一切历史人物都只不过是一定的阶级关系和阶级利益的负担者。要牢牢地把握阶级划分的事实，注意分析历史人物及其思想的阶级实质。⑦

20 世纪 90 年代以来，阶级标准逐渐动摇，但仍为一批老辈史

---

① 苏双碧、肖黎：《关于历史人物评价的几个问题》，《光明日报》1981 年 5 月 25 日，第 4 版。

② 孙文范、李治亭：《马克思主义与历史人物》，《史学月刊》1982 年第 1 期。

③ 舒泰：《也谈历史人物评价的方法论》，《光明日报》1983 年 9 月 21 日，第 3 版。

④ 史苏苑：《历史人物评价论稿》，河南人民出版社 1986 年版，第 42 页。

⑤ 苏双碧：《略论阶级分析和历史的创造者》，《中国史研究》1986 年第 4 期。

⑥ 简桐：《关于历史人物评价的几个理论问题》，《史学月刊》1987 年第 3 期。

⑦ 李时岳：《近代史新论·关于历史人物的评价问题》，汕头大学出版社 1993 年版，第 323 页。

学家所坚守。如胡绳认为，研究中国近代史，应使用阶级分析的观点和方法。近代中国社会政治的动荡和变化，从总体上表现为"旧的阶级虽然衰落，但仍然存在，新的阶级虽已兴起，但尚未得胜；旧时期的阶级斗争仍然残存，新时期的阶级斗争已经开始兴起"。帝国主义与中国的矛盾是民族矛盾，同时也是阶级矛盾。因为不同的阶级对于侵略者采取不同的态度，其态度也不是一成不变的。不指明这些，就只能停止于描述历史现象，不能说清楚任何问题。①

刘大年认为，研究私有制社会的历史，阶级分析是基本的分析方法，绝不可以丢掉阶级分析去认识、评定历史上一切重要的人和事。他针对冯友兰《中国哲学史新编》第六册中对曾国藩的肯定性评价提出质疑②，并进一步强调指出："阶级分析方法，是历史分析的基本方法。"③

针对近来对中国近代人物的评价中出现的"翻案"现象，张海鹏强调了阶级分析方法的必要性。他指出，对于历史人物不是不可以重新认识与评价，而问题是站在什么立场和出发点上，要不要对历史人物作基本的阶级分析，要不要对他们所处的历史时代及其发挥的作用作总体的把握。如果对此完全置之不顾，恐怕很难说是客观公正的。并且他认为，观察近代中国历史，基本的方法还是阶级分析法。④ 漆侠云："怎样评价历史人物？我认为，应当站在无产阶

---

① 胡绳：《〈从鸦片战争到五四运动〉再版序言》，《近代史研究》1996 年第 2 期。

② 冯友兰认为："洪秀全和太平天国所要学习而搬到中国来的是西方中世纪的神权政治，那正是西方的缺点。……洪秀全和太平天国如果统一了全国，那就要使中国倒退几个世纪。""把洪秀全和太平天国贬低了，其自然的结果就是把它的对立面曾国藩抬高了。曾国藩是不是把中国推向前进是可以讨论的，但他确实阻止了中国的倒退，这是一个大贡献。""曾国藩的成功阻止了中国的倒退，他在这一方面抵抗了帝国主义的文化侵略，这是他的一个大贡献。"（冯友兰：《中国哲学史新编》，人民出版社 1989 年版，第 71、76 页。）

③ 刘大年：《方法论问题》，载沙健孙、龚书铎主编《走什么路——关于中国近现代历史上的若干重大是非问题》，山东人民出版社 1997 年版，第 3—27 页。

④ 张海鹏：《近年来中国近代史研究中的若干原则性争论》，载沙健孙、龚书铎主编《走什么路——关于中国近现代历史上的若干重大是非问题》，山东人民出版社 1997 年版，第 95—110 页。

级立场上，以历史唯物主义尺度去评价人物。"①

直至近年，仍有学者老调重弹，继续申言阶级方法之不可废。例如，王全权认为，正确评价历史人物必须遵循阶级原则，"阶级的原则要求我们把历史人物放到客观的历史事实中分析历史人物的阶级属性。个人总是隶属于一定的阶级或社会集团，历史人物总是一定阶级利益的代表，总要代表一定社会集团的需要与要求"。他们的立场、观点、言论、行为是阶级利益的表征。分析历史人物的阶级属性，不能仅仅看历史人物的阶级出身，而应看他为什么阶级服务。② 周兴樑认为："研究评价历史人物的具体方法可多种多样，而阶级分析的方法应是最基本的方法。"③ 华强认为：阶级分析法是研究历史的主要方法之一，研究历史，包括研究历史人物，"要么占无产阶级立场上，要么占资产阶级立场上，站在两个阶级之外的立场上，也即站在超阶级的立场上，这是没有的事情，也是不可能的事情"④。这种政治表态式的言论与当下的学术潮流和实际研究已格格不入，对学术界基本不发生影响。

（二）阶级分析法的缺陷及反思

中国马克思主义史学是在血与火的阶级斗争环境中形成发展起来的，阶级斗争学说在革命战争年代富有解释力，对旧社会的冲击和摧毁力巨大，在动员民众参与革命方面更发挥了难以估量的作用，具有巨大的社会史意义，这应值得肯定。但是阶级分析或阶级观点的过度使用，导致在较长的时间里历史研究和历史人物评价中出现诸多严重问题。这主要表现为以阶级观点分析一切，而遮掩其他视角，出现教条主义、公式化、片面化、简单化的缺点与错误。这种肩负过多意识形态使命的流行唯物史观对史学的正常发展产生

① 漆侠：《历史研究法》，河北大学出版社 2003 年版，第 103 页。
② 王全权：《历史人物评价再思考》，《南京林业大学学报》（人文社会科学版）2003 年第 3 期。
③ 周兴樑：《历史人物研究评价的几个问题》，《福建论坛》（人文社会科学版）2004 年第 6 期。
④ 华强：《评价历史人物应坚持历史唯物主义——答巨永明》，《探索与争鸣》2004 年第 5 期。

了严重干扰，桎梏了学术活力，使学术求真的内在追求被忽视，产生许多偏见。1951 年前后，这种偏见已经有了明显的表征。那时，非历史主义一度颇为严重。但即便是在 20 世纪五六十年代相对开明的历史主义学派那里，也是在承认流行阶级观点的前提下进行纠偏救弊的。翦伯赞发表在《新建设》1952 年 9 月号上的批评非历史主义倾向的名篇《关于历史人物评论中的若干问题》有对当时这一倾向泛滥的集中描述。尽管有不少史学家在进行正本清源工作，但对马克思主义的机械理解、非历史主义倾向还是不断卷土重来。1959 年，郭晓棠撰文尖锐批评了当时史学研究中片面使用阶级分析而产生的反历史主义倾向，并明确提出了评价历史事件和历史人物必须把阶级观点与历史观点统一起来。① 1960 年，《史学月刊》编辑部组织了关于历史主义专题的讨论文章。之后，一方面是阶级分析、阶级观点为主导，另一方面也存在来自历史主义思想阵地的挑战。②

其实，"阶级"本是一个外来概念，来源于西方。③ 马克思在总结阶级斗争发展的历史时指出："无论是发现现代社会中有阶级存在或发现各阶级间的斗争，都不是我的功劳。在我以前很久，资产阶级历史编纂学家就已经叙述过阶级斗争的历史发展，资产阶级的经济学家也已对各个阶级作过经济上的分析。我所加上的新内容就是证明了下列几点：（1）阶级的存在仅仅同生产发展的一定历史阶段相联系；（2）阶级斗争必然导致无产阶级专政；（3）这个专政不过是达到消灭一切阶级和进入无阶级社会的过渡……"④ 马克思的

---

① 郭晓棠：《历史主义，还是反历史主义》，《中州评论》1959 年第 12、14、15 期。

② 关于历史主义与阶级观点的论战，参见王学典《二十世纪后半期中国史学主潮》，山东大学出版社 1996 年版；《历史主义思潮的历史命运》，天津人民出版社 1994 年版；《"历史主义"与"阶级观点"》，载肖黎主编《20 世纪中国史学重大问题论争》，北京师范大学出版社 2007 年版，第 264—283 页；梁友尧、谢宝耿编《中国史问题讨论及其观点》（1976.10—1980.6），山西人民出版社 1984 年版，第 42—48 页。

③ 参见［俄］普列汉诺夫《阶级斗争学说的最初阶段》，生活·读书·新知三联书店 1965 年版，第 39 页；葛懋春主编《历史科学概论》，山东教育出版社 1983 年版，第 150 页；杨豫、胡成《历史学的思想与方法》，南京大学出版社 1996 年版，第 34—35 页；李振宏《历史学的理论与方法》，河南大学出版社 1999 年版，第 359—371 页。

④ 《马克思恩格斯选集》第 4 卷，人民出版社 1995 年版，第 332—333 页。

阶级斗争学说是唯物史观的重要组成部分，但同时必须指出，在唯物史观理论体系中，它并不是最首要、最根本的观点。现在看来，将"阶级斗争"作为马克思主义的核心观点，在很大程度上歪曲了马克思主义。流行的阶级观点与唯物史观创始人对历史上的剥削与压迫的看法大相径庭。① 马克思本人虽多次论及阶级问题，但他却始终没有给"阶级"下一个明确的定义。② 对"阶级"概念的经典性定义是由列宁解说的。他说："所谓阶级，就是这样一些大的集团，这些集团在历史上一定社会生产体系中所处的地位不同，同生产资料的关系（这种关系大部分是在法律上明文规定了的）不同，在社会劳动组织中所起的作用不同，因而取得归自己支配的那份社会财富的方式和多寡也不同。所谓阶级，就是这样一些集团，由于它们在一定社会经济结构中所处的地位不同，其中一个集团能够占有另一个集团的劳动。"③ 列宁的这一界定被人们奉为圭臬。列宁的定义虽然有其缺陷，但并未将阶级的界定归于单一因素，尤其是没有归于单一的生产资料所有制这一因素。到了斯大林时代编写的《联共（布）党史教程》"历史唯物主义和辩证唯物主义"一章中，阶级的决定性因素就只剩下了"生产资料所有制关系"这一项，并由此推导出"所有制决定阶级——阶级斗争推动社会进步"的理论。在迫切夺取政权、巩固政权的中国革命者那里，马克思的话就被演绎为"阶级斗争，一些阶级胜利了，一些阶级消灭了。这就是历史，这就是几千年的文明史。拿这个观点解释历史的就叫做历史的唯物主义，站在这个观点的反面的是历史的唯心主义"④。这段话便成为以毛泽东为代表的中国共产主义革命者全部历史理论的基石，成为贯穿这个历史理论始终的红线。

与阶级观点紧密相连的则为"革命"史观或"革命"标准，即

① 王学典：《历史主义思潮的历史命运》，天津人民出版社 1994 年版，第 350 页。

② 参见吴英《对马克思阶级理论的再解读》，载瞿林东主编《史学理论与史学史学刊（2003 年卷）》，社会科学文献出版社 2004 年版，第 9 页。

③ 《列宁全集》第 37 卷，人民出版社 1972 年版，第 13 页。

④ 《毛泽东选集》第 4 卷，人民出版社 1991 年版，第 1487 页。

以"革命"与"反动"或"反革命"作为评价历史人物的标尺。在战争和"革命"年代形成阶级观点和"革命"史观自有其合理之处，并在中国历史及学术史上具有重大意义。但中国进入和平时期已 60 余年，这种思想和观念有必要在学术的视野中反思和重新审视。

流水落花春去也，换了人间。"以阶级斗争为纲"的时代已经终结，阶级分析法的时代一去不复返，阶级标准在历史人物评价体系中的地位无可挽回地衰落了。以往那种极端的阶级标准已成为历史的产物。任何在今日和谐社会的语境中宣扬阶级对立的言论都是无益的空谈。如果说阶级标准、阶级方法还有其合理性的话，也必须经过新的诠释与创造，都限制在学术范围之内。应当承认，处在社会网络中隶属于一定利益集团的历史人物具有一定的阶级性，这种阶级性常常支配着历史人物的思想言行，阶级分析为我们提供了一个观察视角，但阶级属性本身不是判断是非善恶的标准，因而不能作为历史人物评价的标准。

二 "历史主义"方法

（一）"历史主义"的产生和发展

由于"左"的思想的存在，阶级观点长期左右着新中国成立后中国史学的发展。历史主义则是在对非历史主义的清算中确立起来的，是对阶级观点的纠偏。历史主义与阶级观点的是是非非，很久以来，苦苦纠缠、折磨着中国史学界。在 20 世纪五六十年代关于历史人物评价的讨论中，"历史主义"是引人注目的一个理论观点。其基本特点是，既有对历史的贯通看法，又注意并且尊重历史的各个细节，并对其作当时、当地的理解与考察。诸多学者提出，必须对历史人物进行历史的分析，就是把历史人物放在他所处的具体历史条件下去考察，不能脱离当时的历史实际，"一切以时间、地点、条件为转移"。可以说，"在中国，作为实用主义、启蒙主义对立面而存在的历史主义，是一种要求实事求是地研究历史，把历史当历史而不是当政治、把历史当科学而不是当宣传来对待的史学思潮"①。

当时,"历史主义"主要涉及了以下几个方面的问题:第一,反对非历史主义倾向。史学界不仅从总体方向上批判了非历史主义,还进一步对非历史主义的一些具体倾向展开批判。这些倾向是:以今天的眼光任意拔高、改铸古人;以今天的眼光苛求古人;将古人与今人做简单的类比,以"借古说今"。第二,纠正阶级分析法运用的偏差。第三,如何运用历史主义的分析方法。

历史主义与"阶级观点"的碰撞和较量,是贯穿20世纪50年代到80年代中国史学的一条中心线索。20世纪50年代初期,针对当时武训问题讨论中的有关美化古人的倾向,《学习杂志》发表编辑部文章,明确表示"反对非历史主义的观点",并指出:"按照历史主义的观点,我们在评判历史人物时,应该从这些人物所处的具体历史条件出发,看他们在当时的条件下究竟是起了推动社会前进的作用还是起了阻碍进步的作用。因此,既不能以今天的尺度去衡量他们,也不能脱离一定的历史条件来谈论他们的进步性。"② 翦伯赞《关于历史人物评价中的若干问题》一文的中心点,就是清算这种狭隘阶级观点。他强调说:"从历史唯物论的观点出发,评论一个历史人物,就不是用我们今天的标准去要求历史人物;而是严格地联系到这个历史人物当时的历史条件,进行具体的分析。因为一定的历史时代,只能产生一定的历史人物,这是历史的局限性,如果把这种历史的局限性置之不顾或估计不足,都不能正确地评价一个历史人物。"③ 抨击狭隘阶级观点比较有力的,是漆侠的《正确认识历史上的封建统治阶级和封建王朝》一文。这篇文章的要旨,是要求历史地评价历史,矛头直指"三千年的封建统治阶级中,没有一个好家伙""朝朝代代都是坏蛋坐江山"这种对狭隘阶级观点正

---

① 参见王学典《二十世纪后半期中国史学主潮》,山东大学出版社1996年版,第39—42页。

② 《关于历史人物的评价问题——反对非历史主义的观点》,《学习杂志》1951年第12期。

③ 翦伯赞:《关于历史人物评论中的若干问题》,《新建设》1952年9月号。

面而典型的表述。① 范文澜在《关于〈中国通史简编〉》中指出了历史研究中的非历史主义观点并提出建议。② 其他学者对此也多有坚持，例如瑞云在《对评价历史人物的几点意见》中指出评价历史人物最重要的是要实事求是，具体人物具体分析，不要简单地肯定一切，也不要简单地否定一切。也就是说，我们评价一个历史人物的好坏，必须从历史人物所处的具体历史条件出发，看他们在当时的历史条件下对社会发展起着推动作用还是阻碍作用，是代表人民的利益还是违反人民的利益。而不是离开当时的具体历史条件，以今天的尺度去衡量古人，也不是单纯从某人的阶级出身出发去判断其好坏。从历史唯物论的观点出发，评价一个历史人物，就不是用今天的标准去要求一个历史人物。同时他指出应反对不适当地夸大个别人物在历史上的作用。③

标志着对历史主义问题进一步深入探讨的是 1960 年《史学月刊》第 7、9 期上组织的讨论。该刊发表了专门讨论历史主义的文章。嵇文甫的《关于历史评价问题》与《关于历史评价及其他》完整而系统地阐发了历史主义的历史人物评价观。嵇文甫对历史主义历史人物评价理论研究的贡献主要在于他提出了防止两种偏向、坚持三个标准、注意四个要点和处理六对矛盾这样一些意见。两种偏向是：第一，"左"倾的偏向，这是历史否定论；第二，"右"倾偏向，即一切存在的都是合理的，把过去的人都宽容原谅了。三个标准是：第一，对于人民有贡献的，有利的；第二，在一定历史阶段起进步作用的；第三，可以表现我们民族高贵品质的。合乎这三个条件都是好的，相反的都是坏的。注意四个要点：第一，根据一定具体的历史条件；第二，要认识历史人物的多面性与复杂性；第三，站稳阶级立场，反对客观主义；第四，要配合当前的政治人物。处理好六对矛盾：第一，起革命与当皇帝；第二，伟大工程和

① 漆侠：《正确认识历史上的封建统治阶级和封建王朝》，《新建设》1953 年 7 月号。
② 范文澜：《关于〈中国通史简编〉》，《新建设》1951 年 2 月号。
③ 瑞云：《对评价历史人物的几点意见》，《光明日报》1954 年 12 月 23 日，第 3 版。

暴虐百姓；第三，抵抗异族与镇压百姓；第四，统一与自卫；第五，侵略与扩张；第六，就当时看与就现在看。①

　　吴晗明确提出"历史主义"。他说："评价历史人物的标准是什么？列宁在 1897 年写的《评经济浪漫主义》一文中说：'判断历史的功绩，不是根据历史活动家没有提供现代所要求的东西，而是根据他们比他们的前辈提供了新的东西。'这是一个正确的标准，比前一辈提供了新的东西，对人民做出有益的贡献。相反，把现代的东西来要求或强加于古人，是非历史主义的，非马克思列宁主义的。"②

　　历史主义实际上是研究历史的一项基本纪律，因而许多严肃的学者都主张运用历史主义观察评价历史人物。20 世纪 80 年代初，郭圣铭云："我们评价历史人物，必须有历史唯物主义的观点。这就是说，我们不能用当前的标准来要求古人，而必须根据古人之所生活于其中的历史条件，对具体情况作具体分析，以判断其功过得失。""列宁说道：'判断历史的功绩，不是根据历史活动家没有提供现代所要求的东西，而是根据他们比他们的前辈提供了新的东西。'这便是我们评价历史人物的准绳。"③ 20 世纪 90 年代，丁守和认为：评价历史人物，一定要尊重基本的历史事实，否则就会偏颇。无论是研究历史，还是评价历史人物，不能忘记基本历史联系，不要割断历史，又要把问题提到一定的历史范围，不要忘记时间、地点、条件，要具体情况具体分析。④

　　在当时，历史主义包括"当时当地标准"这一评价观念，即把历史人物放到当时的社会条件下来考察，看他在当时所起的历史作

---

　　① 参见嵇文甫《历史人物的评价问题（二月十八日对新史学会河南分会演讲）》，《史学月刊》（《新史学通讯》）1951 年第 2 期；《关于历史评价中的几个矛盾问题（四月十二日在中国史学会河南分会上的讲话）》1953 年第 5 期；《关于历史评价问题》，人民出版社 1956 年版；《关于历史评价及其他》，河南人民出版社 1957 年版。

　　② 吴晗：《关于历史人物评价问题》，《新建设》1961 年第 1 期；《论历史人物评价》，《人民日报》1962 年 3 月 23 日，第 5 版。

　　③ 郭圣铭编著：《西方史学史概要》，上海人民出版社 1983 年版，第 6 页。

　　④ 丁守和：《正确评价历史人物》，《光明日报》1996 年 7 月 23 日，第 5 版。

用。在这个问题上，吴晗阐发最力，后来受到的责难也最重。吴晗
提出："评价历史人物，应从当时当地人民利益出发，看他的所作
所为是好是坏？对生产是起促进作用还是破坏作用？对文化艺术是
起提高作用还是摧毁作用？不能用要求现代人的标准来要求古人，
也就是不可以苛求于前人。对历史人物，主要看他比他的前辈提供
了什么新的东西。假如评价不是从当时当地的人民利益出发，那
么，历史人物可能会没有一个及格……这是不符合实际的，是非历
史主义的，也是非马克思列宁主义的。"总之，"评论历史人物应该
以对当时当地大多数人的利益为标准"。吴晗又提出："凡是在当时
历史上起过作用的人物，在当时和后代会有不同的意见。什么看法
才对？主要应该根据当时当地大多数人的意见。"①

吴晗提出的"当时当地的标准"和"当时当地大多数人的意
见"的看法引起了一些不同意见。持反对意见的研究者认为"当时
当地的标准"的提法含混，容易使人产生误解，而关于"当时当地
大多数人的意见"的看法则是不正确的。②

时至 20 世纪末 21 世纪初，李振宏也认为"当时当地标准"有
不妥之处，主要有以下几点：（1）由于时代条件、阶级条件的局
限，当时当地的人对历史人物及其活动的认识未必是正确的，而且
也不可能是正确的，他们没有科学的历史观，不可能理解历史人物
活动的真正意义。（2）考察当时当地人民的感受，没有可靠的历史
根据。史籍中所载，多是古代文人的感受和认识，以此为凭，我们
的研究就很难跳出古人的思想局限。（3）从认识论上讲，一种认识
的正确与否，不能以大多数人的意见为根据。多数人的看法未必正
确，少数人的意见也未必乖谬。（4）有些历史人物活动的意义和价

---

① 参见吴晗《关于评价历史人物的一些初步意见》，《历史教学》1959 年第 12 期；
《关于历史人物评价问题》，《新建设》1961 年第 1 期；《论历史人物评价》，《人民日报》
1962 年 3 月 23 日，第 5 版；《有关历史人物评价和历史知识普及的问题》，《有关历史人
物评价的资料》，中国人民大学科学研究处翻印，1965 年 12 月，第 10—14 页。
② 参见师宁《有关历史人物评价的两个问题》，《人民日报》1962 年 9 月 13 日，第
5 版；宁可《论历史主义和阶级观点》，《历史研究》1963 年第 4 期；林甘泉《历史主义
与阶级观点》，《新建设》1963 年第 5 月号。

值，在当时未必能显示出来，倒是随着历史的延续和发展，才能逐步认识它的意义。所以，当时当地标准说，是靠不住的。①

21 世纪初，李屏南再次对当时当地标准提出质疑。② 漆侠也认为，当时当地的标准评论人物是错误的。漆侠说："怎样评价历史人物？我认为，应当站在无产阶级立场上，以历史唯物主义尺度去评价人物。"③ 周建漳则提出了与李振宏、李屏南、漆侠颇为不同的观点。他认为，"依后世评价标准对前代人事进行评价，往往出现是非善恶逆转的情况"④。

（二）历史主义的内涵

关于历史主义的内涵，学术界曾有过争论。⑤ 时隔 30 余年，许多学者对这次争论进行了回顾与总结，并对历史主义做出新的解释，其中较为有创见的是王学典、李振宏两位先生的看法。王学典认为："尊重历史，忠实于历史，照历史的本来面目描述历史，这

① 参见李振宏《历史学的理论与方法》（修订本），河南大学出版社 1999 年版，第 346 页；李振宏、刘克辉《历史学的理论与方法》，河南大学出版社 2008 年版，第 373 页。

② 参见李屏南《人物评价论》，岳麓书社 2000 年版，第 178 页。

③ 漆侠：《历史研究法》，河北大学出版社 2003 年版，第 103 页。

④ 参见周建漳《历史及其理解和解释》，社会科学文献出版社 2005 年版，第 257—264 页。

⑤ 参见王学典《二十世纪后半期中国史学主潮·第四章·历史主义问题论战》，山东大学出版社 1996 年版，第 203—225 页。

又，在苏联史学中的"历史主义"又与西方学界所理解的有所不同。"在苏联史学中，历史主义原则是历史认识的马克思主义重要原则，也是历史研究的最根本的原则，因此被一致认为是历史科学的基石，是现实的研究和解释中应遵循的原则，它要求在事物和现象形成、发展的具体的历史条件下去研究它们。不少历史学家认为，列宁于 1916 年 11 月 30 日写给印涅萨·阿尔曼德的信中，明确地提出了历史主义的定义：'马克思主义的全部精神，它的整个体系要求人们对每一个原理只是（α）历史地，（β）只是同其他原理联系起来，（γ）只是同具体的历史经验联系起来加以考察。'（《列宁全集》第 35 卷，人民出版社 1960 年版，第 238 页。——原注）从这一定义所确定的原则出发，要求人们具体地研究变化中的发展中的社会现象，全面地研究各种现象之间的联系及相互作用，同时通过历史教训对所做的结论及评价进行检验。"（详参陈启能、于沛、黄立茀《苏联史学理论》，经济管理出版社 1996 年版，第 191—197 页）

又，关于西方"历史主义"的形成，可参见黄进兴《历史主义与历史理论·历史主义：一个史学传统及其观念的形成》，陕西师范大学出版社 2002 年版，第 1—82 页。

就是历史主义的内涵；从不置疑的历史事实以及产生这种历史事实的不以人的意志为转移的历史条件出发，把所要分析的历史问题摆到相应的历史范围之内，具体问题具体分析，站在当代的高度研究历史，但不把历史当代化，这就是历史主义的要求。"① 李振宏认为："马克思主义的历史主义，就是马克思主义的辩证法，是马克思主义看待人类社会历史的一种辩证的历史的思想方法，是侧重于历史联系的角度看待历史问题的思想方法。"马克思主义的历史主义的几个基本观点为：（1）人类历史处在永恒的发展的长河之中，是一个无穷的由低级进到高级的运动过程，虽然在它的整体过程中也不时地出现暂时的倒退和逆转，但这个过程的总趋势则是上升的，前进的。（2）一切历史事物都处在某一具体的历史发展阶段上，都是特定的历史环境的产物，是特殊的历史联系决定了事物的独特风貌。（3）如同每一个历史阶段都有一个产生、发展、衰亡的历史过程一样，任何具体的历史事物，也都有一个发生、发展和消亡的历史过程。（4）人类社会历史发展的连续性，确证了历史发展的继承性。②

把历史主义放在狭隘、庸俗、片面的阶级观点占不容置疑地位的年代中才能估量其价值，才能看清其无法抹杀的最大意义。历史主义存在的首要意义，就在于它在较长时期内充当了清算极"左"史学思潮尤其是限制极"左"阶级观点的合法根据。当然也应该承认，在当时的历史条件下，历史主义也有其本身的缺陷。当时的历史主义并没有拒绝对"阶级观点"的流行进行解释，而只是对其"补偏救弊"。它矛头所指不是阶级观点的前提本身，而是由阶级观点所推导出的极端结论。承认、肯定那些导致错误结论的前提，却又想推倒、批评这些错误结论，这本身就是自相矛盾，就是理论上的重大缺陷。这种矛盾集中反映在翦伯赞关于阶级观点与历史主义

---

① 参见王学典《二十世纪后半期中国史学主潮》，山东大学出版社 1996 年版，第 39—40 页。

② 参见李振宏《历史学的理论与方法》（修订本），河南大学出版社 1999 年版，第 286—300 页；《论历史主义问题》，《史学理论研究》1992 年第 3 期。

之间关系的理解上。在他看来，二者是两回事不是一回事。尽管他强调二者必须结合，但那时两种互相外在的东西的结合，"既要看到历史上的光明面，也要看到历史上的黑暗面。在阶级社会中，任何光明时代，总有黑暗；反之，任何黑暗时代，也有一线光明"①。因此"必须把阶级观点与历史主义结合起来。如果只有阶级观点而忘记了历史主义，就容易片面地否定一切；只有历史主义而忘记了阶级观点，就容易片面地肯定一切。只有把二者结合起来，才能对历史事实作出全面的公平的论断"②。既想用历史主义来对这种阶级观点"补偏救弊"，又认为历史主义必须具备自己所匡正的那种阶级观点的内容；既想挣脱那种抛弃一切的阶级观点的支配，却又不由自主、身不由己地接受这种源远流长、根深蒂固的观点的束缚。这就是 20 世纪 60 年代初期的历史主义学派的思想状况。现在看来，历史主义有其独立性，作为一种史学观念，其不存在必然的阶级观点这一理论前提。破除历史主义的这一理论前提，恢复其学术意义，在历史人物评价和历史研究中，则更显示出其价值。③

　　其实，历史主义可以和阶级观点结合使用，也可以和其他观念结合使用。但问题是，史学家即使持有历史主义观念，对具体历史人物的评价也可能完全不同。不同的历史观、政治立场，皆可以与历史主义思想结合，因此历史主义是一种兼容性很强的研究方法。并且阶级观点不具备方法论上的普遍性，如果将之作为普遍的评价原则会导致谬误。④ 所以，在历史人物评价中，历史主义完全可以和历史作用标准、阶级标准和道德标准等相结合，而得出不同的结论。如果将其和具有极"左"的阶级观点结合，则可能祸患无穷。比如，"很多历史人物之所以被否定，不是因为别的什么原因，就

---

　　① 翦伯赞：《对处理若干历史问题的初步意见》，《光明日报》1961 年 6 月 22 日，第 3 版。

　　② 翦伯赞：《目前史学研究中存在的几个问题》，《江海学刊》1962 年第 5 期。

　　③ 参见王学典《历史主义思潮的历史命运》，天津人民出版社 1994 年版，第 370—382 页。

　　④ 参见乔治忠《历史主义方法是史学批评的基本方法》，《郑州大学学报》（哲学社会科学版）2004 年第 1 期。

是因为他们出身于地主阶级。……由于用阶级成分作为评价历史人物的标准，很多古代文学家的名字便从文学史上消灭了，因为这些文学家有的是官僚地主，有的还是贵族、皇帝"[1]。所以，对历史人物评价中阶级分析与历史主义思想的协调和结合，还有待进一步研究，特别是其中阶级分析的适用范围和使用程度问题。

历史主义具有多重内涵，但不是一种具体的、可做量度的评价标准，而是一种观念和方法。归根结底，历史主义是历史研究的一项基本准则和纪律，违逆历史主义的非历史的、超历史的态度和做法都不属于学术范畴内的历史研究。具体到新中国成立后的史学界而言，历史主义是作为阶级观点的一种制约力量而存在，阻止了阶级观点的泛滥，对正确评价历史人物发挥了不可替代的作用。

三　全面论、方面论、阶段论

历史人物一生往往活动复杂，功过相掺，并可能发生转化，如何对他们做出最终肯定与否定的结论？对此，很多人提出了全面分析和看主流、看发展的观点，并批评了绝对肯定与绝对否定的简单化倾向。这在 20 世纪五六十年代的主要观点有：

第一，全面和重点结合论。张研彬、荣孟源都提出既要全面看问题，又要有重点，注意主要方面。[2] 1959 年，郭沫若在《替曹操翻案》中指出："我们评价一位历史人物，应该从全面来看问题，应该从他的大节上来权其轻重，特别要看对于当时的人民有无贡献，对于我们整个民族的发展、文化的发展有无贡献。"[3]

第二，从发展观点看人物。万发云提出，须从发展的观点来考察，有人由好变坏，有人由坏变好，必须着重从其最后表现做出结

---

① 翦伯赞：《目前史学研究中存在的几个问题》，《江海学刊》1962 年第 5 期。
② 张研彬：《略论历史人物评价的几个问题》，《历史教学》1954 年 8 月号；荣孟源：《历史人物的评价问题》，华东人民出版社 1954 年版，第 49—55 页。
③ 郭沫若：《替曹操翻案》，《人民日报》1959 年 3 月 23 日，第 7 版。

论。① 此实为后来"阶段论"的萌芽。在曹操评价中，吴泽提出，应该"把曹操一生的历史分成几个不同的历史时期，把讨论中的每个问题，放在一定历史时期中来考察，按其对历史任务所起作用，论定功过"②。对武则天的评价，吴泽同样进行了分阶段讨论："武则天立为皇后以来四十多年反世族斗争的胜利和成就，是应该肯定的；武周后期，就政权本身来说，基本上也是肯定的；而其晚年豪奢专断，引起危害人民、影响社会经济发展的错误和弊政，是应当揭露和批判的。"③

有些学者对秦始皇的评价就采用了阶段论的分析，例如杨宽从秦始皇一生前半段与后半段来对秦始皇加以分析和评价。④ 后来，刘泽华又有所深入和推进，他强调："在统一中国之前，秦始皇能认清形势，保持清醒的头脑。在朝廷上，亦能允许大臣们对问题进行反复议论，达到这个英雄人物的最高峰。"但是，秦始皇在统一以后，"至高无上的皇权，使他陶醉了，迅速从英雄的宝座上跌落。后来，向孤家寡人的境地滑去"，"完全成了那个时代和人民的对立物"。因此，秦始皇"是一个功大过亦大的人物，集中在他身上的矛盾重重交错"⑤。这是阶段论的一个典型运用。

20 世纪 80 年代后，人们开始检讨以往历史人物评价方法上存在的错误倾向，并开始探索、讨论并运用新的研究、评价方法。

葛懋春主张全面评价历史人物，首先，具体分析历史人物所处的历史条件。其次，具体评价历史人物的功与过。最后，注意处理几种关系。第一，主观动机与客观效果之间的关系。第二，局部和全局的关系。第三，关于历史发展的客观规律性和历史人物的主观

① 万发云：《关于评价历史人物的几个原则问题》，《光明日报》1959 年 7 月 7 日，第 3 版。

② 吴泽：《关于曹操在历史中的作用问题》，《历史教学问题》1959 年第 5 期。

③ 吴泽：《关于武则天在历史中的作用问题》，《文汇报》1959 年 12 月 6 日，第 5—6 版。

④ 杨宽：《秦始皇》，上海人民出版社 1956 年版。

⑤ 刘泽华、王连升：《论秦始皇的是非功过》，《历史研究》1979 年第 2 期。

能动性之间的关系。第四，对不同历史人物具体分析，区别对待。①

赵文润认为，对历史人物要进行综合研究，全面考察，主要看其历史作用，即在全面考察基础上的"重点论"。② 吴延嘉主张评价历史人物既不能以总体评价取代局部评价，也不能以局部评价取代总体评价。③

做综合评价时，人们习惯应用两分法，长期以来用数字来划定历史人物功过的比例，即根据其功、过的大小，将人物分为二八开、三七开、四六开、五五开等，以此来表示对历史人物的肯定与否定。孙文范、李治亭对此提出了批评，认为这种方法不科学。首先，历史人物的好与坏、是与非、功与过无法用数字计算；其次，数学比例有数种之多，无法知道它们之间的差数如何判定。这种方法是机械唯物论的一种反映。简桐认为，这种使用简单的数学比例图解人物作法的弊端是过于静态地看待历史人物，而缺乏发展的观点、忽略从功到过或从过到功的转变条件。④ 陈其泰则持不同看法，认为讲历史人物有几分坏，几分好，不一定就笼统，不一定就不能用，问题在于是否恰当。他举中共中央对斯大林一生功过的表达方式为例，指出"三七开"不能理解为切苹果那样的机械划分，而是经过大量分析后得出的精粹结论，是用生动易懂的说法，表达"错误与功绩相比，只居第二位，而功绩是第一位的"这一科学论断。⑤

1983 年，《光明日报》"史坛纵论"专栏则就评价历史人物的方法组织过一次讨论。降大任批评了对历史人物进行笼统评价，提出宜用"阶段论"方法弥补其不足。"阶段论"是就历史人物一生大节，根据其历史活动的不同性质，分为不同阶段，结合其所处的

① 葛懋春主编：《历史科学概论》，山东教育出版社 1983 年版，第 208—220 页。
② 赵文润：《论历史人物评价的几个问题》，《社会科学评论》1986 年第 2 期。
③ 吴廷嘉：《历史人物研究的几个理论问题》，《安徽史学》1986 年第 3 期。
④ 简桐：《关于历史人物评价的几个理论问题》，《史学月刊》1987 年第 3 期。
⑤ 陈其泰：《"阶段论"不能取代从总体评价历史人物》，《光明日报》1983 年 8 月 17 日，第 3 版。

历史大势即具体时间、地点、条件去评论功过是非。① 这一"阶段论"观点引起了讨论。邓传淳、陈其泰则认为，"阶段论"有合理性，然而也有局限，它不能取代从总体上评价历史人物，应将"阶段论"与"综合论"结合，以得出全面正确的结论。②

黄椿则提出用"方面论"评价历史人物，即从纵的关系上，历史人物可能有时间阶段上的变化，需要采取"阶段论"；从横的关系上，历史人物往往具有多重性，就需要采取"方面论"，把人物各方面分解开评价，既谈主要方面，也说次要方面；既论政治态度，也评学术成就。"方面论"和"阶段论"并用，纵横交错，可以把历史人物的实际面貌完整地反映出来。③

郭卿友提出"历史条件论"，即把人物置于历史条件下考察，认为"历史条件论"与"阶段论""方面论"互为前提，相彰为用。④ 此论与历史主义的方法非常接近，但又有所发展。

舒泰对以上意见进行总结，认为以上几种方法应互为补充，都不可缺少，但阶级分析不能没有，只有将以上方法都纳入阶级分析中，才能做出实事求是的评价。⑤

此后，史苏苑也主张要分时期（或阶段）、分主次评价历史人物。⑥ 简桐认为，评价历史人物要看其前后各个方面，视其发展，进行分期、分阶段、分方面评价。⑦

匡亚明提出用"三分法"对待孔子的思想，可以说是对阶段

---

① 降大任：《评价历史人物宜用"阶段论"》，《光明日报》1983 年 6 月 29 日，第 3 版；《关于评价历史人物宜用"阶段论"的答辩》，《晋阳学刊》1997 年第 4 期。

② 邓传淳：《评价历史人物的"阶段论"及其他》，《光明日报》1983 年 8 月 3 日，第 3 版；陈其泰：《"阶段论"不能取代从总体评价历史人物》，《光明日报》1983 年 8 月 17 日，第 3 版。

③ 黄椿：《评价历史人物亦宜用"方面论"》，《光明日报》1983 年 8 页 24 日，第 3 版。

④ 郭卿友：《评价历史人物要恪守"历史条件论"》，《光明日报》1983 年 8 月 24 日，第 3 版。

⑤ 舒泰：《也谈历史人物评价的方法论》，《光明日报》1983 年 9 月 21 日，第 3 版。

⑥ 史苏苑：《历史人物评价论稿》，河南人民出版社 1986 年版，第 56—103 页。

⑦ 简桐：《关于历史人物评价的几个理论问题》，《史学月刊》1987 年第 3 期。

论、方面论、全面论的一个具体运用。他在《孔子评传》中认为：我们既反对全面肯定的态度（包括历来形形色色的尊孔派），也反对全面否定的态度（包括五四时期革命派反对反动派发动的"打倒孔家店"运动和"文化大革命"时期"四人帮"反动派反对革命派发动的"批孔"运动）；同时也感到仅仅把孔子思想分为肯定的部分和否定的部分来处理的"二分法"，似仍不能确切地包容全部孔子思想内涵。"三分法"即凡是孔子思想中直接为维护封建社会统治阶级特殊利益服务的东西，必须彻底批判、彻底决裂；凡是孔子思想中在一定程度上带有远见的智慧或智慧萌芽的东西，都必须加以认真的批判、清理，做到古为今用；凡孔子思想中至今仍保有生命力而具有现实意义的东西，都应予以继承和发扬。[①]

对人物评价中的阶段论、方面论、全面论，李振宏认为，这几种看法各有道理。在全面评价一个历史人物的时候，应该尽可能做到有一个完整而清晰的结论，即在进行各方面的分析、权衡之后，作出定评。这种定评的主要根据，是历史人物影响最大的历史活动，是他对整个历史进程刻痕最深的历史活动。对"开成论"，李振宏认为，此种做法欠妥。人的一生的言行，好与坏的积累，是不好用积分的方法来累计的。虽然这种做法有一定的明晰性、直观性，但实在缺乏科学性。事实上，三七开、四六开的确没有明显的界定方法，特别是碰到三七与四六不同意见的争论，还会给人以极不严肃的感觉，有伤历史评价的科学性、严肃性。严格说，这种做法带有明显的机械唯物论印记，是应该加以避免的。[②] 李振宏主张将分析与综合结合起来运用，人物评价不能简单量化。

另外，在诸多学者的文章中提到了评价历史人物的心理分析法、个性研究、历史比较法、系统论、遗传学、统计分析、抽样调查、归纳演绎、综合等方法。[③]

---

① 参见匡亚明《孔子评传》，齐鲁书社 1985 年版。
② 李振宏、刘克辉：《历史学的理论与方法》，河南大学出版社 2008 年版，第 378—380 页。
③ 吴廷嘉：《历史人物研究的几个理论问题》，《安徽史学》1986 年第 3 期。

　　以上诸多历史人物评价方法的提出和讨论无疑丰富了历史人物评价的手段、方式和视角，但仍有不尽如人意之处。首先，历史人物的评价研究更多集中于政治人物或人物的政治斗争，在评价的广度和深度上存在明显不足。其次，"阶段论""全面论""方面论"等评价方法实际上是运用历史主义评价人物的具体化，针对的主要是单一的阶级分析法，实际上并未提出全新的方法。显然如果要对历史人物进行全方位、多维交叉的评价，仅仅依靠普遍性的宏观方法难以实现。因此，在历史人物的评价研究中只有引入哲学、社会学、经济学、心理学、伦理学等多学科方法，才能使历史人物评价研究更为细致精确，历史人物评价研究才能进入一个新的境界。

第二章 历史人物评价标准的类型

历史人物评价是史学研究中最具争议也最富挑战性的问题之一，它吸引着也困扰着众多学者。中国传统史学聚焦于具体人物的褒贬臧否，对抽象的评价标准问题措意不多。近现代史学特别是马克思主义史学开始注重理论层面的探索，历史人物评价标准问题随之进入人们的视野。从1949年到20世纪80年代这一历史阶段，占主导地位的评价标准是两个并行的标准，即历史作用标准和阶级标准，并且阶级标准一度占主导优势。自20世纪90年代以来，以生产力发展、民族统一和社会进步为主要内容的历史作用标准，成为主导标准。目前，历史人物评价标准也逐渐突破历史作用评价标准的一元模式，日益走向多元化，但全新的标准模式尚未建立起来，尽管有些学者提出了较为全面的观点。① 在这一时期，与生产力发展、社会进步、民族统一为主要内容的历史作用标准相比，道德标准处于弱化，甚至可有可无的地位。

---

① 马识途认为：如何正确评价历史人物问题，在学术界已经引起多次讨论，"现在可以说在学术界，至少在海内学术界，大体上已经取得基本的共识。也许可以把它概括为如下几条：1. 历史是人创造的，历史的根本任务之一，是对影响历史进程的重要历史人物，进行实事求是的评价。2. 对历史人物的评价，应以马克思主义的唯物史观作指导，或者换一个说法，必须以实事求是的历史主义的态度，把人物放在具体的历史环境中，进行具体的考察，也就是说，知人必须论世。轻率地片面地肯定或否定一个人，是不好的。3. 必须反对评价历史人物的唯心主义观点。4. 评价历史人物的功过是非，必须在特定历史的全过程中，把历史人物的有根有据的生活全过程，进行全景式的透彻的考察，不仅听其言更要观其行。看他是加速或促进了还是阻碍或迟滞了历史的发展过程"。（马识途：《评价历史人物必须"知人论世"——谈正确评价郭沫若》，《文史杂志》2000年第4期；《评价历史人物必须"知人论世"——在〈郭沫若与新中国〉学术讨论会上的发言》，《郭沫若学刊》2001年第1期。）

　　所谓历史人物评价标准，并不仅仅指史学家或学者们在其著作和文章中提出的"评价标准"一词，而且也指向外延更广泛的历史人物"评价观念"。例如在中国古代史学中，道德标准是主要评价标准，但是古人著作并没有提"道德标准"这一概念。20 世纪 50 年代到 80 年代，阶级标准是历史人物评价的主流标准之一，但它有时以一种标准出现，而有时是按一种史学观念——阶级观念，或一种研究方法——阶级方法出现，并贯穿历史人物评价之中。其实不论史学家或学者主张评价历史人物应有"标准"还是无"标准"，实际上在他们的观念深处或潜意识中都有其评价标准或评价观念。

　　历史人物评价标准问题的讨论和观点，主要集中在历史人物评价问题的论争之中。多元标准、环境标准的提出补充完善了马克思主义的评价标准，对历史人物评价标准的阐述依然不够系统、深入。专门探讨历史人物评价标准的文章相对较少，而专门研究历史人物评价道德标准的文章更是寥寥无几。在历史哲学、伦理学、文学等领域，亦有关于道德评价或价值评价的著作或文章，不过多数文章与历史人物道德评价问题有一定的距离。在道德评价理论探讨方面，牟宗三所著《政道与治道·第十章·道德判断与历史判断》和《历史哲学·旧序三》①，周建漳所著《历史及其理解和解释·第六章·历史评价问题》②，阎真所著《历史评价与道德评价的差异》③，论述较为系统深入。

　　历史人物评价的总原则是马克思主义的唯物史观，人们对此具有共识。但对于评价历史人物的一些具体标准，则仁者见仁，智者见智。有的学者不主张用公式化的标准评价历史人物，认为史学家较多的是把历史人物活动的结果当作标准来评价历史人物，

---

　　①　牟宗三：《政道与治道·第十章·道德判断与历史判断》，广西师范大学出版社 2006 年版，第 190—226 页；《历史哲学·旧序三》，广西师范大学出版社 2007 年版，第 1—8 页。

　　②　周建漳：《历史及其理解和解释·第六章·历史评价问题》，社会科学文献出版社 2005 年版，第 250—281 页。

　　③　阎真：《历史评价与道德评价的差异》，《湖南师大社会科学学报》1986 年第 4 期。

也就是根据他的活动对于当时或后来社会生产发展起的是促进作
用还是阻碍作用。这个标准本身包含着两种考察方法：一种是以
历史主义的观点，分析历史人物的动机及其行动的效果，阐明当
时社会固有的内在联系，对他的社会实践及其效果作出应有的评
价。另一种是从我们今天的标准出发对历史人物进行功过的评定，
可以简称为"功过论"。尚钺认为，不少史学家依照"功过论"
的方法对历史人物进行评价，产生了把历史人物现代化的毛病。
并且由于较多的史学家采用了这种"功过论"的观点，使人对历
史和历史人物的看法产生一种近乎固定不变的公式。① 郑师渠认
为："非要提出一个人物评价的统一标准来，这是不科学也是不可
能和不必要的。"②

　　主张应该有统一标准的人占多数，但他们提出或主张的标准不
尽相同。这些标准有：阶级标准、历史作用标准、功过标准、生产
力标准、进步标准、民族统一与团结标准、人民利益标准、历史主
义标准、当时当地标准、政治需要标准、学术成就标准、环境标
准、道德标准、多元标准等。有些学者主张其中的某一标准或某几
个标准，这将在后文展开论述。另外，在相关文章中提到但没有详
细论述的评价标准有：价值标准、个人评价标准、群体评价标准、
社会评价标准、人类历史评价标准、审美评价标准、统治阶级的评
价标准、被统治阶级的评价标准、过去的评价标准（当时当地标
准）、现在的评价标准（现世标准）、将来的评价标准（未来标
准）③，正统论、忠奸论、成王败寇论、统分论、规律论、动机效果
论、正义非正义论④，经济效益标准、艺术价值标准、思想性或世

---

　　① 尚钺：《有关历史人物评价的几个问题》，《历史研究》1964 年第 3 期。
　　② 郑师渠：《近些年来近代史人物评价的若干问题》，《北京师范大学学报》（社
会科学版）1997 年第 1 期。
　　③ 邓京力：《关于历史评价标准的反思》，《史学月刊》1999 年第 3 期；《试论历史
评价标准中现实性与历史性的矛盾》，《首都师范大学学报》2000 年第 2 期。
　　④ 胡戟：《论历史评价的环境标准》，《陕西师范大学学报》（哲学社会科学版）
2000 年第 4 期。

界观标准①。再者，在有的著作中提到并有所论述，但作者自身并不主张这些标准：出身标准、权威标准、道德标准、舆论标准、成败标准、需要标准、生产力标准、历史标准等八种标准②。共计四十余种标准。下面将对主要标准进行分类叙述。

第一节　历史作用标准

历史作用标准主张以历史人物对历史发展所起的作用为根本尺度。有的学者主张"历史作用"是唯一标准，而有的学者则主张其他表现形式的历史作用的标准，例如生产力标准、历史进步标准、民族统一与团结标准、功过标准、人民利益标准、精神文明标准、先进文化标准等。不同的学者主张其中一项或几项。虽然其表述不同，但都强调把历史人物活动的客观效果对历史所起的作用作为评价的标准。我们在此把它们统称为历史作用标准。在这些历史作用标准中，又可细分为"一标准论""两标准论""三标准论"，即历史作用标准表现为或一个标准，或两个标准，或三个标准。

20 世纪 50 年代后，郭沫若主张历史作用是评价历史人物的标准。他的观点成为公认的评价历史人物的主要标准，并得到史学界大多数学者的拥护和认同。郭沫若早在 1945 年 5 月《十批判书·后记》和 1947 年 7 月《历史人物·序言》中申明，研究评价历史人物的标准是"人民本位"标准。③ 而随着新中国的成立，他的观点嬗变为"对历史发展所起的作用为标准"。他在《替曹操翻案》中指出："我们评价一位历史人物，应该从全面来看问题，应该从

---

① 江连山：《杂议历史人物评价问题》，《绥化师专学报》1997 年第 3 期。又，在上文中江氏认为，经济效益标准、艺术价值标准、思想性或世界观标准，有的可归结在推动还是阻碍历史发展的标准，对人民有利还是有害的标准，是否符合中华民族传统道德的标准三个标准中，有的可独立。

② 李屏南：《人物评价论》，岳麓书社 2000 年版，第 159—180 页。

③ 郭沫若：《郭沫若全集·十批判书·后记》（第二卷），人民出版社 1982 年版，第 464—488 页；《郭沫若全集·历史人物·序言》（第四卷），第 1—6 页。

他的大节上来权其轻重，特别要看他对于当时的人民有无贡献，对于我们整个民族的发展、文化的发展有无贡献。"① 在《关于目前历史研究中的几个问题》中提出："历史是发展的，我们评定一个历史人物，应该以他所处的历史时代为背景，以他对历史发展所起的作用为标准，来加以全面的分析。"② 郭沫若的观点被史学界大多数学者接受和认同。例如，宁可认为，"标准只有一个，即：看它对当时的历史发展起了推动作用还是阻碍作用"③。吴泽也说，评价历史人物以其对历史所起的作用为标准。④ 张研彬主张，以历史人物对历史发展所起的推动或阻碍作用作为基本尺度。⑤ 王昆仑认为，尽管中国民族有自己从来的道德观点，不可忽视，可是对历史人物估价还是首先衡量他对历史的客观效果，即历史人物"在客观上对历史的推进作用"⑥。师宁认为："评价历史人物的标准，是历史人物在历史上对社会（包括政治、经济、军事、科学、文化、艺术等方面）发展所起的客观作用（包括积极的或消极的、进步的或反动的、有功绩的或有过错的等）。"⑦ 王瑞明提出："评价历史人物，讲去讲来只有一个标准：对当时的历史发展起了推动作用或阻碍作用。"⑧ 张磊认为评价历史人物的主要标准，"应该是看一个历史人物在历史上所起的作用。而不能够像某些文章所表现出来的那样，把社会伦理道德观念作为评价历史人物的主要标准"⑨。

---

① 郭沫若：《替曹操翻案》，《人民日报》1959 年 3 月 23 日，第 7 版。

② 郭沫若：《关于目前历史研究中的几个问题》，《新建设》1959 年 4 月号。

③ 宁可：《论历史主义和阶级观点》，《历史研究》1963 年第 4 期。

④ 吴泽：《关于曹操在历史中的作用问题》，《吴泽文集》（第四卷），华东师范大学出版社 2002 年版，第 187—209 页；吴泽、谢天佑：《关于历史人物评价的若干理论问题——论一年来评价曹操讨论中存在的问题》，《学术月刊》，1960 年第 1 期。

⑤ 张研彬：《略论历史人物评价底几个问题》，《历史教学》1954 年第 8 期。

⑥ 王昆仑：《历史上的曹操和舞台上的曹操》，《光明日报》1959 年 3 月 10 日，第 3 版。

⑦ 师宁：《有关历史人物评价的两个问题——与吴晗、汪原等同志商榷》，《人民日报》1962 年 9 月 13 日，第 5 版。

⑧ 王瑞明：《评价历史人物应有哪些"想法"？》，《江汉论坛》1963 年第 10 期。

⑨ 张磊：《关于历史人物评价的几个问题——略论几种值得注意的倾向》，《内蒙古大学学报》（人文社会科学版）1979 年第 1、2 期（合刊）。

20 世纪 80 年代以后，这种历史作用的标准仍为众多学者所遵奉。例如，李时岳、赵矢元认为："评价历史人物主要看他在不同的社会发展阶段和社会领域中所起的作用。对历史的发展提供了有益的贡献，起推动、促进作用，就应给以肯定的积极的评价；反之，对历史发展起促退、障碍作用，就要持否定的态度。归根到底，要看历史人物的所作所为，是有利于解放生产力，还是束缚生产力。"并且他们认为："坚持历史作用为根本标准，一定要反对以人的主观因素、道德规范为主要标准。"[①] 赵文润提出，"要全面考察历史人物，主要看其历史作用""重点应看他在当时的历史条件下，比他的前辈和同时代人，对于祖国的富强统一，对于民族的兴旺和发达，对于生产力的恢复和发展，对于科技文化的革新和繁荣，是否做出贡献，做出了多大的贡献"[②]。酆裕仁说，评价历史人物，不能只看其言论和声明，"而要看其所作所为对当时社会的发展是起促进作用，还是阻碍作用"[③]。胡一华主张，评价历史人物，总评价的"依据就是观察其一生主要的历史作用"[④]。马识途认为，评价历史人物的是非，不仅听其言更要观其行，看他是加速或促进了还是阻碍或迟滞了历史的发展过程。[⑤] 林璧属指出："历史人物评价中有一条很重要的标准，那就是要坚持马克思主义唯物史观的指导，综合考察历史人物的全部活动，看其对当时社会和整个人类社会的发展与进步是起的推动作用，还是阻碍和破坏作用，分别情况，予以恰如其分的判断。"同时"特别需要指出并加以补充的是，运用唯物史观评价历史人物，既要把历史人物的实践活动放在当时

---

① 李时岳、赵矢元：《略论评价历史人物》，载吉林省史学会编《历史人物论集》，吉林人民出版社 1982 年版，第 1—17 页。
② 赵文润：《论历史人物评价的几个问题》，《社会科学评论》1986 年第 2 期。
③ 酆裕仁：《千秋人物何以评说——浅谈评价历史人物》，《赣南师范学院学报》1987 年第 2 期。
④ 胡一华：《评价历史人物应该是"阶段论"和"方面论"的结合——评价历史人物方法之二》，《丽水师范专科学校学报》2000 年第 3 期。
⑤ 马识途：《评价历史人物必须"知人论世"——谈正确评价郭沫若》，《文史杂志》2000 年第 4 期；《评价历史人物必须"知人论世"》，《郭沫若学刊》2001 年第 1 期。

当地予以检验，又要结合其实践活动对后世社会的影响进行评价"①。金重远说，评价历史人物，"凡顺应时代潮流，推动时代车轮前进者都应加以肯定；反之则应予以否定"②。徐小军认为："评价历史人物必须从其对历史发展所起的作用和其天赋、性格、心理、意志、品质等个人素质对当时人民和社会的影响两个方面去考察，以寻求两方面的完美结合。"③郑宝琦断言："评价历史人物的标准和原则，是依他们对当时社会的发展起促进作用还是延缓的作用为根据，而不是其他。"④

20世纪90年代以后，历史作用标准进一步拓展，有了更丰富的内涵。下面分别叙述不同的历史作用标准。

一 "一标准"论

这种观点主张历史人物评价应有固定一致的通用标准，不因人因时而异。具体则以生产力发展、历史进步、民族统一、人民利益等其中一项历史作用为评价标准。

"一标准"论——生产力标准。以历史人物对于社会历史所起的作用作为评价历史人物的标准，这在史学界已经形成了比较一致的看法。而其中有一种论点认为，历史人物所起的社会作用，归根结底是对于社会生产力所起的作用，由此就将历史人物评价的标准归结到对社会生产力所起的作用。这种观点主张以生产力发展为历史人物评价的标准。华强认为，应当通过阶级分析的方法，考察历史人物一生的主流，以及在历史长河中的作用，即其所作所为是束

---

① 林璧属：《从李鸿章外交行为的功过认定看历史人物评价的普遍性法则》，《史学理论研究》2002年第4期。

又，欧阳跃峰提出与林璧属商榷性意见，详参欧阳跃峰《也谈历史人物评价的相关理论问题——以李鸿章的外交活动为例》，《史学理论研究》2003年第3期。

② 金重远：《两个拿破仑在历史上的不同作用——兼论如何评价历史人物》，《探索与争鸣》2004年第2期。

③ 徐小军：《再谈历史人物的评价问题》，《前沿》2005年第10期。

④ 郑宝琦：《关于武则天的评价问题》，《上海师范大学学报》（哲学社会科学版）1983年第1期。

缚了生产力还是解放了生产力，是推动了社会发展还是阻滞了社会发展，从而揭示历史人物的本质，真正还原历史人物的本来面目。[①]吴量恺认为，评价历史人物有无价值及其价值的大小，以他们的行动是否符合历史发展的总趋势，是否有利于生产力的提高为依据，这是我们判断历史人物价值的重要标准。[②]

有诸多学者对生产力标准提出质疑。例如，郑师渠认为："此说从理论上讲自是正确，因为历史人物的进步作用，归根结底自当助益于社会的发展。但是，在许多情况下，此种促进作用不是径情直遂的，而是经中介产生影响，因而往往给史家的判断造成困难和分歧。……所以，此说在理论上虽说正确，但在实际操作上困难依旧。"[③]邓鸿光认为，在广阔而多样的历史领域里活动的多姿多彩的历史人物，难以用"生产力标准"对他们作"归根结底"的判断和评价。其一，由于历史活动领域的宽广和多样，历史人物对于社会历史所起的作用，不可能以一个具有终极意义的标准来涵盖。其二，不少历史人物所从事的实践活动，并未与社会生产力的发展发生关系，或者说没有发生直接关系，例如思想家、哲学家、文学家、艺术家、军事家、民族英雄以及一些名相贤臣等。我们决不会因为他们的社会实践活动没有达到对于社会生产力的发展产生影响、起到作用，而否认他们的实践活动对于社会历史发展所起到的积极作用。将历史人物的社会实践归结到对于生产力的作用，使史学界在研究历史人物的过程中形成一种思维定式，形成一种固定的模式，而对许多评价历史人物的结论，也似乎都是套话，形成程式化，从而造成史学界历史人物研究的机械、单一化。其三，因强调历史人物的作用对于社会生产力的发展是促进还是阻碍，因而就将我们对于历史人物的研究转向社会经济关系，转向社会生产方式内

---

① 华强：《如何"还原"历史人物的"本来面目"——兼评当前影视历史人物的塑造》，《探索与争鸣》2003 年第 10 期。

② 吴量恺：《评价历史人物与价值观》，《史学集刊》1985 年第 2 期。

③ 郑师渠：《近些年来近代史人物评价的若干问题》，《北京师范大学学报》（社会科学版）1997 年第 1 期。

部的矛盾运动，注重于对社会运动过程的"物"的方面的考察，而忽视对于"人"自身的探讨。换言之，即注重于对人的宏观方面，如阶级、物质资料生产者等方面的研究，而忽视对于人的微观方面即人的本质、人的价值、人的意识、人的心理、人的行为等问题的研究。为什么在历史人物研究中冲破不了千人一面的障碍？应当说，缺乏对人的微观方面的研究是一个重要原因。由于"归根结底"将历史人物的社会实践归结为对于社会生产力的作用，并以此作为判断历史人物历史作用的标准，以及又不恰当地援引马克思、恩格斯、列宁、斯大林、毛泽东、邓小平等的论述作为理论根据，这在史学界起了某种导向作用。尽管许多研究者没有明确提出将历史人物实践归结到对于社会生产力的作用，但在实际的历史人物评价中，却反映出了这种倾向。还有一些研究者在谈到评价历史人物标准时也承认除了对当时生产力所起的作用外，还要看其对于人民生活和社会道德方面所起的作用，但在具体的历史人物研究过程中，仍十分侧重历史人物对于社会生产力发展所起的作用。因而局限了在历史人物研究上的视野，也不利于对各种各样的历史人物作出恰当的评价。[①]

"一标准"论——历史进步标准。这种观点以是否促进历史的进步作为评价历史人物的标准。例如，李桂海认为，评价一个历史事件或人物的价值，要看它在总的效用上，是促进了历史的进步，满足了社会发展的要求，还是阻碍和破坏了历史的进步，拒绝了社会的需求。如果它有利于社会的进步，就有历史的价值；如果它阻碍了社会的前进，就没有历史的价值，反而成为历史的反动。[②] 袁伟时认为，判定各色风云人物是非功过的准则应该是一样的。来自哪一社会阶层不能作为褒贬的根据。重要的是必须认真审视人们的言行是促进还是妨碍了社会、国家和人类的发展，是有助于还是有

[①] 参见邓鸿光《关于毛泽东评价历史人物标准的思考》，《史学理论研究》1994 年第 1 期。

[②] 李桂海：《现代人与历史的现代解释》，湖北人民出版社 1989 年版，第 324 页。

碍于人的解放和文明进步。① 瞿林东认为，"论定历史人物的功过得失、善恶是非，一是察其言观其行，二是看其是促进还是阻碍社会发展、历史进步"②。

对历史进步标准而言，在诸多文章中往往指的是物质性进步。随着时代的进步，有诸多学者开始明确提出其中的精神性进步。例如，李屏南认为，所谓社会全面进步，就包括社会发展的一切方面，不仅包括物质文明建设，而且包括精神文明、制度文明等方面的建设。③ 李振宏先生的观点更为明确，他认为，评价历史人物的标准应该是看历史人物的实践活动对于历史进步的意义，看他是推动还是阻碍了历史的进步，可谓历史进步标准论。④ 李先生进而认为，历史进步标准，是从方法论角度提出的一个人物评价的总的原则，但也不能把它绝对化、教条化、单一化。评价不同的时代、不同历史情况下的历史人物，应该依据这个标准找到不同的具体标准。另外，历史的进步，表现为物质生产的进步和精神生产的进步，还可以分为许多具体方面，不管在哪一方面做出了贡献，凡是在历史进步中加进了一分力量的人，都应该给予充分的肯定性评价。⑤

值得注意的是，新时期以来对曾国藩的研究评价中就突出体现了历史作用标准。以往学术界多将曾国藩作为镇压太平天国的刽子手而予以批判否定，而改革开放以后学者的目光转向曾国藩倡导的洋务运动的积极历史作用而加以肯定。例如，喻盘庚认为："曾国藩办洋务事业适应了当时中国社会的需要，在中国近代化进程中起了开拓性的作用。"这种开拓性具体表现在：一是为我国近代工业的发展奠定了最初的基础；二是促进了我国科技和教育的近代化；

---

①　袁伟时：《晚清大变局中的思潮与人物》，海天出版社1992年版，第103页。

②　瞿林东：《关于评价历史人物的是是非非》，《湖北大学学报》（哲学社会科学版）1997年第2期。

③　参见李屏南《人物评价论》，岳麓书社2000年版，第159—186页。

④　李振宏：《历史学的理论与方法》（修订本），河南大学出版社1999年版，第348—349页。

⑤　李振宏、刘克辉：《历史学的理论与方法》，河南大学出版社2008年版，第376页。

三是促进了我国军事的近代化。① 这种观点与以往把曾国藩当成刽子手的反面形象形成鲜明对比，可谓一石激起千层浪，使得学界对所谓反面人物如曾国藩、李鸿章等的评价成为一时争论的焦点。

另外，坚持"一标准"讨论者还对"多标准论"进行了批驳。孙文范、李治亭就指出，有人认为，历史是复杂的，历史人物是千差万别的，所以评价历史人物不应当有什么固定的、统一的标准，应该因人而异、因时而异、因事而异，或者根据历史人物的政治地位、阶级分野、社会作用等内容，分成几个部类，分别划定标准。但是，如果据此就导致"多标准论"，"那么实际上就是无标准，它势必使历史人物的评价陷入无所遵循的境地，此亦一是非，彼亦一是非"。②

二 "两标准"论

这种观点主张结合两个标准去评价历史人物。

（一）"两标准"指人民利益标准和进步标准

嵇文甫提出，人民性与进步性是历史评价的基本尺度。"人民是历史的主体，一切历史评价都得看符合人民利益与否为标准。凡是属于人民方面，代表人民利益，为人民所欢迎的，都应该予以好的评价，而对于一切反人民的都予以坏的评价。""历史上的人物和事件，怎么叫做好？怎么叫做坏？合乎历史发展规律，推动历史前进的，就叫做好；违反历史发展规律，阻碍历史前进的，就叫做坏。"③

（二）"两标准"指生产力标准和人民利益标准

荣孟源提出，"评论历史人物，要以这个人的思想行为，在当时是推动还是阻滞社会发展，是增进还是破坏社会生产，是有利还是有害劳动人民为标准"④。杨荣国认为，评价历史人物，应该看他

---

① 喻盘庚：《曾国藩办洋务初探》，《求索》1986 年第 6 期。
② 孙文范、李治亭：《马克思主义与历史人物评价》，《史学月刊》1982 年第 1 期。
③ 嵇文甫：《关于历史评价问题》，人民出版社 1956 年版，第 5—11 页。
④ 荣孟源：《历史人物的评价问题》，华东人民出版社 1954 年版，第 32 页。

的政治倾向、言论和行动、建设与措施对人民有利还是有害，是促进社会生产力发展，还是促退。①

（三）"两标准"指生产力标准和历史进步标准

孙文范、李治亭认为："评价历史人物应该有一个基本的标准。……这就是依据马克思主义的基本原理，综合考察历史人物的全部活动，看其对当时社会和整个人类社会的生产发展和历史进步起了推动促进作用，还是起了阻碍和破坏作用，前者即予肯定，后者即予否定。如果两者兼而有之，则分别情况，视其大小，予以恰如其分的判定。"②

（四）"两标准"指生产力标准（或物质标准）和精神文明标准

邓著之认为："我们判定历史人物的功过是非，无疑首先应视其对社会生产力的发展所起的作用。如果他的活动推动了社会生产力的发展，那就应当肯定；反之，那就应当否定。"此外，"还应看其对国家、民族乃至全人类精神文明方面所做出的贡献"。总之，"评价历史人物的标准，应看历史人物的活动对人类物质和精神文明两个方面所起的作用，这才是评价历史人物最基本的标准"③。史苏苑也指出，人物评价有一个基本标准，"就是要看历史人物在社会生产、人民生活和社会道德方面所起的作用"，也就是"历史人物在物质文明和精神文明方面所起的作用"④。

（五）"两标准"指生产力标准和民族统一与团结标准

崔明德认为："根据历史人物本身行为及其所推行的一系列政策的实际效果来考察他们是推动当时社会生产力的发展，还是阻碍当时社会生产力的发展。如果是前者，就应给予充分肯定，如果是后者，则应予以否定。这条标准无疑是十分正确的。但是，评价民

---

① 杨荣国：《如何评价历史人物》，《文汇报》1959年8月11日，第3版。

② 孙文范、李治亭：《马克思主义与历史人物评价》，《史学月刊》1982年第1期。

③ 邓著之：《试谈评价历史人物的标准》，《九江师专学报》（哲学社会科学版）1987年第3期。

④ 史苏苑：《历史人物评价论稿》，河南人民出版社1986年版，第37页。

族历史人物仅有这条标准是不够的，还应把是否能够维护中华民族的统一与团结，是否对整个中华民族有贡献作为一条重要标准。"①

三 "三标准"论

这种观点主张应结合三个标准或方面去评价历史人物。

（一）"三标准"指生产力标准、精神文明标准、历史关键时刻发挥的重要作用

简桐认为评价历史人物的客观标准，"归根到底可以集中一点上，这就是对社会生产力的发展促进还是促退"。简氏又进而指出："评价历史人物，一是注意对物质文明发展所起的作用，二是注意对精神文明所作的贡献，三是注意在历史关键时刻所发挥的重要作用，这是评价历史人物的基本标准。"②

（二）"三标准"指生产力标准、社会发展和人民利益标准

瑞云提出："评价一个历史人物的作用，要以其思想或行动能否推动社会生产力的发展，能否推动社会的发展，能否符合人民群众的利益和要求为标准。"③

（三）"三标准"指生产力标准、社会进步标准和民族统一与团结标准

姜东光、万利生认为，评价历史人物，看其主流究竟是有利于生产的发展、社会的进步，还是阻碍了生产的发展、延缓了社会的进步；是有利于多民族国家的团结，还是损害、分裂民族大家庭；

---

① 崔明德：《略论民族历史人物的评价标准》，《社会科学辑刊》1994 年第 5 期。

② 简桐：《关于历史人物评价的几个理论问题》，《史学月刊》1987 年第 3 期。

③ 瑞云：《对评价历史人物的几点意见》，《光明日报》1954 年 12 月 23 日，第 3 版。又，李振宏对人民利益标准提出质疑。他认为，人民利益标准这一提法，缺乏思想的明晰性。人民的一时利益，还是长远利益；是当时当地人民的利益，还是人民的整体的利益；是加以历史界说的人民利益，还是抽象绝对的人民利益，这个标准并没有回答清楚。在研究实践中，不少同志所谈的人民利益，是"一切时代"的人民利益，是一个超历史的标准。……从人民利益标准的实践效果看，在人物评价的方法论上，我们不宜确定一个这样的标准。历史进步标准可以使我们避免空谈人民利益而失去评价的客观依据。（李振宏：《历史学的理论与方法》（修订本），河南大学出版社 1999 年版，第 347—348 页）

是抗御外海、爱国图强，还是丧权辱国、卖国求荣。凡是有利于社会的进步、有利于经济文化的发展，有利于国家的统一和民族的团结，凡是历史上有雪国耻、扬国威的民族英雄、爱国志士，我们都应该在阶级分析的基础上，历史地、辩证地充分肯定他们。相反，那些阻碍社会发展的暴君、卖国求荣的民族败类、残酷镇压人民的刽子手、反动透顶的文人，则应该在阶级分析的基础上基本否定他们。[1]

（四）"三标准"指生产力标准、民族统一与团结标准和人民利益标准

祝伟坡认为，评价中国革命史人物的基本标准是：是否有利于社会生产力的发展，即生产力标准；是否有利国家的独立和统一，即民族性标准，或者说爱国标准；是否有利于广大人民群众，即人民性标准。[2]

（五）"三标准"指生产力标准、先进文化标准和人民利益标准

王全权认为，正确评价历史人物要依据三个重要标准，即要看历史人物是否代表了生产力发展的要求，是否代表了当时社会先进文化发展的方向，是否体现了人民群众的利益。[3]

（六）"三标准"指民族独立统一标准、人民民主标准和国家富强标准

周兴樑认为："实现祖国独立统一、人民民主和国家富强，是近代中国必须亟待解决的三大课题。这些可作为我们研究评价近代历史人物的主要标准和参照。具体地说，是否反抗列强的侵略压迫和真正爱国救国，是否赞同和参加推动社会发展的改革尤其是民主革命运动，是否为促进社会各方面的近代化建设出力等，这些是评

---

[1]　姜东光、万利生：《坚持实事求是的原则评价历史人物》，《黄石师院学报》1984年第2期。

[2]　祝伟坡：《中国革命史人物评价问题》，《中共党史研究》1993年第4期；《中国革命史人物评价的标准和方法》，《教学与研究》1993年第5期。

[3]　王全权：《历史人物评价再思考》，《南京林业大学学报》（人文社会科学版）2003年第3期。

价近代每位历史人物功过是非的主要客观标准。"①

此外,谢本书认为,评价历史人物最终是要判断他在历史上的作用,是功还是过,或者功过皆有。判断历史人物的功过至少应从三方面着手。首先,对谁有利?其次,历史人物的社会实践及其效果对社会历史的发展,是推动作用还是阻碍作用。最后,看看历史人物的社会实践及其效果为当时的社会提供了些什么。②

值得注意的是,一些学者主张的"三标准"中包括了道德标准。其一,"三标准"指人民利益或国家民族利益标准、历史进步标准和道德标准。嵇文甫提出评价历史人物有三个标准:"第一,对于人民有贡献的,有利的;第二,在一定历史阶段起进步作用的;第三,可以表现我们民族高贵品质的。合乎这三个条件都是好的,相反,都是坏的。"③ 徐梁伯认为:"对历史人物的评价,应该根据其所处时代的要求,以是否有利于国家、民族的最高利益,是否有利于当时的社会进步和发展,以及服务于这一目标的个人一生的思想、言论、实践及个人品德进行综合考察作为标准。"④ 其二,"三标准"指生产力标准、气节标准与爱国主义标准。罗耀九认为,"以是否推动生产力的发展作为评价历史人物的根本标准";此外,"气节观是评价历史人物的一项标准""爱国主义是评价历史人物的政治标准"。⑤ 其三,"三标准"指历史发展标准、人民利益标准、道德标准。"关于统一的评价标准",江连山理解为:"推动还是阻碍历史发展标准""对人民有利还是有害的标准""是否符合中华民族传统道德的标准"⑥。其四,"三标准"指生产力标准、国家统一

① 周兴樑:《历史人物研究评价的几个问题》,《福建论坛》(人文社会科学版) 2004 年第 6 期。

② 谢本书:《试论历史人物评价》,《史学月刊》1965 年第 7 期。

③ 嵇文甫:《历史人物的评价问题(二月十八日对新史学会河南分会演讲)》,《新史学通讯》(《史学月刊》) 1951 年第 2 期;《历史人物的评价问题》,《关于历史评价及其他》,河南人民出版社 1957 年版,第 1—14 页。

④ 徐梁伯:《民国时期历史人物评价标准刍议——以林森为个案》,《江苏社会科学》2000 年第 6 期。

⑤ 罗耀九:《历史人物评价的几个问题》,《高校理论战线》1990 年第 4 期。

⑥ 江连山:《杂议历史人物评价问题》,《绥化师专学报》1997 年第 3 期。

和民族团结标准、气节标准。苏双碧提出："历史人物的行为是否有利于生产力的发展，这是评价历史人物的重要标准""历史人物的活动是否有利于国家的统一和民族的团结""气节是必须考察的标准之一"，但"用气节观评价历史人物要特别慎重"。①

持"历史作用"标准者为数众多，他们虽然表述不一，但基本观点一致，都是以历史人物所作所为的客观效果，以及对历史发展所起的推动或阻碍作用作为衡量标准。这种标准在新中国成立后最为人们公认并普遍采用。历史作用标准较之其他标准更具客观性。因此无论如何评价历史人物，历史作用都是必不可少的一个重要方面。但是这种标准具有"实用主义""功利主义"的倾向，它过度强调了历史或社会发展的物质方面，而忽略了精神与道德方面，或者说，这种标准主要强调了事功判断而忽略了价值道德判断。

第二节　其他标准

1949 年后，除历史作用标准外诸多学者还提出了历史人物评价的现实需要标准、人民利益标准、反帝反封建标准、近代化标准、环境标准、实践标准、学术成就标准、多元标准等。

一　现实需要标准

在历史人物评价中，存在以政治需要或社会需要为标准的情况。这种标准以当代社会或政治需要为转移评判历史人物的功过，以今日之是非标准去衡量古人之是非。其中，政治需要标准是现实需要标准的一种极端形式。例如，权海川提出："评价历史人物必须从

---

① 参见苏双碧《关于历史人物评价的几个问题》，《广东社会科学》1999 年第 1 期；《历史人物评价断想》，《求是》2002 年第 20 期；《历史人物评价应遵从多民族国家原则》，《人民论坛》2003 年第 3 期。

今天出发"，用毛泽东所说的"六条标准"作尺度。[1] 他认为："评价历史人物或分析历史事件，出发点不是当时而是当今。它的整个过程应当是从今天出发看到历史人物所处的当时然后再回到今天。因为这是由历史学本身所决定的。历史学是阶级斗争的工具，是为阶级斗争服务的，具体到今天就是要为社会主义服务，既然要为社会主义服务，那就得从今天社会主义出发而不能从古代出发。"[2]"文化大革命"、"影射史学"可谓是政治需要标准的"登峰造极"。为政治"斗争"服务的需要，在"文化大革命"前夕和初期被全盘否定的帝王将相，此时经过评选挑拣，对其中一批人加上了一个"法家"封号而大加颂扬，部分帝王将相一跃成为进步、爱人民、爱国派、坚持唯物主义的正面人物。评价吕后和武则天，为江青做"女皇"造舆论，就是政治需要标准的"杰作"。[3]

诸多学者对这一标准提出商榷。孙文范、李治亭认为："在这种标准下，历史与现实等同；历史人物的功过以当代社会的政治需要为转移；以今日之是非标准去衡量古人之是非。尽管史学界很少有人公开主张这种标准，但却有一些同志自觉不自觉地在实行这种标准。这种古今不分、古今等同的标准，不仅不会正确地评价历史人物，而且是反历史的，反科学的。其结果，必然是将历史人物现代化或将现实社会古典化，舍此无它。"[4] 李振宏指出："很少有人公开主张这种标准，但人们在自觉不自觉地实行这种标准。在这种

---

① 指毛泽东主席在《关于正确处理人民内部矛盾问题》中提出的辨别"香花""毒草"的六条政治标准。

② 权海川：《评价历史人物必须从今天出发和用"六条标准"作尺度》，《史学月刊》1960 年第 7 期。又，事隔多年，漆侠对此评曰："20 世纪 60 年代初，对干部有六条标准的要求。于是有的人写文章，提出以六条标准评价历史人物，引出很大的笑话。六条标准有拥护社会主义、拥护共产党、学习马克思主义，古人根本不知道有什么社会主义、共产党、马克思主义，他们怎么拥护？因此，有的同志开玩笑说，以六条标准要求古人，古人都该枪毙。"（漆侠：《历史研究法》，河北大学出版社 2003 年版，第 103 页）

③ 参见周朝民、庄辉明、李向平编著《中国史学四十年·第二编严峻的考验 (1966—1976)》，广西人民出版社 1989 年版，第 265—355 页；周剑平：《新中国史学五十年·中编："文革"时期史学发展的严重曲折》，学苑出版社 2003 年版，第 193—290 页。

④ 孙文范、李治亭：《马克思主义与历史人物评价》，《史学月刊》1982 年第 1 期。

标准下，人们拿今天社会的政治需要来评价古人的历史实践活动，以今日之是非标准衡量古人之是非。……这是一个非历史主义的、非科学的标准。"① 耶日·托波尔斯基指出："基于现实取向标准（被某一特定作者接受的）评述有时可能会变得很滑稽。"② 其实有时滑稽还远远不够，现代需要标准在"文化大革命"中被政治人物和御用文人发挥得淋漓尽致，导致了历史学的灾难。在新中国成立后的历史研究中，不少人物的面孔变来变去，例如对孔子、秦始皇、吕后、曹操、武则天等历史人物的评价，就明显地反映了这一问题，究其原因就在于这种政治需要标准。唐德刚曾尖锐指出："替政治服务的学术，本末倒置，就谈不到客观研究——失去客观研究的独立性的学术，还有什么学术可言呢?"③

另外，在黄义英看来，"当时当地"标准、"发展"标准、"现实需要"标准，分开来看是三条标准，合起来看，则是一条标准，是一条标准在不同情况下的具体运用。这条标准就是社会实践，或者说社会需要。"当时当地"标准，就是当时的社会需要标准;"现实需要"标准，就是当前的社会需要标准;"发展"标准，就是当时之后、当前之前的社会需要标准。而"本质的、主要的社会需要，是评价一切历史人物的基准"④。刘泽华、张国刚认为：主体需要是判断价值的标准。主体需要中的"主体"应该是社会主体，"需要"应该是社会需要。主体需要并不是随心所欲的要求，而是以社会为尺度的反映社会发展的要求。人民群众是社会的主体，因此，凡是符合人民的最大利益，促进社会生产的发展，有利于科学文化事业的繁荣，这样的历史人物或历史事件，就有价值，应予以肯定;反之，就没有价值，应予以否定。这就是价值标准的客观性

---

① 李振宏：《历史学的理论与方法》（修订本），河南大学出版社 1999 年版，第346—347 页。

② ［波］耶日·托波尔斯基：《历史学方法论》，张家哲、王寅、尤天然译，华夏出版社 1990 年版，第 643 页。

③ 唐德刚：《史学与红学》，广西师范大学出版社 2006 年版，第 61 页。

④ 黄义英：《历史人物的类型及评价标准》，《广西师范学院学报》（哲学社会科学版）1999 年第 1 期。

与社会性。① 这种说法本身没有问题，但容易被滥用。邓京力认为：
"历史评价标准首先来源于评价主体的需要和利益"，并且"虽然多
的不胜枚举，但最根本的一条是是否有利于评价主体的生存和发
展"②。这种需要标准的主观色彩就较浓厚了。

上述这种"需要"标准，在很大程度上也是一种政治标准。因
为决定社会是否"需要"的是政治权力，而不是史学家个人或史学
家群体，史学家的研究可以表达民族或大众的某种需要或诉求，但
对社会没有直接影响力，或者说影响力微乎其微，除非通过政治权
力或政府组织去配合这种需要。但这在现实的社会运行中并非
常态。

当社会问题在人们的日常生活中日益凸显出来时，对这一问题
的解决则提上日程，或成为重中之重。比如，1931 年"九一八"以
来的日本对中国的侵略，以及 1937 年"七七事变"后中国抗战的
全面爆发。这种对全社会、全民族而言，是当务之急，是重中之重
的问题。这就是时代的主题，反映着大多数政府首脑、知识学人、
平民大众的共识。或许时代的主题或社会的需要主要来源于此，即
一方面存在日益凸显的社会重大问题，另一方面主体对这些问题具
有充分的认识。

但有些"社会需要"或"社会问题"并非客观存在的需要或问
题，而是政治宣传的手段和工具，这是个人或某些群体主观构造的
所谓"需要"。例如文化大革命中的阶级斗争问题。而这些虚拟的
重大问题所导致的真实的社会重大问题则成为中国现在社会所必须
克服与解决的时代主题。比如，解决文化大革命的问题、废弃以阶
级斗争为纲的问题。在历史人物评价中，当运用所谓"社会需要"
标准时，一方面要考察当时社会的重大问题，另一方面需要确证这
些重大问题是主观的臆造还是客观的存在，是政治的宣传还是亟待

① 刘泽华、张国刚：《历史研究中的价值认识》，《世界历史》1986 年第 12 期。
② 邓京力：《历史评价的理论与实践》，人民出版社 2009 年版，第 57、65 页；《关
于历史评价标准的反思》，《史学月刊》1999 年第 3 期。

解决的重大现实问题。区分问题和"需要"的真伪是一大关键。对客观的亟待解决的重大问题可作为"社会需要"的主要内容。历史学家自觉的关切现实，并挑选历史上相关的课题进行研究，因而这些古老的历史就与这些历史学家所生活的现实发生了某种关联，或对这些历史学家生活于其中的现实社会具有某种察古鉴今价值的"当代性"。此亦即克罗齐所谓的"一切真历史都是当代史"的主要含义。现实需要标准具有一定的存在价值。即使一般的历史研究也不免根据现实需要而有所取舍，但底线是不能歪曲历史真实。

二　人民利益标准

人民利益标准是一种比较流行的标准。对这一标准，在前述"两标准"或"三标准"中已有涉及，但有的学者将此单独列为一条标准。例如，郭晓棠认为，凡是符合当时社会历史发展总趋势的，符合当时广大人民群众的利益和要求的一切历史事件和历史人物，都是我们整个社会历史前进运动中的积极的进步的因素，应该予以肯定；相反的，就应该予以否定。[①]

李振宏认为，这种标准论似乎很冠冕堂皇，也没有大的错谬，但在实践中还是会遇到许多麻烦。并且，人民利益标准这一提法，缺乏思想的明晰性。一般说，只要历史人物的活动符合历史进步的趋势，起了推动历史进步的作用，那就一定符合人民的根本利益，或是当时当地人民的现实利益，或是人民整体的长远利益。这个标准，可以使我们避免空谈人民利益而失去评价的客观依据。[②]

但是，历史人物的行为是否符合人民利益，历史事件的作用是否进步，大多需要经过长时段的历史进程才会清晰地展现，当时当地的人们不易得出准的判断。例如，在伯夷、叔齐看来，武王伐纣只是一个夺取统治权力的战争，所以即使武王伐纣是个正义战

---

① 郭晓棠：《历史主义，还是反历史主义？》，《中州评论》1959 年第 15 期。
② 李振宏、刘克辉：《历史学的理论与方法》，河南大学出版社 2008 年版，第 374—376 页。

争，也不必苛责其"不食周粟"的行为。评价伯夷、叔齐，主要应从道德标准出发，而不应该将政治标准、历史进步标准等提到首位。事实上，司马迁《史记》列伯夷、叔齐为列传之首，给予崇高地位，韩愈撰《伯夷颂》热情讴歌，都是从道德标准出发，而不是同情商纣、反对周武。

三　反帝反封建标准

这一标准从属于阶级标准。张海鹏认为，观察近代中国历史，基本的方法还是阶级分析法。"承认中国近代史的基本内容是反帝反封建斗争的人，大体上也会承认，是否反帝反封建，应视为评价近代中国历史人物的主要标准。"①

四　近代化标准

改革开放以后，中国近代史研究领域，近代化或现代化范式对以往占主导地位的革命史范式发起挑战。因此，在历史评价主要是近代历史人物评价方面也出现了一种近代化标准。② 林家有提出："近代化应当成为评价近代中国人物的客观标准和尺度。"他认为："在运用近代化标准评价近代中国历史人物时，我们应当注意区分其所主张和实践的近代化是目的还是手段，是主观愿望还是客观效果。"同时，"以近代化作为评价近代中国历史人物的标准时，不能把近代化单纯理解为经济的近代化，否则，就会把走向近代化的主要功劳归于封建统治阶级的代表人物"。"近代化并不仅仅是一个经济问题，它还是一个经济、政治、思想、文化等各种因素综合作用

---

① 张海鹏：《近年来中国近代史研究中的若干原则性争论》，见沙健孙、龚书铎《走什么路——关于中国近现代历史上的若干重大是非问题》，山东人民出版社 1997 年版，第 95—110 页。

② 关于中国近代史研究两种范式的争论，可参见张海鹏《20 世纪中国近代史学科体系问题的探索》，《近代史研究》2005 年第 1 期；虞和平：《中国现代化研究的解释体系和内容结构——由编写〈中国现代化历程〉而想到的几点体会》，《广东社会科学》2003 年第 2 期；冯钢：《关于中国近代史研究的"现代化范式"》，《天津社会科学》2000 年第 5 期。

的产物。尤其是在近代中国，决不能把争取民族独立和政治民主的斗争排除在近代化的内容之外，更不能人为地把二者对立起来。事实上，封建统治阶级的代表人物，在近代化的起步阶段，他们对近代化持有几分热情，但到一定程度，当经济的近代化要求有政治的民主化与之相适应时，他们或者不愿意，或者没有能力来取得近代化所必需的政治前提，而由近代化的推动者变为近代化的阻碍力量。近代化所需要的政治条件的创造或政治近代化的实现，只能由革命者来实现。因此，在运用近代化标准评价历史人物时，不能无限拔高封建统治阶级的作用，也不能有意贬低革命者、政治活动家的作用。如此，运用近代化标准来评价近代人物时，才能得出科学、合理的结论，革命的先驱者、政治活动家在中国近代史上才有其地位。"①

五　环境标准

胡戟认为："对处在不断流动变化的历史长河中的各阶段和其中的历史人物事件作历史评价时取环境标准，环境是指社会的人文环境和生活的物质环境及与之密切相关的自然的生态环境。这环境决定着人们的生活品质，好和变好就给这段历史以肯定，坏和变坏就否定。这也便是从各阶层人的精神生活和物质生活状况来评价历史：让人们生活得越来越宽松有序，给人们提供的追求自己目的的空间越来越大，就给好的评价；让人们生活得痛苦贫穷而不得改善，留给人们的活路越走越窄，就给不好的评价。"② 作者从当代社会可持续发展的条件——环境角度来看待历史人物评价，显示了一种新颖的视角。

---

① 林家有：《史学方法论》，中山大学出版社 2002 年版，第 16—35 页。林家有同时认为："过去，我们的研究存在两个片面性问题，一是过于强调阶级出身对于人的影响，造成只准用阶级分析的方法分析历史人物；一是过于简单化、脸谱化，缺乏对人的个性、特性的描述。"（第 17 页）

② 胡戟：《论历史评价的环境标准》，《陕西师范大学学报》（哲学社会科学版）2000 年第 4 期。

六　实践标准

吴泽、桂遵义认为，评价历史人物应坚持实践标准。他们认为："人类历史的发展是历史上千百万人民群众祖孙万代的社会实践所推动的。只有坚持以历史上千百万人民群众的社会实践——三大革命实践作为判断历史是非的标准，才能给历史以正确的解释和公正的评价。"对于如何坚持实践标准，吴泽、桂遵义认为"在研究历史中必须站在无产阶级和人民大众的立场上，在马列主义、毛泽东思想指导下，实事求是，一切从历史实际出发，详细占有材料，从大量历史事实中引出固有的、带规律性的观点、看法、结论，才能符合历史的客观实际，经得起实践的检验"。这是一种完全的政治观点，在今后的历史人物评价中，需要慎用。① 此标准与历史作用标准大同小异。人类的所有活动皆是实践，包含极为广泛，具体应用时比历史作用标准还难以把握。

七　学术成就标准

苏双碧提出，对从事科学技术或文学艺术人物的评价，"主要是看他们当时所达到的成就以及作品对当代和对后代的实际价值和影响来对他们作出评价。至于他们的阶级立场、世界观可以作为对他们进行全面评价的一个内容，而却不能当作主要内容来考察"。在评价这些历史人物时，"主要是考察他们的科学技术或文学艺术成就，用政治态度来否定他们，是一种简单粗暴的做法"②。肖宏认为："对文化科技人物的评价，应当主要以其科学成就、作品及思想对当代和后代的实际价值与影响来进行，至于阶级立场、世界观及政治活动，可以作为全面评价的一个内容，但不应当作主要内容

---

① 吴泽、桂遵义：《实践标准与历史研究》，《学术月刊》1979 年第 2 期。

② 苏双碧：《论历史人物评价》，《近代史研究》1980 年第 3 期；《历史科学的理论和方法·关于历史人物评价的几个问题》，上海人民出版社 1990 年版，第 257—258 页。

来考察。"① 这种观点抛弃了评价文化学术人物时惯用的政治决定论，是对长期以来以政治立场、阶级属性抹杀学术成就做法的一种反拨。

八　多元标准

这类观点主要认为，由于种种复杂的原因，历史人物评价不可能建立一个统一、固定的标准，不可能一把尺子量到底，因而倾向于采用多元标准。

吴廷嘉主张："为了如实地反映历史人物活动及其作用的多重性、多向性与不平衡性，历史人物评价标准也应实现在多元化基础上的统一。"至于如何"统一"，吴廷嘉认为："个人品质不能作为历史人物社会作用的最高标准乃至唯一标准""作为历史人物总体评价的主要标准，应以其社会活动和实践后果为正宗和大宗。这样才能有利于保持标准的客观性，避免过多带上研究者个人的主观色彩，从而使主观认识可能符合客观。"②

林璧属认为，对历史人物的评价应着重强调如下四条标准：首先，评价历史人物，一定要实事求是坚持"真"的标准。其次，评价历史人物，必须强调该评价所引导的行为是合乎人类发展性和社会进步性的。评价历史人物的标准正确与否就要以它所引导的行为的结果为标准。当一种评价所引导的行为符合人类追求的进步目标，对人类的发展起着积极的作用，那么这个标准就是正确的。再次，历史人物评价，要坚持马克思主义唯物史观为指导，综合考察历史人物的全部活动，将其对当时社会和整个人类社会的生产发展和历史进步起了推动作用或阻碍破坏作用作出恰如其分的判断。这

---

① 肖宏发：《全面评价历史人物原则试探》，《广西社会科学》1994 年第 2 期。又，张岱年认为："我们认为，评价学术思想的标准主要有两条：第一，是否符合客观实际；第二，是否符合社会发展的需要。关于伦理道德的命题，必须符合社会生活的实际、符合社会发展的需要，否则就是没有价值的。所谓符合社会发展的需要，又有两层含义：在社会的和平发展时期应有维持社会生活正常进行的作用；在社会变动的时期应有革旧立新的作用。"（张岱年：《中国伦理思想研究》，江苏教育出版社 2005 年版，第 7 页）

② 吴廷嘉：《历史人物研究的几个理论问题》，《安徽史学》1986 年第 3 期。

是公认的历史人物评价标准，但特别需要指出并加以补充的是，运用唯物史观评价历史人物，既要把历史人物的实践活动放在当时当地予以检验，又要结合其实践活动对后世社会的影响进行评价。最后，对历史人物进行评价，评价标准必须与评价视角、参照系相一致，即必须以评价的目标为支点，进而选择评价的视角、评价的参照系和评价的标准。[①]

邓京力从历史评价标准的产生和来源出发，认为历史评价标准有着诸多分类，其间还存在着等级差别。其一，如果从历史评价主体存在的状况方面来划分，评价标准可以有个人评价标准、群体评价标准、社会评价标准和人类历史评价标准。其二，如果从历史评价标准的规范来划分，又可以分为道德评价标准、审美评价标准、功利评价标准、学术评价标准。其三，如果以历史评价主体的阶级属性来划分，历史评价标准就可以分为统治阶级的评价标准和被统治阶级的评价标准。其四，如果从时间的角度来划分，历史评价标准就有过去的评价标准（当时当地标准）、现在的评价标准（现世标准）和将来的评价标准（未来标准）。正因为历史评价标准的种类众多，等级参差，内部还具有诸多矛盾，所以，历史评价标准呈现明显的系统性特征。这种系统性具体又表现为纵向上的动态发展性和横向上的多元整合性。[②] 罗福惠"主张应用多样的范式和标准，不赞同以一种范式和标准来排斥别的范式和标准"[③]。

其实，古代史学家关于历史人物评价的标准与原则也不是一成不变的。罗炳良发现，宋、元两代和明代前期以道德评价为重心；明代后期和清代则事实评价较为显著。其演变趋势，呈现道德评价逐渐让位于事实评价的特点。此外尚有以"义理"为标准的评价原则，以"事功"与"经制"为标准的评价原则，以"义理"参

---

① 林璧属：《历史人物评价两难题》，《史学理论研究》1999 年第 2 期。

② 邓京力：《关于历史评价标准的反思》，《史学月刊》1999 年第 3 期；《试论历史评价标准中现实性与历史性的矛盾》，《首都师范大学学报》2000 年第 2 期。

③ 罗福惠：《历史事实和历史人物评价的多样范式》，《探索与争鸣》2006 年第 3 期。

"时势"为标准的评价原则，以及以"知人论世"为标准的评价原则。①

　　由于历史现象、历史人物本身就是一个多面体，多元标准从多角度、多层面来立体地考量评价历史人物，显然比唯一标准论更具有全面性、合理性，也更具有学术内涵。从心理、横断学科、跨学科等视域深层次、多角度进行历史人物评价，或许是历史人物评价标准问题研究的一种新思路。

---

① 罗炳良：《历史人物评价原则的多元与趋势》，《学习与探索》2008 年第 2 期。

第三章　历史人物评价与道德判断

　　自 20 世纪 50 年代以来，尽管在具体的历史人物评价标准上众说纷纭，但历史作用标准最为人们公认并被普遍采用。这种历史作用是对符合历史发展规律、不可抗拒的历史潮流的顺逆，被视为历史人物存在价值的生命线。过度强调历史作用、历史规律，不但放逐了历史人物的道德责任，而且弱视了个人在历史上的主观能动作用，贬低了人的情感与精神。这体现了一种不计动机和手段的唯效果论，实用主义倾向淡化了道德评判。在历史纷繁复杂的关系互动与激荡的某些环节中，历史人物的主观能动作用更能清楚地释放出来。这不但需要历史人物去承担其该承担的责任，而且也需要历史学家以自己的心灵去捕捉历史的精神。

第一节　历史学中的价值判断问题

　　历史人物为何不能离弃道德价值评价，这与历史学的人文性密切相关。就学科属性而言，历史学有不可须臾离弃的人文性，而这一点在新中国成立后的历史研究中未能凸显，从而影响了对历史人物的道德价值评价。就历史学的"科学"性而论，有两种"科学"的历史学在不同层面影响了对历史人物的道德价值评价：一种是占主导地位的"历史科学"，即马克思主义史学；另一种是自然科学意义上的历史学。前者突出了历史人物的历史作用，却放逐了历史人物的道德承担；后者强调了历史研究的客观性，则忽略了历史人物评价的人文关怀。道德标准通过史学家的价值观念间接或直接影响历史学，使得史学避免不了史学家之主观性，也避免不了史学家道德价值判断。同时，道德判断也不同于科学判断。

一 历史非"自然科学"意义上的科学

近代以来，将历史学科学化的努力一直强劲不衰。在"历史科学"的旗帜下，主要有两种取向对历史研究和历史人物评价影响深远：一种是"科学的解释"，试图发掘隐蔽在历史表象背后的规律；另一种则是"科学的考证"，以搜集史料，辨析正误，还历史真相为最高追求，而不企望能提供给人们多少思想与教益。近代中国史学在欧风美雨的熏染下，也明显走向了"科学主义"，并且受"科学"影响极深。马克思主义史学也是以"科学"而盛行。就 20 世纪后半期的中国大陆历史学而论，历史学之所以被称为科学，因为有了马克思主义唯物史观的指导。也正是由于唯物史观的指导和奉行，才"通常把马克思主义历史学称之为历史科学"，或者说历史科学就是指马克思主义历史学。①

值得肯定的是，史学的科学化大大深化了人们对于历史与史学的认识，史学研究领域也因此得到全面开拓，研究方法日益丰富。但是，史学的科学化也带来了不容忽视的负面效应：其一，真实的历史内容被简化、抽象化了。在"探求规律"的旗帜下，一切都成了必然、理性的产物，以前构成历史主要内容的重大事件被遗忘了，有血有肉的人不见了。其二，史学科学化导致的技术化、工具化，过度着眼于论证、分析、考据，在很大程度上损害了历史与现

---

① 参见华岗《中国历史的翻案·历史为什么是科学和怎样变成科学》，人民出版社1981 年版，第 1—5、43—86 页；葛懋春主编《历史科学概论》，山东教育出版社 2002 年版，第 20—22 页；李振宏：《历史学的理论与方法》（修订本），河南大学出版社 1999 年版，第 32—42 页；田昌五：《马克思主义与中国历史发展规律》，《学术月刊》1997 年第1 期；《中国历史体系新论续编·马克思主义与中国历史发展规律》，山东大学出版社2002 年版，第 186—197 页；张书学：《中国现代史学思潮研究》，湖南教育出版社 1998年版，目录，第 55—70 页；张艳国：《唯物史观与史学理论》，华中理工大学出版社 1997年版，第 2、24 页；林甘泉：《林甘泉文集》，上海辞书出版社 2005 年版，第 418、433、472 页；等等。

实的联系、史学与生活的联系，使得现代史学日益丧失了史学所具有的润化心灵的魅力。长此以往，"历史如果完全走向科学，那么历史就要自杀了"①。史学背后的人文动机、人文思想、人文情怀都是科学化所不能包含的，这恰恰是对历史人物进行道德价值评判所被弱化或忽略的重要原因之一。

历史学的"科学性"来源于自然科学，但又与一般自然科学截然分野。

（一）研究方法不同

自然科学以其直接所面对的客体为研究对象，要进行观察、实验和调查。在自然科学中，科学性是指两个或两个以上胜任的科学家对同样的研究对象，以同样的研究或实验方式，会得出同样的结果，而且这个结果或结论可以被科学界同行普遍接受。从这点来说，自然科学的"科学性"是刚性的。而史学研究无法在面对已经沉寂的研究客体，无法对已经成为过去的人和事进行观察、实验和调查，只能依赖于史料或遗迹、遗址间接对研究对象进行研究。在实证层面，史学可以借助史料、遗物、遗迹、遗址，并利用或借鉴科学方法整理或考证、鉴别历史事件和历史人物行为等事实的真伪。这对一切历史学家都是共同的，绝不会因人而异。这点类似于科学并具有科学的"刚性"。但除此之外，对史学而言恐怕很难说再有"刚性"可言。但对其中所蕴含的文化基因、精神、价值等抽象存在，科学则无能为力。因为在对历史的理解和解释的层面，对史学研究而言是仁者见仁、智者见智；强求史学家完全达成共识，或许不大可能。正如余英时所言："我们研究历史的人，相信有客观的事实；这些客观的事实，通过考证学的整理和鉴定，大体上是可以确定的。这是史学的一个层次——科学层次。可是，这些事实有什么意义，这又是因人而异。根据同样的事实，不一定得出同样结论，因为史义属于另一个层次——即哲学的层次。"②

---

① 唐德刚：《史学与红学》，广西师范大学出版社 2006 年版，第 25—29 页。

② 余英时：《史学、史家与时代》，广西师范大学出版社 2004 年版，第 91 页。

（二）研究对象性质不同

自然科学的研究以自然世界为其对象。自然世界本身是客观的、无意识的，它不以人的意愿为转移，所以并不用考虑其间有任何的人文动机。而历史学所研究的对象是人及其人文世界，它彻头彻尾贯穿着人们的思想、意志和感情。历史学的认识对象——人具有以下四个特征：（1）有感情、有意志、有愿望、有好恶、有思想、有目的、有取舍的具体人生；（2）具有进行评价和价值判断的能力；（3）不仅是历史观察者，而且也是历史的参与者、创造者，能制定规范、规则和原则进行自我约束，包括道德规则、法律与规章制度等；（4）具有历史性，历史及其中的文化、文明等会影响人自身的思想。

所以，历史学家所面对的过去，不是一个寂静的物理世界，而是一个沸腾的精神世界，他所着力探究的，不是僵死的物，而是活生生的人。对物理世界的研究必须也只能用科学的方法和手段，对精神世界的研究除了用科学的方法之外，更多的或者说主要依赖历史学家的理解和感受能力。真正的历史只有当历史学家穿越时间的屏障开始解释活生生的人及人的生活时才得以存在。而对于人来说，他的话语、姿势、头部的动作、穿的衣服、各种各样看得见的动作和行为——都只是表现形式，而在它们背后有某种东西起着巨大的作用并以不同表象示现出来，这就是人心、灵性或灵魂。而这专属历史学家研究的对象。① 而这一点恰恰是目前学界所严重忽略的地方。所以，历史学与自然科学的研究对象根本不同。

（三）目的不同

自然科学追求的乃是概括化或某一研究对象之演化规律的形式的知识。而历史学的研究，一方面是求真，即研究主体严格按照相关的实证方法或方式，确证"史料"或"史实"的真实性，而非有意制造赝品。另一方面是求善，探讨历史行程之中的人文精神，要理解和阐释人的意愿以及使社会得以凝聚的种种价值和风尚与文

① 王学典：《20 世纪中国史学评论》，山东人民出版社 2002 年版，第 16 页。

化、文明。历史学不同于与自然科学的根本之处在其人文性。人文的价值理想和精神本身构成历史学的一个最重要的构成部分，和历史精神的核心。[1] 在历史学的研究中，无论是研究的客体抑或是研究的主体，都彻头彻尾地在贯穿着人的意志愿望及其努力。人及历史的自然属性部分和互动部分，必须服从自然规律，但是人及其历史的人文世界却是人自己创造的，而不是单纯自然的创作。牟宗三有"事理"与"物理"之论对此甚有启发：物理之理是就物之关系、性质与量度而说。事理之事是动态的，是有历史性的，而且是独一无二的（不能重复）。这种事理之事不能用科学方法来处理。科学方法所能处理于历史的，严格言之，不是历史，而是历史上的文献材料。文献材料可用科学方法来归纳整理，而事理之事则不能用归纳法得其通则，事理之事的"意义"在于它的理。[2] 历史学永远都不可能是自然科学那种意义上的科学。在探寻历史真、善、美内在理路方面，科学却无能为力。这由道德与价值观念的伦理学性质所决定。在天文学、物理学或化学这些学科中，根本不包含价值事实（value facts）或价值观念这样的表达，即使想入非非也不可能将这些学科中的表达看成价值事实或价值观念。[3] 所以，历史学是求真求善的统一，历史学家关切历史记述的意义，其对历史的理解与解释有着一种本质上是道德性的倾向。

（四）道德判断非科学判断

科学判断和道德价值判断本来是两回事。科学判断是事实判断，道德判断是价值判断。"道德判断之所以与科学判断不同，就在于

---

[1] 何兆武：《何兆武思想文化随笔·对历史学的若干反思》，科学出版社2012年版，第128页。

[2] 牟宗三：《历史哲学》，广西师范大学出版社2007年版，旧序三，第1—8页。
又，牟又说："天天讲王阳明、讲良知，是讲不出科学的，因为良知不是成就科学知识的一个认知机能。"（牟宗三：《政道与治道》，广西师范大学出版社2006年版，新版序，第11页）

[3] ［美］约翰·杜威：《评价理论》，冯平、余泽娜等译，上海译文出版社2007年版，第4页。

它具有科学判断所不具有的情感意义。"① 科学判断 "着意于改变各种预期"，而道德判断则 "是去改变感情和行为"。"科学只解决了什么能够（could）做的问题，而解决不了什么应该（ought to）做的问题。"② "在所有深思熟虑的、有计划的人类行动中，无论是在个人行动中还是在群体行动中，似乎无一不受到对所期望达到的结果所具有的价值之鉴定的制约（如果不说受到鉴定控制的话）。"③ "价值判断也不是科学命题，而是个人情感的表达。"④ 所以，道德问题不同于科学问题，实然不同于应然，作为善恶褒贬的道德判断亦不同于科学判断。科学性对善恶褒贬的要求与规范，主要体现在历史的实证层面，即研究主体严格按照相关的实证方法或方式，确证 "史料" 或 "史实" 的真实性。而历史关注的是 "长期" 行为及意义与影响，这远远不是单纯 "科学" 地考证 "史料" 所能解决的，亦不是空洞 "真理" 所能蕴含的。或者说 "历史学区别于科学的论据是，前者必然包含道德评断的成分，而后者则不然"⑤。每一时代的伟大人物都表现那个时代的 "理念" 或 "精神"，使之客观化为 "积极的价值"。史学的目的首先便是把握住这些 "理念" 或 "精神"。如果历史仅仅是以科学的原则排比实事，那么人的情义、情感、思想、意志等将被摒弃在人类自己书写的历史之外。但是，价值评述性陈述 "通常不出现在与自然科学有关的记叙中，而是出现在与社会科学、特别是与历史记叙有关的记叙中；价值评述性陈

---

① ［美］查尔斯·L. 斯蒂文森：《伦理学与语言》，载唐凯麟主编《西方伦理学名著提要》，江西人民出版社 2000 年版，第 525—541 页。

② ［英］斯蒂芬·艾德尔斯顿·图尔敏：《推理在伦理学中的地位》，唐凯麟主编《西方伦理学名著提要》，江西人民出版社 2000 年版，第 555—568 页。

③ ［美］约翰·杜威：《评价理论》，冯平、余泽娜等译，上海译文出版社 2007 年版，第 4 页。

④ ［英］罗素：《伦理学和政治学中的人类社会》，载肖巍译，唐凯麟主编《西方伦理学名著提要》，江西人民出版社 2000 年版，第 575 页。

⑤ ［英］理查德·艾文斯：《捍卫历史》，张仲民、潘玮琳、章可译，广西师范大学出版社 2009 年版，第 48 页。

述构成了这类记叙的一个组成部分"①。例如钱穆评文天祥曰："倘使没有一个文天祥，那将是一部中国历史的失败。……他虽无助于南宋之不亡，然而文天祥可以维持中国民族精神。"② 对文天祥身上所体现出来的视死如归的精神，科学如何解释呢？

综上所述，对历史学而言，科学只是指还原历史事实、恢复历史真相。"历史科学"中"科学"的含义也许仅此而已。把"历史科学"当作自然意义上的科学现在看来不是梦人呓语，就是不可实现的高贵的梦。历史学永远都不可能成为自然意义上的那种科学。③ 历史学的研究对象是人间现象，而一切人间现象都不可避免地涉及价值判断。

二 史学非史料学

近代以来，客观求真成为史学家的共同追求。而对史学的主观性问题，学术界却一直争论不休。史学的科学性排斥史学家主观性，也就排除了史学家主观的道德价值判断，从而导向"史学即史料学"。在现代中国史学界，主张严格排除史学中之"主观"的学者首推傅斯年，其被称为"科学主义派史学第一号领袖"④。傅氏有著名的"史学便是史料学"之论。

一、史的观念之进步，在于由主观的哲学及伦理价值论变做客观的史料学。

二、著史的事业之进步，在于由人文的手段，变做如生物学地质学等一般的事业。

三、史学的对象是史料，不是文词，不是伦理，不是神学，并且不是社会学。史学的工作是整理史料，不是做艺术的建设，

---

① ［波］耶日·托波尔斯基：《历史学方法论》，张家哲、王寅、尤天然译，华夏出版社 1990 年版，第 634—635 页。

② 钱穆：《国史新论》，生活·读书·新知三联书店 2005 年版，第 272 页。

③ 关于历史是科学还是艺术的问题，罗素有所论述。详参罗素《论历史·历史学作为一种艺术》，何兆武等译，广西师范大学出版社 2006 年版，第 53—71 页。

④ 王尔敏：《20 世纪非主流史学与史家》，广西师范大学出版社 2007 年版，第 109 页。

不是做疏通的事业，不是去扶持或推倒这个运动，或那个主义。

史学便是史料学：这话是我们讲这一课的中央题目。史料学便是比较方法之应用：这话是我们讨论这一篇的主旨。①

蔡元培亦附和此说②。同时，服膺傅或持与傅斯年类似"科学主义史学"者，更大有人在。连熟稔西方新史学的齐思和亦谓：

夫道德之提倡、资鉴之供给，爱国心之激发，乃旧日学者研究撰史之主要目的也。今皆以为非是，然则史之真正目的，究何在欤？应之曰："严格言之，历史不应有任何目的。"……其惟一之目的，则与他科学同，在于寻求真理也。……则真理外，不容有其他目的。③

诸多古今史家则提出与上述观点不同的理念。例如，章学诚认为："整辑比，谓之史纂，参与搜讨，谓之史考，皆非史学。"④ 杜维运亦云："史学不能只限于史料学，史学家于考史之余，也必须著史，作艺术的建设，做疏通的事业"⑤ "历史不等于科学"⑥。王尔敏主张"可以说史料学就是史学"，但不可以说"史学就是史料学"。"然史学实非史料学所能代替，且史料亦并不能等于历史，此乃必有之普通知识，道理亦至浅显。"⑦ 总之，"考订史料与孤立的

---

① 傅斯年：《史学方法导论》（傅斯年史学文辑），中国人民大学出版社 2004 年版，第 1—2 页。

② 参见蔡元培《〈明清史料档案甲集〉序》，高平叔编《蔡元培全集》（第五卷），中华书局 1988 年版，第 513—515 页。

③ 齐思和：《齐思和史学概论讲义》，天津古籍出版社 2007 年版，第 29—30 页。

④ （清）章学诚著，叶瑛校注：《文史通义·浙东学术》，中华书局 1985 年版，第 524 页。

⑤ 杜维运：《变动世界中的史学·傅孟真与中国的新史学》，北京大学出版社 2006 年版，第 30 页。

⑥ 参见杜维运《史学方法论》，北京大学出版社 2006 年版，第 323—328 页。

⑦ 王尔敏：《史学方法》，广西师范大学出版社 2005 年版，第 118—134 页、185—197 页。

事件并不是史学"①。余英时认为:

> 近代中国提倡"科学的史学"(scientific history)的人深信
> 史学可以而且必须完全客观化, 其中不能渗入一丝一毫个人的
> 主观见解。照他们看来, 史学最后可以发展到生物学、地质学
> 同样高度的科学性。落到实践的层次, 中国的"科学的史学"
> 运动便成为以史料学为史学; 在史料范围的扩大和考订的精密
> 方面, 这个运动的成绩是有目共睹的。但是其代价则是将思想
> 的因素完全排除于历史之外; 不但史家个人的主观思想不许混
> 入史学研究之内, 而且历史上已经客观存在过的抽象东西如精
> 神、价值观之类也一律要划出史学范围之外。

这种认识很大程度上源自对西方兰克史学的误解误用。余对兰
克史学观点澄清曰:

> 流行在美国的兰克形象是所谓"科学的史家", 这也正是
> 兰克在中国的形象; 流行在德国的兰克形象则是一个唯心史观
> 的主要代表, 他的史料分析和个别史实的考订都是支持他的唯
> 心史观的手段。……兰克决不承认史学只是事实的收集, 也不
> 主张在历史中寻求规律。相反地, 他认为历史运动的动力乃是
> "理念"(Ideas), 或"精神实质"(spiritual substances); 在
> "理念"或"精神实质"的背后则是上帝。②

王尔敏亦曰: "兰克毕生极重视搜集史料, 却未尝强调标榜史
学就是史料学。……兰克勤于访阅档案, 重视史料收集运用。并不

---

① 孙同勋:《从历史被滥用谈治史应有的态度》, 载杜维运、黄俊杰编《史学方法
论文选集》, 台北华世出版社 1977 年版, 第 269—282 页。

② 余英时:《历史与思想·自序》, 载《史学、史家与时代》, 广西师范大学出版社
2004 年版, 第 78—26 页。

是注重史料为目的，而是以利用史料撰著史书为最高宗旨。"① 汪荣祖认为，在中国产生的"史料即史学"是对兰克史学观点的误解；"'史料即史学'决非兰克之本意"；事实上，"兰克极重视史实发生之趋势、意义及特征；并从单一史实中去了解全面"②。"兰克所谓科学的历史，无非是强调信史。"③ "与人们通常的观念相反，兰克学派决不仅以考据为尽史学研究之能事。在他们考订史学的背后，是有着他们深厚的世界观和哲学信条作为其指导思想的。"④ 综上所述，历史学有实证的层面，但历史学绝不仅仅只是史料学。这与历史研究的主观性和史学家的道德价值观密切相连。

　　史学完全排除主观是不可能的，因此要史学完全排除道德价值判断也是虚幻的愿望而已。"史家处理问题，无论史料或史实，绝无法完全排除个人观点。盖史家开始选题，即本着一种评估需要之观点而来。史家可以避免成见，但无法避免时代风气；可以降低时代风气影响，但无法完全不用个人之评骘。抑且史家卓识之过人表现，正在此点。世人有自称纯客观者，或为无识之抄胥，或即不免自欺欺人。"⑤ 西方史学家葛隆斯基曾说明云："不论史学家有多诚实，他的著作必是自己环境、教育和价值结构的产物。而他对历史的解释就是个人信仰和人生观的结晶。若说这些因素未曾深深地影响其著作是不可能的。"⑥ 例如对史学能否决然保持"中立"的问题，理查德·艾文斯根据西方的史学研究有论：早在 1914 年以前，一些人对科学的方法究竟能否提供一个中立而不带价值偏见的历史，已经产生质疑。1914—1918 年发生的第一次世界大战及其后续

　　① 王尔敏：《20 世纪非主流史学与史家》，广西师范大学出版社 2007 年版，第 114 页。
　　② 汪荣祖：《史家陈寅恪传》，北京大学出版社 2005 年版，第 49 页。
　　③ 汪荣祖：《史学九章·第二章回顾近代史学之父兰克的史学》，生活·读书·新知三联书店 2006 年版，第 28—29 页。
　　④ 何兆武：《苇草集·也谈"清华学派"》，生活·读书·新知三联书店 1999 年版，第 513 页。
　　⑤ 王尔敏：《史学方法》，广西师范大学出版社 2005 年版，第 183 页。
　　⑥ 容继业译《历史意义与方法》，第 20 页，转引自王尔敏《史学方法》，广西师范大学出版社 2005 年版，第 183 页。

发展，使人们的信心愈加动摇。各个国家的职业历史学家都忙于发表论著，掩饰本国政府的战争动机，而指责别的强国是挑起事端的祸首。有关战争起源的文件确实得到编辑和出版，且整个过程用上了一切的专业手段，并由声誉卓著的专家操刀，只是他们的选编原则一定不会得到别国同行的认同。历史学家所受的严格的科学训练根本无法使他们以真正中立和"客观"的态度对待过去不久的历史。对此，20 世纪 20 年代，各国专业史家围绕战争起源进行的激烈而持久的论战，恰是一个绝佳写照。① "一切真历史都是当代史"之论②，"一切历史都是思想史"③，也反映了历史之主观性。史家之主观在相当程度上则表现了其道德或价值观念。"价值表达人们所期望的状态或善，指出人们行为和发展的感情动力，解释人们行为的目标和目的。价值代表了人们所爱的和所追求的。"④ 其实"不论忠君劝善、爱国扬威，皆属'价值之判断'（Judgments of value）"⑤。梁启超认为："历史的目的在将过去的真事实予以新意义或新价值，以供现代人活动之资鉴。"⑥ 这种新意义或新价值本身就体现了史学家之价值判断。

---

① ［英］理查德·艾文斯：《捍卫历史》，张仲民、潘玮琳、章可译，广西师范大学出版社 2009 年版，第 29 页。

② ［意］贝奈戴托·克罗齐：《历史学的理论和实际·历史与编年史》，傅任敢译，商务印书馆 1997 年版，第 1—15 页。

③ ［英］柯林武德：《历史的观念》，何兆武、张文杰译，商务印书馆 1997 年版。

④ ［美］查尔斯·L. 坎默：《基督教伦理学》，中国社会科学出版社 1994 年版，第 96 页。

⑤ ［美］汪荣祖：《史传通说》，中华书局 1989 年版，第 20 页。

⑥ 梁启超：《中国历史研究法补编·总论》，载《中国历史研究法（外二种）》，河北教育出版社 2003 年版，第 123 页。

又，同上书第 126—127 页云：所谓予以新意义，有几种解释。……总括起来说，吾人悬拟一个目的，把种种无意义的事实追求出一个新意义，本来有意义而看错了的，给他改正，本有意义而没觉察的，给他看出来。所谓予以新意义，就是这样解释。

所谓予以新价值，就是把过去的事实，从新的估价。价值有两种：有一时的价值，过时而价值顿减；有永久的价值，时间愈久，价值愈见加增。……历史家的责任，贵在把种种事实摆出来，从新估定一番。总括起来说：就是从前有价值，现在无价值的，不要把它轻轻抹杀了；从前无价值，现在有价值的，不要把它轻轻放过了。

　　总之，史学不能化约为史料学，史学完全排除主观是不可能的，完全排除道德评判也是不可能的，最典型的证据就是近两千年的史学传统。"固然也有人脱离了人和人物中心而来研究历史的，但其研究所得，将总不会接触到历史之主要中心，这是决然可知的。"①史学是具有一定价值导向的学问。

三　人文性——道德价值判断的学科基石

　　为何对历史人物施以道德评价，这与历史学的人文性和精神性密切相关。人具有自由意志，并以复杂的精神活动与其他生物区别开来，因此作为人文学科的历史学也就具有了独特的人文性、精神性和道德性。历史认识的主体有其不可离弃的价值观，我们不可能脱离这一点去侈谈历史的客观真实性。历史学是一种文化或人文科学，人文的终极价值乃是要提出善恶的标准来，并塑造人们的精神，而这却是科学本身所无法提供的。何况历史学的材料和方法也和自然科学有着本质上的差异。根据同样的材料和公认的科学的方法，每个历史学家应该得出相同的结论，这就是如同自然科学一样的历史学。但是事实却并非如此的简单。每个历史学家都受到各种主观和客观历史条件的制约，所以他们的历史理解和历史构图也各不相同。现在看来，无论史料多么翔实，也不论方法多么严谨，它本身并不能自动地就成为历史学。因此，对历史学道德判断的反思主要的不是从历史的科学性来反思，而应该更多地从历史学的学科性和人文性来反思。正如罗素对历史研究的要求，"是常识与人文主义理想的结合"。② 所以，历史学的任务不单单是为事实而事实，它还有道德的、教育的和审美的内涵与功能。"一个历史学家的尊严就在于他关心着未来的可能的忧患。"例如，罗素的文章以清晰流畅见称，洋溢着机智、博学、深思和幽默，所以吸引了许多读者；然而更值得称道的，却是他那谴责人间丑恶的道德勇气。他的

---

① 钱穆：《中国历史研究法》，生活·读书·新知三联书店2005年版，第80页。

② 转引自何兆武《苇草集》，生活·读书·新知三联书店1999年版，第280页。

史学观点隐然有一个最重要的见解：一个历史学家的品质就在于他勇于谴责一切邪恶、卑鄙和愚昧，或者说就在于他的史德。① 很难想象，一个不是为追求人生的美好这一崇高的理想所鼓舞的历史学家，能够写出一部真正有价值的历史著作来。

就历史人物评价而言，"纪传体史书记载了许许多多不同时期的杰出人物，他们的人生态度、嘉言懿行，成为后人学习的楷模，在历史上产生了极其深远的影响，成为民族精神生生不息、世世相传的具体表现，这就是所谓'中国的脊梁'。一部'二十四史'，固然有君臣父子的说教、封建伦理的羁绊，但这总不能掩盖住历史上各种杰出人物及其事迹的光辉"。由众多的历史人物的形象和评价而产生的对社会心理和审美价值的影响，无数优秀人物精神品质的积淀和凝练，再现或重塑了中华民族的民族精神。所以说，"传统史学对于民族精神的重塑，对于'中国的脊梁'的重塑，这个作用在传统文化以及当代文化的发展中，都是不可低估的"。"传统史学对于传统文化发展的贡献，并不仅限于史学本身的成就，还在于这种成就对传统文化发展产生的影响。"② 这当然首推"善恶褒贬"之功。

如上所述，史学非史料学，史学也避免不了道德价值判断，道德判断亦不同于科学判断。史家皆现实中人，在其历史叙述中总会触及或反映个人的兴趣、爱好、憎恶；同时，他们使用的一些词汇本身就包含着价值判断，如"明智""英勇无畏""公正无偏"等。钱穆说："人分贤奸，斯事有褒贬。褒贬乃成中国史学之要纲。未有不分贤奸，不加褒贬之史学。"③ 道德价值判断的目标指向增进人类或民族的文明。对此，典型例证当数中国近两千年的史学传统。正因善恶必书成为"一条金科玉律"，而"人心世道，借以维

---

① 参见何兆武《苇草集》，生活·读书·新知三联书店 1999 年版，第 273—274 页。
② 瞿林东：《中国史学通论》，武汉出版社 2006 年版，第 115—116 页。
③ 钱穆：《现代中国学术论衡》，生活·读书·新知三联书店 2005 年版，第 108—109 页。

系"①。善恶褒贬是中国史学的特有功能，它担载着维护历史公正的功能，承载着类似其他民族多由宗教承载的东西。此即为钱穆所说的"史心"或"中国历史文化传统精神真价值所在"②。作为精神存在的人不可能不与道德价值发生关联，历史学也不可避免地要进行道德价值判断。尽管善恶褒贬并不是完美无缺的花朵，但它所育化的历史对中国文化起了其他学科所不能替代的作用，维护着中华民族最根本的东西。此乃道德标准于史学之价值所在。

不论对历史的记录、考证，还是对历史研究的"选择"，都浸染着史学家的思想和心灵。在历史研究的理解和诠释环节更是如此。在这种意义上我们可说"一切历史都是心灵史"。历史人物评价的道德、价值评判在此找到了其"合法"地位，道德标准在此找到了其合法位置。

四　道德价值观对历史人物研究的影响

道德价值观对历史人物研究的主要影响，体现在选择什么样的历史人物和选择什么样的事实。中国传统史书人物的人选大都是影响社会生活的大善大恶者，人物言行、历史事实等的选择也大都具有典型性和善可为法、恶可为戒者。历史人物评价当然离不开对于历史的理解与解释。道德价值观对历史人物理解与解释的主要影响，既要理解历史人物本身及其言行，又要解释这种言行所具有的意义。挖掘历史人物言行背后所隐藏的意义，主要体现在对过去、现在、未来的联系和真善美的洞察之中。道德价值观对历史编纂和叙述的主要影响，一是鲜明地表现出作者的道德判断；二是增强历史叙述的艺术性。以史实为基础，用科学性和艺术性的语言把历史人物所体现的真善美或假恶丑惟妙惟肖地叙述出来，这是历史人物评价叙述的目的。

---

① 杜维运：《变动世界中的史学》，北京大学出版社 2006 年版，第 87、93 页。
② 钱穆：《中国历史研究法》，生活·读书·新知三联书店 2005 年版，第 80—97 页。

（一）道德价值观对历史人物研究的选择性影响

对无所不包的历史，任何人又无法叙述其中的一切，只能选择其中的一小部分进行研究。所以，写成的历史没有一部是完全意义上的"实录"①，而只是对过去一小部分史料与史实的整理和阐释。"选择是撰写历史的真谛"②，"选择本身就包含见解，包含判断"③。史学家在确立某个研究对象或研究主题时，是根据自己的爱好及价值观念进行的。他认为这个选题完成后有价值，才有可能选择。并且，面对收集到的材料，他也不可能全部使用，而是挑选那些有利于叙述其主题的部分。所以史学家在主题与材料方面的选择标准便直接与他的研究目的相关，也直接建立在他的价值体系的基础上。从中不难看出体现道德价值观或观念的价值体系对研究对象、研究主题及史实与材料的影响。"就广义来说，所有人类自出世以来所想的，或所做的成绩同痕迹，都包括在历史里面。大则可以追述古代民族的兴亡，小则可以描写个人的性情同动作。"但是，"当著作家着手参考那厚而密之过去之记载，预备作个大纲出来，为那无暇详细研究的人看，那时候他立刻要问他自己，究竟应该选择哪一种材料去教读者注意"④。张荫麟在谈到写中国通史时说："显然我们不能把全部中国史的事实，细大不捐，应有尽有的写进去。故勿论一个人，甚至一整个时代的史家都没有能力如此做。即使能如此做，所成就的只是一部供人检查的'中国史百科全书'，而不是一部供人阅读的中国通史。"⑤ 其实，"历史学之作出了选择这一事实，一点都不蕴涵着它在任何一种坏的意义上乃是主观的。如果一种叙述是被缩写了的话，它并不必然地就是被歪曲了的；由于某些东西

---

① 关于中国古代史学中"实录"的含义及其变化，可详参李纪祥《中国史学传统中的"实录"意涵及其现代意义》，瞿林东主编《史学理论与史学史学刊》（2003年卷），社会科学文献出版社2004年版，第185—200页。

② ［美］巴巴拉·W. 塔奇曼：《实践历史》，孟庆亮译，新星出版社2007年版，第60页。

③ 瞿林东：《中国史学通论》，武汉出版社2006年版，第155页。

④ ［美］鲁宾孙：《新史学》，何炳松译，广西师范大学出版社2005年版，第1页。

⑤ 张荫麟：《中国史纲·自序》，上海古籍出版社2006年版，第1—8页。

被删节是可以造成误解的，但是只要被节略的仅仅是相对琐碎的而又不重要的东西，那么节略本身并不是坏事"①。选择依据一定的"标准"来进行，这个"标准"就是事实是否重要、是否有价值和是否有意义。而这又取决于史学家的某些基本预设及其所要实现的效果之间的联系。联系紧密的，当然重要，当然有价值、有意义，于是被选入叙事框架中，甚至还有可能被置于特别重要的位置上。否则，就可能一概被删略。例如司马光撰写《资治通鉴》的基本原则是"删削冗长，举撮机要"，他由此而定的取舍史实的标准是"专取关国家盛衰，系生民休戚，善可为法，恶可为戒者，为编年一书"②。对历史研究必须进行选择，对历史人物评价亦是如此。选择意味着取舍，而取舍的标准就是既有的"观点"。道德作为"观点"的内容之一，与历史人物评价的这种选择性紧密联系在一起。道德价值观对历史人物评价选择性的影响主要体现在两方面：对历史人物选择性和史实选择性的影响。即选择什么样的历史人物，和选择什么样的历史事实。历史人物要选择大善大恶而影响社会生活者；关于历史人物的事实要选择具有典型性和善可为法、恶可为戒者，而不是事无巨细地选择这一历史人物的所有方面。

1. 对历史人物选择的影响

历史是人类的记忆，这种记忆本身当然不是事无巨细的流水账，而是记下那些具有典型意义的事情，或是真善美或是假恶丑，或是总结经验或是引以为鉴。"历史研究的本质是选择——选择'相关'资料、选择'历史'事实和'有意义'的解释。"③ 这对历史人物评价而言，史学家"不能不选择代表人物，代表事件，以代表一某时代之生活，然后将此代表人物与事迹，加以组织，加以穿插，使

---

① ［英］沃尔什：《历史哲学——导论》，何兆武、张文杰译，社会科学文献出版社1991年版，第184页。

② （宋）司马光：《资治通鉴·进书表》，中华书局1956年版，第9607—9608页。

③ ［英］约翰·托什：《史学导论——现代历史学的目标、方法和新方向》，吴英译，北京大学出版社2007年版，第158页。

之成人类活动之缩影"①。历史人物要选择大善大恶，及影响社会生活者。作为太史，司马谈认为史实选择的对象是："明主贤君忠臣死义之士。"② 司马迁继承父志，他认为："废明圣盛德不载，灭功臣世家贤大夫之业不述，堕先人所言，罪莫大焉。"③ 伯夷、叔齐首阳归隐，耻食周粟，司马迁为之表彰，列于《史记》七十列传之首。刘知幾认为："人之生也，有贤不肖焉。若乃其恶可以戒世，其善可以示后，而死之日名无得而闻焉，是谁之过欤？盖史官之责也。"并且他认为："徒以片善取知，微功见识，阙之不足为少，书之唯益其累"者，皆不入史。④ 钱穆认为："中国人论人，则必分好坏善恶，即君子小人贤奸之辨。善人君子贤人固得见于史，而小人奸恶亦得入史。如夏、商两代，禹汤固必详，而桀纣亦必及。其他帝王，或仅存其名，或并其名而不载。"⑤ 杜维运提出新的传记人物的标准，他认为，有至德及有风节的人物和有罪恶的人物，应列入传记。"'太上有立德，其次有立功，其次有立言。'古人所谓三不朽，以立德为先。立德的圣贤，是人类文明的枢纽。……所以有至德的圣贤，是应留在历史上的。扩而大之，凡是有风节的人物，皆应名垂青史。""惩恶目标放在罪大恶极的人物身上，放在其罪恶足以惩戒的尺度上，是传记人物选择的一项重要标准。历史容不下小恶，而大恶必须记载。不将疯狂杀人的希特勒等人留在历史上，以使其恶名被于千载，历史岂为实录？不列荼毒生灵的流寇、阉党、奸臣、酷吏于传记，历史宁非虚设？挥拳于庙堂之上，谩骂于国会之中，状若猛虎，声似豺狼，此类民意代表，不特设类传以传之，

---

① 齐思和：《齐思和史学概论讲义》，天津古籍出版社 2007 年版，第 13—14 页。

② 司马谈曰："今汉兴，海内一统，明主贤君忠臣死义之士，余为太史而弗论载，废天下之史文，余甚惧焉，汝其念哉！"迁俯首流涕曰："小子不敢，请悉论先人所次旧闻，弗敢阙。"见司马迁《史记·太史公自序》，中华书局 1959 年版，第 3295 页。

③ （汉）司马迁：《史记·太史公自序》，中华书局 1959 年版，第 3299 页。

④ （唐）刘知幾：《史通通释·人物》（全二册），（清）浦起龙释，上海古籍出版社 1978 年版，第 237—247 页。

⑤ 钱穆：《现代中国学术论衡》，生活·读书·新知三联书店 2005 年版，第 108—109 页。

历史将有何用？至于群小丑行，流氓械斗，恶少飙车，痴女寻仇，此类行为，诚所谓'其恶不足以曝扬，其罪不足以惩戒'，就不值史学家顾盼了！"① 汪荣祖提出："所彰之善，忠臣良将也；所瘅之恶，乱臣贼子也。"② 张元济曾说："见了富贵，去营求它；处在贫贱，去避免它；遇着威武，去服从它；看得自己的身体越重，人们本来的良心，就不免渐渐地消亡。贪赃枉法，也不妨；犯上作乱，也不妨；甚至于通敌卖国，也可以掩住自己的良心做起来，只要抢得到富贵，免得掉贫贱。倘若再有些外来的威武，加在他身上，那更什么都可以不管了。有了这等人，传染开去，不知不觉受他的引诱，这个民族，必定要堕落，在世界上是不容存在的啊！"于是，张举出公孙臼、程婴、伍尚、子路、豫让、聂政、荆轲、田横、贯高等人，意在说明："他们的境遇不同，地位不同，举动也不同，但是都能够表现出一种至高无上的人格。有的是为尽职，有的是为知耻，有的是为报恩，有的是为报仇，归根结果，都做到杀身成仁，孟夫子说是大丈夫，孔圣人说是志士仁人，一个个都毫无愧色。这些人都生在二千多年以前，可见得我中华民族本来的人格，是很高尚的。只要谨守着我们先民的榜样，保全着我们固有的精神，我中华民族，不怕没有复兴的一日。"③ 由此可见，在历史研究中，选择或善或恶、或美或丑的历史人物进行评价，对于史学和民族乃至人类的意义了。

对历史人物的选择也不能只选择胜利者，而忽略失败者与少数者。"天地的元气，历史的真精神，往往存在于失败者与少数人之间。……所以史学家于仗节死义之士，应汲汲表彰，使其声名永垂于天壤；守节的遗民，也应为之发明沉屈……烈士遗民以外，凡行为高洁，言论恢弘者，史学家都应为之表扬。草野穷民，林泉老儒，往往其风范学术，在名公巨卿之上，舍名位之赫然者，捃拾沟

---

① 杜维运：《变动世界中的史学》，北京大学出版社 2006 年版，第 89—96 页。

② ［美］汪荣祖：《史传通说》，中华书局 1989 年版，第 17 页。

③ 张元济：《读史阅世·中华民族的人格》，陕西师范大学出版社 2007 年版，第 3—40 页。

渠墙壁之间，起酸魂落魄，使其显于青史，是史学家的重大任务之一。"① 天地道德之寄，常在草野。"天地的所以不毁，道德的所以仅存，系于一二特立独行之士，前后相继，史学家如以成败论史，挑选胜利者，牺牲少数失败者，那么不但历史从此失真，人类文明的势力，能不能延续，也大是问题了。"② 例如，"遇罗克和张志新的言行尽管未对'文化大革命'进程产生任何实质性的影响，但任何关于那段民族痛史的记叙如果绕开他（她）们都是不公正的"③。总之，历史不是胜利者的战利品，失败者与少数，也绝不是历史的垃圾堆。历史学者决不应以"成者王侯败者寇"的观念，忙碌着去挑选胜利者。颂扬道德高尚、气节崇高的历史人物，会使人精神振奋，斗志昂扬。但若颂扬失德变节分子，就会导致黑白不分、是非不明，长此以往，将导致人们评价观念的缺失，和民族自信心的丧失。历史学就是要颂扬该颂扬者，谴责该谴责者，这样才有助于确立真善美的典范，和表明假恶丑的示范，从而使后人知道什么是流芳百世，什么是遗臭万年。

2. 对史实选择的影响

对选择史料而言，应该全面，但要区分具有重要意义的和微不足道的史料。史料方面事无巨细、照单全收非但在技术上不可能，在认识上也没有意义。"盖吾人在考证之后，所得之结果，只能求出史料之真实而已。然世上真实之事迹甚多，不必皆有意义及价值。至于决定史事的意义及价值，尚须有裁断的工作。"④ 张荫麟曾提出"笔削"史事的五种标准：第一，"新异性的标准"（Standard of Novelty）。第二，"实效的标准"（Standard of Practical Effect）。"史事所直接牵涉和间接影响于人群的苦乐者有大小之不同。按照这标准，史事之直接牵涉，和间接影响于人群的苦乐愈大，则愈重

① 参见杜维运《史学方法论》，北京大学出版社 2006 年版，第 259—260 页。
② 杜维运：《变动世界中的史学》，北京大学出版社 2006 年版，第 93 页。
③ 周建漳：《历史及其理解和解释》，社会科学文献出版社 2005 年版，第 122—124 页。
④ 陆懋德：《史学方法大纲》，独立出版社 1945 年版，第 69 页。

要。我们之所以有这标准，因为我们的天性使得我们不仅关切于现在人群的苦乐，并且关切于过去人群的苦乐。我们不能设想今后史家会放弃这标准。"第三，"文化价值的标准"（Standard of Cultural Values）。"所谓文化价值即是真与美的价值。按照这标准，文化价值愈高的事物愈重要。""又文化价值的观念随时代而改变，故此标准也每随时代而改变。"第四，"训诲功用的标准"（Standard of Didactic Utility）。"所谓训诲功用有两种意义：一是完善的模范；二是成败得失的鉴戒。按照这标准，训诲功用愈大的史事愈重要。旧日史家大抵以此标准为主要的标准。"第五，"现状渊源的标准"（Standard of Genetic Relation With Present Situations）。①

　　杜维运也提出选择事实的五项标准：美善的标准；鉴戒的标准；新异的标准；文化价值的标准；现状渊源的标准。杜维运认为，应选择美善的事实，美与善是毗连的，善中有美，美中寓有善的，才是真美。采用美善的标准以外，兼采鉴戒的标准，始臻理想。在鉴戒的标准下，除选择"关国家盛衰，系生民休戚"的事实以外，应选择"善可为法，恶可为戒"的事实。至于丑的事实，如不是为了借鉴，以略去为宜。恶的事实，如未构成严重影响，隐之最好。连篇累牍，尽是丑恶事实，这样的历史，有什么存留人间的必要呢？但是，丑、恶情节严重者，则应垂之久远，以昭炯鉴。暴君的荼毒生灵，叛逆的出卖社稷，类似的丑恶事实，史学家岂能让其自眼前溜走？选择"善可为法，恶可为戒"的事实以写史，是历史走向公平的坦途，历史的功用，也从此发挥。②"历史作品里面如果充满杀伐、乖戾、浮诞、谲诡的气氛，又纵容奸回逆窃之行，崇奖拓殖争雄之事，那么即使其本身是千真万确的实录，人类实未受其利而先蒙其害，历史之有，反不如其无了。所以史学家于求真以后，必须进一步求美与求善。史学上的真，与史学上的美与善，必须互相辉映。史学上只有真而缺乏美与善，在史学指导下写出来的历史，虽

---

① 张荫麟：《中国史纲·自序》，上海古籍出版社 2006 年版，第1—8 页。
② 参见杜维运《史学方法论》，北京大学出版社 2006 年版，第20—29 页。

极接近于真，而人类却将因之而受祸无穷，人类的一部发展史，将永无文明一日。"① 对历史事实的选择，王尔敏也有类似的阐述，他认为，"天地间事实发生如恒河沙数，其中必须对人群有较大影响者，始为史家所注意，历史事实之不同一般事实，其重点即在于历史家所见之意义"②。由此可见，对历史人物评价而言，事实的选择要具有典型性，选择那些善可为法，恶可为戒的方面，而不是事无巨细地选择这一历史人物的所有方面。

（二）对历史理解和历史解释的影响

历史学研究的对象是人文世界的历史，所以历史学家所追求的不应该仅仅是考订史实，而且还须解答史实背后的人文动机，故而它不能停留在物质史的表层上，还需深入人文精神的深处。否则的话，历史学无非是一堆档案资料的堆积，而谈不到对历史的理解。③对历史人物评价当然避免不了"理解"，既要理解他们的言行，又要理解他们的生存环境、所处境遇、性情爱好、思想观念等等。布洛赫曾感叹说："长期以来，史学家就像阎王殿里的判官，对已死的人物任情褒贬。……我们对自己、对当今世界也未必有十分的把握，难道就这么有把握为先辈判定善恶是非吗？"在他看来，"'理解'才是历史研究的指路明灯"④。韦伯区分了两种理解：一是"直接观察的理解"，即对事物表象的理解；二是"解释性的理解"，即

---

① 杜维运：《史学方法论》，北京大学出版社 2006 年版，第 260 页。

② 王尔敏：《史学方法》，广西师范大学出版社 2005 年版，第 138 页。
又，同上书第 139 页云："史实之产生，既出于史家之选择裁断，史家所居地位所承使命至关重要。史家之修养条件自当严格要求提高，而史家之工作态度，更需保持审慎冷静。此所以大炮型学者不宜作史学研究之故，他应该改行做国会议员，不必在史学工作上天天大惊小怪。"
又，同上书第 144—145 页云："至于事实，即使铁一般事实，没有历史意义者，也必在所割舍。事实固然胜于雄辩，必须经过史家采取使用才能发生力量。事实不能直接代替历史，最易引起词意之误解，盖历史研究固然建筑在事实之上，然凡使用，亦若一砖一石，且必经过史家剪裁适中而使用，即可以称之为史实。"

③ 何兆武：《对历史学的反思》，见朱本源《历史学理论与方法·序一》，人民出版社 2007 年版，第 1—10 页。

④ ［法］马克·希洛赫：《历史学家的技艺》，张和声、程郁译，上海社会科学院出版社 1992 年版，第 101—105 页。

对动机和意义的理解。① 对历史人物的理解显然属于后者。理解历史人物是解释历史人物言行的前提，理解过程是建构解释的关键。历史人物的思想、行为以及与之关联的动机和情境，都深深掩埋在不断累积的时间隧道之中。理解的最大困难，在于今人没有在历史人物所生活的那个世界的直接经验，不免会根据自己的经验与见识来揣度，而揣度又很容易沦为臆测，造成误解乃至歪曲。于是，掌握关于历史人物所处世界的间接知识，审慎地鉴别史料、确证史实，由此走进历史人物所处的世界，深入他的生活，了解他的想法、信念、心理状态、行为。并把自己置于历史人物的位置上感受其处境，像他自己一样思想，从历史人物的内心来看他们，把他们的想法再想一遍甚至几遍，避免用现在的标准衡量过去，不以一己之见裁量前人言行，而是做到"比他自己更好地理解他自己"。

历史理解不是脱离具体情景的纯粹知识问题，而是与具体历史境遇相关的意义问题。如何理解历史人物言行及相关事件背后隐藏的意义，这与史学家的历史观和历史方向感有关。"意义"并非历史自行给出、自动显现，而是参照现在与未来。历史不只是单纯的消失，而是构成了后人创造历史的起点。"人们自己创造自己的历史，但是他们并不使随心所欲地创造，并不是在他们自己选定的条件下创造，而是在直接碰到的、既定的、从过去继承下来的条件下创造。一切已死的先辈们的传统，像梦魇一样纠缠着活人的头脑。"② 即使在生活受到猛烈冲击与改变的地方，如在革命的时代，远比任何人所知道得多得多的古老东西在革命浪潮中被保存了下来，并且与新的东西一起构成新的价值。③ 所以，古与今之间的关系是双向的，对现实的曲解必定源于对历史的无知，而对现实一无

---

① ［德］马克斯·韦伯：《社会科学方法论》，杨富斌译，华夏出版社1999年版，第40—41页。

② 《马克思恩格斯选集》（第一卷），人民出版社1972年版，第603页。

③ ［德］加达默尔：《真理与方法》（上卷），洪汉鼎译，上海译文出版社1999年版，第361页。

所知的人，要了解历史也必定徒劳无功。① "只有借助于现在，我们才能理解过去；也只有借助于过去，我们才能充分理解现在。"② 而挖掘历史人物言行及相关事件背后隐藏的意义，就主要体现在我们对过去、现在和未来联系的洞察之中。历史人物所代表的过去之所以为今人所提起、今人感到亲切有味，就在于它与"现在"或未来有某种关联，就在于它在今人看来仍有价值。同样，历史人物之所以被今人注意，就在于他能与当前产生共鸣。所以，没有"现在"或未来这架天平，人们无法确知"过去"的轻重。例如，"五四"以后中国主流思想界对"儒学"是持一种基本歧视态度的，但是面对新世纪的道德危机和社会秩序的重建，人们再评说儒学时，就更冷静一些。

至于如何解释历史人物言行所具有的价值与意义？这其中的主观性很强。虽然根据同样的事实，不一定得出同样结论，但这也最显史学家的眼光与境界。这也就是王尔敏所说："历史著作愈是能代表一代之名著，愈是能表现史家个人学养与其敏锐眼光及伟大胸襟。"③ 解释是历史的生命必需的血液。④ 解释与作者的前提预设、知识结构、世界观、人生观、价值观等密切相关。⑤ 道德观念与以上因素皆密不可分。历史学研究的出发点是"人"，归宿还是"人"，这也就不能不与道德价值发生关联。英国著名史学家卡尔认

---

① ［法］马克·希洛赫：《历史学家的技艺》，张和声、程郁译，上海社会科学院出版社1992年版，第36页。

② ［英］爱德华·霍列特·卡尔：《历史是什么?》，吴柱存译，商务印书馆1981年版，第57页。

③ 王尔敏：《史学方法》，广西师范大学出版社2005年版，第183页。

④ ［英］爱德华·霍列特·卡尔：《历史是什么?》，吴柱存译，商务印书馆1981年版，第26页。

又，德罗伊森将解释（Die Interpretation）分为四类：实用性的解释（Pragmatische Interpretation）；条件的解释（Interpretation der Bedingungen）；心理学的解释Interpretetionder Psychology；理念的解释（Interpretation der Ideen）。这对理解历史解释中的道德问题颇有益处。（［德］德罗伊森：《历史知识理论》，耶尔恩·吕森、胡昌智编选，胡昌智译，北京大学出版社2006年版，第28—58页。）

⑤ 参见［波］耶日·托波尔斯基《历史学方法论》，张家哲、王寅、尤天然译，华夏出版社1990年版，第十六、十七、二十一、二十二章。

为：历史事实预先就包含了某些解释，并且解释总是涉及道德判断，或者价值判断。① 所以，历史学"并非是单纯叙述一连串的事迹而已，其中还不可避免地包含有历史学家个人所做的评价在内"②。既然史学家不能不面对无法避免价值判断的现实，那么勇于作必要的价值判断，认为"有一客观的普遍的道德价值观"，审慎地"别嫌疑，明是非，定犹豫，善善恶恶，贤贤贱不肖"③，未尝不能发挥历史的神圣使命。④

　　另外，一旦涉及历史的理解与解释，著史者的主观因素就必然发生不同程度的作用，但这并不意味着我们可以随意理解和解释，也并不意味着历史没有客观性可言。而是历史理解与解释并非不受历史客观与真实的约束与限制。我们不能因为不能避免主观因素的影响，就干脆放弃客观忠实的原则，而任意曲解历史。能不能写出客观的历史与该不该坚守客观的原则，是两个完全不同的问题。即使完全客观的历史不可能，历史学家仍有责任尽量地客观忠实，尽可能避免偏见作祟。⑤ 如在判断的时候，穷其时代因素，究其环境影响，"推其所以然之繇，辩其不尽然之实"⑥，则所下的判断，将臻于相对客观的水准。也就是说，道德价值判断并非内在地不相容于对相关人物或事件的客观说明与阐释。比如，虽然《史记》在叙事中"善善恶恶"，但仍被后人誉为"实录"。所以，历史的客观与真实要求对历史的理解和解释能经得起时间的考验与洗磨，也能经得起后出的更多证据的支持。

（三）对历史叙述的影响

　　在历史人物评价中，道德价值观对历史编纂和叙述的影响主要

---

　　① 〔英〕爱德华·霍列特卡尔：《历史是什么?》，陈恒译，商务印书馆2007年版，第175页。

　　② 〔英〕沃尔什：《历史哲学——导论·译序二》，何兆武、张文杰译，广西师范大学出版社2001年版，第23－24页。

　　③ （汉）司马迁：《史记·太史公自序》，中华书局1959年版，第3297页。

　　④ 参见杜维运《史学方法论》，北京大学出版社2006年版，第170—176页。

　　⑤ 孙同勋：《从历史被滥用谈治史应有的态度》，杜维运、黄俊杰编《史学方法论文选集》，华世出版社1977年版，第269—282页。

　　⑥ （清）王夫之：《读通鉴论·卷末·叙论二》，中华书局1975年版，第1110页。

表现为，一方面对语言本身的影响。史家或学者使用的言语文字尽管可能不带有感情色彩，但往往还是带有评述态度的痕迹，而褒贬感情色彩词汇或概念的运用则更鲜明地表现出作者的价值判断。另一方面是历史叙述的艺术性，即以鉴别确证的史实为基础，用科学性和艺术性的语言把历史人物身上所体现的真善美或假恶丑惟妙惟肖地叙述出来。这是历史人物评价叙述的目的，也就是吴缜所说的："事实、褒贬既得矣，必资文采以行之，夫然后成史。"①

语言是特定时代与特定环境的产物，它本身及其运用的方式带有时空性、历史性。历史学家无法用语言来精确地描绘他想要描述的历史实在，或者即使他认为自己做到了这一点，也无法原封不动地传递给读者。其实，"当历史学家没有意识到自己用来叙述历史的日常语言中，可能带着道德意味和蕴涵时，他无意中便做出了道德判断"②。所以，语言本身就不是完全纯客观的，并非一干二净而不带任何感情色彩，道德评价性语言更是如此。但这也并非说语言毫不客观地表现历史实在。语言的内容与历史实在密切联系在一起，也就是说，语言的内容并非是完全虚构的，而是有其不以语言内部结构所决定的客观内容。例如，不管用什么语言进行道德叙述，希特勒总和第二次世界大战密切联系在一起。斯蒂文森认为，语言在日常使用中有两种不同的用法：一种是描述用法（descriptive usage），即使用词句是为了记录、澄清或交流信息，其目的是让听者相信或接受语言所陈述的信息。另一种是能动用法（active usage），其目的在于发泄感情、激起情绪，或促使人们行动或采取某种态度。在斯蒂文森看来，道德语言的功能与它的意义密切相关，我们所用道德术语、概念构成道德判断，绝非仅用它们描述、记录或揭示想象及其相互联系，而是通过它们表达我们的态度和感情。所以，道德判断就是向人们推崇某种东西，要人们持赞成或不赞成

---

① （宋）吴缜：《新唐书纠谬·序》，中华书局1985年版，第3页。
② 陈新：《西方历史叙述学·历史叙述中的主观性与历史评价》，社会科学文献出版社2005年版，第195、204页。

的态度。① 耶日·托波尔斯基也有类似的论述，他认为，价值评述性陈述与描述性陈述相比，对事实的参照是双重的，或者说具有一种双重模型：第一重参照的是那些发生在价值性评述之外的事实；第二重参照的则是作者的价值体系。② 所以，道德价值性评价就成了历史叙述不可或缺的内容。

　　道德评价或隐或显地在历史叙述中的运用，需借助于历史叙述的艺术性。这在不同史学家那里有不同的表现，如太史公之《史记》，英国吉本《罗马帝国衰亡史》。历史学是科学还是艺术，对此曾引起广泛、深入、持久的争论。③ 史学即有科学的一面也有艺术的一面。科学的一面主要表现为史学的实证层面。艺术的一面主要表现在对历史的叙述方面，即把史学家主体所理解和构筑的历史用艺术化的语言表述出来。历史学家通过研究"重建过去"的历史，无法仅仅通过掌握材料来实现，这要求史学家具有丰富想象力和对细节的把握，以及生动的叙述。尽管历史学家不是艺术家，但是，"有意识的艺术写作手法应该成为他的装备之一"④。"如实直书"并不一定和语言的艺术性构成矛盾，否则没有语言的艺术性倒不一定能做到如实直书。例如描绘司马迁在受刑前后的感受，如果没有艺术化的语言，不知史学家该如何描绘；即使能描绘，但不知在多

---

　　① ［美］查尔斯·L. 斯蒂文森：《伦理学与语言》，姚新中、秦志华等译，中国社会科学出版社1991年版。《西方伦理学名著提要》，唐凯麟主编，江西人民出版社2000年版，第527、531页。

　　② ［波］耶日·托波尔斯基：《历史学方法论》，张家哲、王寅、尤天然译，华夏出版社1990年版，第632—633页。

　　③ 详参杜维运《史学方法论》之"第三章　历史科学与艺术"和"第四章　史学方法科学方法与艺术方法"，北京大学出版社2006年版。

　　又，同上书第339页，杜先生有结论曰："从第二次世界大战以后，历史科学主义已成过去，现在史学家所公认的，历史研究在技术上是科学的，在解释上是艺术的，在分析上是客观的，在理解（perception）上是主观的，在结构（structure）上是逻辑性的系统化的，在外观（outlook）上是直觉的想象。科学与艺术在历史研究上融合在一起，科学方法与艺术方法，变成朋友一样的方法（friendly methods），相容而并存，这应是史学所到达的伟大（greatness）境界，将近两百年历史是科学还是艺术之争，遂真正有了收获。"

　　④ ［美］巴巴拉·W. 塔奇曼：《实践历史》，孟庆亮译，新星出版社2007年版，第9页。

大程度上反映了司马迁"是以肠一日而九迴，居则忽忽若有所亡，出则不知其所往。每念斯耻，汗未尝不发背沾衣也"的心理境况。[1] 唐德刚阔别多年返乡有感云："离乡别井三十余年，一旦身返故里，晤儿时伙伴，触景生情，其中酸甜苦辣的情绪，实非亲历其境者所可想像于万一。"[2] 可见面对丰富多彩、辛酸苦辣的大千世界与人的心理感受，没有艺术化的语言是不可想象的。语言的生动与优美程度成为史著是否成功和流传的重要的条件。历史"不是些陈编，不是些故纸，不是僵石，不是枯骨，不是死的东西，不是印成呆板的东西"，而是"人类生活的行程，是人类生活的耿续，是人类生活的变迁，是人类生活的传演，是有生命的东西，是活的东西"[3]。所以，把鲜活的历史人物用科学性与艺术性的语言描述出来，并不违背历史的本质，否则哪有鲜活的历史。但这种艺术化的叙述并非杜撰，也并非是毫无根据的浮想翩翩，而是以历史事实为依据，同样受历史客观性和真实性的制约。

第二节　古典史学善恶褒贬传统

中国史学历来有注重人物褒贬的传统。古代史学家著书的一个基本目的，就是通过对历史人物的活动记载和评判，彰显"善"，鞭挞"恶"，以警示和教育人们。"孔子成《春秋》而乱臣贼子惧"，体现的就是这种警示作用。在中国传统史学中，古代史学家强调善恶褒贬，既有维护社会秩序的原因，也有强化道德理想、建立不朽理念的因素。就道德的社会他律性要求而言，除了维护社会秩序，更深层次则是为何要维护社会秩序。这与人们的道德理想密切相关，这种道德理想在中国先人那里表现为"大同"。就道德的

---

① （汉）司马迁：《报任安书》，（汉）班固《汉书·司马迁列传》，中华书局 1962 年版，第 2707—2740 页。

② 唐德刚：《史学与红学》，广西师范大学出版社 2006 年版，第 25—29、156 页。

③ 李守常：《史学要论》，商务印书馆 2000 年版，第 74 页。

自律性而言，道德标准与中国著史理念——不朽理念紧紧联系在一起。要想不朽于历史必须立德，立德构成不朽的必要条件。再者，善恶褒贬是中国史学的特有职能，这表现为：对权势人物具有震慑作用，具有追罚和补偿功能，维护正义与公正，并非成败论英雄，把中华民族塑造成一个善于记忆的民族，使得那些在现世中绝望的人们留存最后的希望。

一　《春秋》史观与善恶褒贬

中国传统史学人物评价的道德标准，间接渊源于中国古代先民生存、生活的地理环境、社会结构和文化形态；直接渊源于《春秋》笔法。《春秋》史观不论对中国传统史学还是传统文化，影响都极为深远。

《春秋》史观之生成

中国传统史学人物评价或褒贬的道德标准直接渊源于孔子整理的《春秋》。孔子作《春秋》，"笔则笔、削则削，子夏之徒不能赞一辞"①。《左传》称："《春秋》之称，微而显，志而晦，婉而成章，尽而不汙，惩恶而劝善，非圣人谁能修之。"② 孟子评《春秋》曰："世衰道微，邪说暴行有作，臣弑其君者有之，子弑其父者有之，孔子惧，作《春秋》""孔子成《春秋》，而乱臣贼子惧。"③ 司马迁亦曰："《春秋》之义行，则天下乱臣贼子惧焉。"④ 又曰：

> 余闻董生曰："周道衰废，孔子为鲁司寇，诸侯害之，大夫壅之。孔子知言之不用，道之不行也，是非二百四十二年之中，以为天下仪表，贬天子，退诸侯，讨大夫，以达王事而已

---

① （汉）司马迁：《史记·孔子世家》，中华书局1959年版，第1944页。
② 《十三经注疏·春秋左传正义·成公十四年》，（清）阮元校刻，中华书局1980年版，第1913页。
③ 《十三经注疏·孟子注疏·滕文公章句下》，（清）阮元校刻，中华书局1980年版，第2714、2715页。
④ （汉）司马迁：《史记·孔子世家》，中华书局1959年版，第1944页。

矣。"子曰："我欲载之空言，不如见之于行事之深切著明也。"
夫春秋，上明三王之道，下辨人事之纪，别嫌疑，明是非，定
犹豫，善善恶恶，贤贤贱不肖，存亡国，继绝世，补敝起废，
王道之大者也。①

对《春秋》之作用与意义，司马迁云：

> 拨乱世反之正，莫近于《春秋》。《春秋》文成数万，其指
> 数千。万物之聚散皆在《春秋》。春秋之中，弑君三十六，亡
> 国五十二，诸侯奔走不得保其社稷者不可胜数。查其所以，皆
> 失其本已。故《易》曰："失之毫厘，差以千里。"故曰："臣
> 弑君，子弑父，非一旦一夕之故也，其渐久矣。"故有国者不
> 可以不知《春秋》，前有谗而弗见，后有贼而不知。为人臣者
> 不可以不知《春秋》，守经事而不知其宜，遭变事而不知其权。
> 为人君父而不通于《春秋》之义者，必蒙首恶之名。为人臣子
> 而不通于《春秋》之义者，必陷篡弑之诛，死罪之名。其实皆
> 以为善，为之不知其义，被之空言而不敢辞。夫不通礼义之旨，
> 至于君不君，臣不臣，父不父，子不子。夫君不君则犯，臣不
> 臣则诛，父不父则无道，子不子则不孝。此四行者，天下之大
> 过也。以天下之大过予之，则受而弗敢辞。故《春秋》者，礼
> 义之大宗也。夫礼禁未然之前，法施已然之后；法之所为用者
> 易见，而礼之所为禁者难知。②

刘勰《文心雕龙·史传》评《春秋》曰："举得失以表黜陟，
徵存亡以标劝戒；褒见一字，贵逾轩冕；贬在片言，诛深斧钺。"③

---

① （汉）司马迁：《史记·太史公自序》，中华书局 1959 年版，第 3297—3298 页。
② 同上书，第 3297—3298 页。
③ 周振甫：《文心雕龙今译·史传》，中华书局 1986 年版，第 142 页。

刘知幾谓："名刊史册，自古攸难，事列春秋，哲人所重。"① 孔颖达评《春秋》说："一字所嘉，有同华衮之赠，一言所黜，无疑萧斧之诛，所谓不怒而人威，不赏而人劝。"② 柳宗元称："自左丘明传孔氏，太史公述历古今，合而为史，迄于今交错相糺，莫能离其说。"③ 戴名世曰："夫史者，所以纪政治典章因革损益之故，与夫事之成败得失，人之邪正，用以彰善瘅恶，而为法戒于万世。"④ 章学诚曰："史之大原，本乎《春秋》，《春秋》之义，昭乎笔削；笔削之义不仅事具始末，文成规矩已也。以夫子义则窃取之旨观之，固将纲纪天人，推明大道。"⑤ 钱穆曰："乱臣贼子则只是时代性的，而中国历史则屹然到今。时代的杂乱，一经历史严肃之裁判，试问又哪得不惧？孔子以前的乱臣贼子早已死了，哪会有惧？但《春秋》已成，孔子以下历史上的乱臣贼子，则自将由孔子之作《春秋》而知惧。""所谓历史批判，一部分是自然的，如此则得，如此则失，如此则是，如此则非，谁也逃不出历史大自然之批判。而另一部分则是道义的，由自然中产生道义。自然势力在外，道义觉醒则在内。孔子《春秋》则建立出此一大道义，明白教人如此则得，如此则失，如此则是，如此则非。"⑥ 对《春秋》笔法，熊十力认为："《春秋》褒贬善恶与别嫌疑、明是非等义，即在乎此。后来史学家皆宗之。"⑦

正是由于《春秋》史观及其所体现的中国史学所特有的双重职

---

① （唐）刘知幾：《史通通释·人物》（全二册），（清）浦起龙释，上海古籍出版社 1978 年版，第 240 页。

② 《十三经注疏·春秋左传正义》，（清）阮元校刻，中华书局 1980 年版，第1697—1698 页。

③ （唐）柳宗元：《柳河东全集》（卷二十一），中国书店 1991 年版，第 249 页。

④ （清）戴名世：《南山集·史论》，沈云龙主编《近代中国史料丛刊三编第三十九辑》，文海出版社有限公司 1988 年版，第 97—105 页。

⑤ （清）章学诚：《文史通义·卷五答客问上》，叶瑛校注，中华书局 1985 年版，第 470 页。

⑥ 钱穆：《中国史学名著》，生活·读书·新知三联书店 2005 年版，第 21 页。

⑦ 熊十力：《熊十力别集·论六经·中国历史讲话》，中国人民大学出版社 2006 年版，第 234—235 页。

能，才形成了捍卫正义与公正的历史话语权。梁启超则曰："其有良史，则善恶毕书，于是褒贬成为史家特权。"① 对这种历史话语权，柳诒徵则以"史权"称之。

> 吾国史学家，艳称南、董。秉笔直书，史之权威莫尚焉。
>
> 则古史之职，以书谏王，其源甚古，不必始于周代。其原则实在天子不得为非一语。使一人肆于民上，以从其淫，其祸至烈。而吾祖圣哲深虑预防之思想，乃以典礼史书，限制君权；其有失常，必补察之，勿使过度。虽其事不似他族之以宪法规定，而历代相传，以为故事，则自甚恶如桀、纣、厉、幽失其约束之效力者外，凡中材之主，皆可赖此制以维持不敝。夫自天子失度，史可据法以相绳，则冢宰以降，孰敢纵恣。史权之高于一切，关键在此。②

由此可见，在历史中，历史话语权对现世统治权的制约作用。史学家所具有的这种历史话语权并非是一劳永逸的，而是在竞争中取得的。历史著述是一个开放、竞争的领域。在这个领域中，史学家可陈述自己的观点和主张，同时也承担别人的挑战与驳难。但只有少数人既能陈述自己的观点和主张，又能应对别人的挑战与驳难，而获得这一领域的话语权。但这也并非一劳永逸的，而是也被后人不断挑战的。这如唐德刚所言：历史是一面筛子，"优良的作品，一定要经得起历史的考验！古往今来的佳作、巨著，无一而非是历史的筛子筛出来的"③。所以只有陈述较好的人才享有历史话语权。王尔敏亦言："史学家立场正大严肃，由上古史官职守传承而来，源远流长。中国治史学者，终以负有重大使命，为国家民族前途尽其天职，故历来所谓为'史'者，其条件要求极严。"④ 所以在

---

① 梁启超：《中国历史研究法》，华东师范大学出版社 1995 年版，第 41 页。
② 柳诒徵：《国史要义》，中国人民大学出版社 2007 年版，第 25、36 页。
③ 唐德刚：《史学与红学》，广西师范大学出版社 2006 年版，第 193 页。
④ 王尔敏：《史学方法》，广西师范大学出版社 2005 年版，第 100—101 页。

历史长河中，史学家能把皇帝或达官贵人是非善恶，搞得清楚，搞得明白。因而，皇帝和达官贵人惧怕史官或史学家。例如《晋书·孙盛传》曰：

> 盛笃学不倦，自少之老，手不释卷。著《魏氏春秋》、《晋阳秋》，并造诗赋论难复数十篇。晋阳秋词直而理正，咸称良史焉。桓温见之，怒谓盛子曰："枋头诚为失利，何至乃如尊君所说！若此史遂行，自是关君门户事。"①

《新唐书·朱敬则传》则曰："世人不知史官权重宰相，宰相但能制生人，史官兼制生死，古之圣君贤臣所以畏惧者也。"② 综上所述，可看出道德褒贬在中国传统历史著述中所起作用之巨。

所谓《春秋》史观，一曰记录史实，讲求信而有征；二曰倡言人伦价值，褒贬善恶，意在"彰显"人物不朽于青史之中。这种历史观发轫于孔夫子的《春秋》，光大于司马迁的《史记》。《左传》中的"君子曰"，《史记》中的"太史公曰"③，以及其他史著中的"论""赞""评"等，都集中反映了《春秋》笔法之善恶褒贬。"夫史之论赞而岂苟哉！终身履历，百代劝惩系焉。"④"举得失以表黜陟，征存亡以标劝戒，褒见一字，贵逾轩冕，贬在片言，诛深斧钺。"⑤"孔子乃中国传统史观之祖也"，"《春秋》一书，非仅编年之滥觞，亦史观之源泉也。"⑥ 如果说孔子《春秋》善善恶恶奠定了中国传统史学历史人物评价的理论基础，《左传》提出"三不朽"

---

① 《晋书·孙盛传》（卷九十八），中华书局1974年版，第2148页。
② 《新唐书·列传第四十·朱敬则传》（全二十册），中华书局1975年版，第4218—4222页。
③ 关于《史记》论赞，可详参张大可辑释《史记论赞辑释》，陕西人民出版社1986年版。
④ （明）胡应麟：《少室山房笔丛·史书占毕》，中华书局1958年版，第173页。
⑤ （梁）刘勰：《文心雕龙·史传》，周振甫《文心雕龙今译》，中华书局1986年版，第142页。
⑥ ［美］汪荣祖：《史传通说》，中华书局1989年版，第38页。

标准，那么司马迁《史记》则丰富和完善了这一基础。① 《史记》以大量的人物及其行事入史，为社会各个阶层人物立传，开创了类传体例，这对后世有很大影响。从而在史学家笔下，历史人物入史有了一定的标准，并不是任何一个曾经在历史上存在过的人都可以入史，也并非只有现世中的权势人物才能在历史上享有盛名。"富贵而功德不著者，未必声名于后；贫贱而道德全者，未必不煊赫于无穷。"② 史书的列传分类则是史学家道德观念的具体体现，比如："文苑传""独行传"（卓行传、一行传）、"逸民传""列女传"等。至于历史人物的入传标准，太史公强调了"明主贤君，忠臣死义之士"③。班固把上古至秦末的近两千个人物，列为从上上到下下共三等九级。他分等级的标准是："可与为善，不可与为恶，是为上智""可与为善，可与为恶，是为中人""可与为恶，不可与为善，是为下愚"④。范晔《后汉书》类传"突出地反映了著者在评价历史人物上重操守、重才行的价值标准"。⑤ 荀悦提出了达道义、

---

① 参见陈其泰《史学与中国文化传统》（增订本），学苑出版社 1999 年版。
② （清）董诰编：《全唐文·答皇甫湜书》（卷六三五），中华书局 1983 年版，第6410—6411 页。
③ （汉）司马迁：《史记·太史公自序》，中华书局 1959 年版，第 3297—3298 页。
④ （汉）班固：《汉书·古今人表》，中华书局 1962 年版，第 861 页。
⑤ 参见白寿彝主编，瞿林东著《中国史学史》（第三卷），上海人民出版社 2006 年版，第 47—89 页。
又，《后汉书》类传对后世历代正史类传有深远影响，如：
——在其之后设立"宦者传"（阉官、宦官传）的有《魏书》《旧唐书》《新唐书》《新五代史》《宋史》《辽史》《金史》《元史》《明史》，凡九家。
——在其之后设立"文苑传"（文学、文艺传）的有《晋书》《南齐书》《梁书》《陈书》《魏书》《北齐书》《南史》《北史》《隋书》《旧唐书》《新唐书》《宋史》《辽史》《金史》《明史》，凡十五家。
——在其之后设立"独行传"（卓行传、一行传）的有《新唐书》《新五代史》《宋史》《辽史》，凡四家。
——在其之后设立"方术传"（方伎传、艺术传）的有《晋书》《魏书》《北齐书》《周书》《北史》《隋书》《旧唐书》《新唐书》《宋史》《辽史》《金史》《元史》《明史》，凡十三家。
——在其之后设立"逸民传"（隐逸传、高逸传、处士传、逸士传）的有《晋书》《宋书》《南齐书》《梁书》《隋书》《旧唐书》《新唐书》《宋史》《金史》《元史》《明史》，凡十一家。（参见同前书，第 70 页）

彰法式、通古今、著功勋、表贤能五种选择的标准。① 刘知幾则在荀悦五种标准的基础上增加了叙沿革、明罪恶、旌怪异三种标准。② 李翱则曰："故欲笔削国史，成不刊之书。用仲尼褒贬之心，取天下公是公非以为本。群党之所谓为是者，仆未必以为是，群党之所谓为非者，仆未必以为非。"③ 司马光更明确提出："关国家盛衰，系生民休戚，善可为法，恶可为戒"的选择标准。④ 朱熹评价人物，坚持以义理标准作为评价历史人物的首要标准。这又细分为：其一，从正统论出发去评判历史人物。其二，以公、私为标准来评判历史人物。公是天理，私是人欲。其三，以气节来评判历史人物。其四，以伦理观念来评价历史人物。但是，朱熹并未排斥事功标准，只是在强调义理标准的前提下，注重事功标准。⑤ 赵翼评价历史人物，据时代特征，既有道德标准，又有事功标准；并重视下层人物的功绩，表彰其气节。⑥

---

① （汉）荀悦：《汉纪·高祖皇帝纪》，张烈校点《两汉纪》（上），中华书局 2002 年版，第 1 页。

② （唐）刘知幾：《史通通释·书事》（全二册），（清）浦起龙释，上海古籍出版社 1978 年版，第 229 页。

③ （清）董诰编：《全唐文·答皇甫湜书》（卷六三五），中华书局 1983 年版，第 6410—6411 页。

④ （汉）司马光：《资治通鉴·进书表》，中华书局 1956 年版，第 9607—9608 页。
又，同上书，第 9609 页《奖谕诏书》云："史学之废久矣，纪次无法，论议不明，岂足以示惩劝，明久远哉！卿博学多闻，贯穿古今……褒贬去取，有所据依。"

⑤ 参见汤勤福《朱熹的史学思想·崇义理而讲功业的人物评价法》，齐鲁书社 2000 年版，第 233—245 页。

⑥ 白兴华：《赵翼史学新探·历史人物评价》，中华书局 2005 年版，第 81—94 页。
又，有的学者认为李贽评价历史人物持"事功"标准。向燕南认为："对于历史伦理的思考，是从肯定曾被视为万恶之源的'私欲'，即人的正当感性欲望起步的，从肯定人的私欲的合理性，到认同人类趋利避害的普遍自然本性，再到不计目的的善恶、手段的王霸，惟以事功结果为尺度衡量历史人物、事件的价值，这正是李贽的基本逻辑思路，它体现了李贽历史思想里蕴涵的准近代的思想因素。"（详参白寿彝主编，向燕南、张越、罗炳良著《中国史学史·明清时期（1840 年前）·中国古代史学的嬗变·第三章　明代四人撰史的成就·李贽的历史批判与史学批判》（第五卷），上海人民出版社 2006 年版，第 113—134 页）

二　近世史学中的善恶褒贬

在近代与现代中国史学研究中，传统史学的善恶褒贬依然具有较大影响。钱穆有谓："人分贤奸，斯事有褒贬。褒贬乃成中国史学之要纲。未有不分贤奸，不加褒贬之史学。"① 在钱穆所说的"圣贤""豪杰"中，道德是一最基本的因素，无德无从谈豪杰，更无从谈圣贤矣。② 陈寅恪则曰："欧阳永叔少学韩昌黎之文，晚撰《五代史记》，作'义儿''冯道'诸传，贬斥势力，尊崇气节，遂一匡五代之浇漓，返之淳正。故天水一朝之文化，竟为我民族遗留之瑰宝。孰谓空文于治道学术无裨益耶？"③ 杜维运提出新的传记人物的标准，他认为以下历史人物应列入传记：改变历史的人物；有至德及有风节的人物；有罪恶的人物；有贡献于学术文化的人物；建功勋有才能的人物。杜氏认为："唯觉历史珍贵尊严，留名历史的人物，须是能改变历史者，有至德者，有风节者，有学术者，有功勋者，有才能者。留罪恶人物，所以为万古作惩戒。如此历史才有可能是人类文明的记录，而促使以后的历史走向文明。"④ 汪荣祖提出国史三精神，亦可谓评价之标准："国史之精神，可约之为三：一曰显忠臣，二曰诛逆子，三曰树风声。"⑤ 由此可见善恶褒贬在当代依然闪烁着灿烂的光辉。

人生决不能限于衣、食、住、行之类有形的、客观的物质生活，思想、信仰、情感种种主观的精神上的向往，同样是人生的一部分。我们没有理由把历史上真实存在过的人的主观向往排除于史学的范围之外。⑥ 同理，历史人物评价中的道德标准虽是一种"主观"，但是进入历史中的"主观"也已成了"客观存在"。对于客

---

① 钱穆：《现代中国学术论衡》，生活·读书·新知三联书店 2005 年版，第 108—109 页。

② 参见钱穆《国史新论》，生活·读书·新知三联书店 2005 年版，第 276—278 页。

③ 陈寅恪：《寒柳堂集·赠蒋秉南序》，生活·读书·新知三联书店 2001 年版，第 182 页。

④ 参见杜维运《变动世界中的史学》，北京大学出版社 2006 年版，第 89—96 页。

⑤ ［美］汪荣祖：《史传通说》，中华书局 1989 年版，第 17 页。

⑥ 余英时：《历史与思想·自序》，台北联经出版事业公司 1976 年版，第 13 页。

观存在的道德标准，及其价值与意义，不是以史学主客观之论能简单加以否定的。

于此，附带谈一个问题，即传统史学道德标准的生成与传承，与作为知识人的史学家有密切关系。① 史学家可谓道德标准的主观凭借。根据余英时的考证，在春秋战国时代，中国传统知识人的最主要、最基本特征已经形成。孔子被认为是中国史上最先出现的第一位知识人。② 并且中国历史上的"士"与现代意义上的"知识人"，有着相似的社会角色特征，都是既拥有专业知识，又承担社会良心。他们既是某门专业知识的掌握者，又是一般社会良心的承

---

① "知识人"是沿用余英时的提法，他认为："近十二年后的今天，我反而觉得'知识人'比'知识分子'更为适切。大约是一两年前，我曾读到一篇谈'分子'的文章，可惜已忘了作者和出处。据作者的精到分析，把'人'变成'分子'会有意想不到的灾难性后果。所以我近年来极力避免'知识分子'，而一律改用'知识人'。我想尽量恢复'intellectual'的'人'的尊严，对于中国古代的'士'更应如此。"按照余的说法，专业学者如果没有社会良心的承担，就不能算作现代意义上的，那种能够积极积极干预现代社会进程的知识人。（余英时：《士与中国文化》，新版序，上海人民出版社2003年版，第2页）

② 余英时：《士与中国文化》，上海人民出版社2003年版，第95—96、106页。

又，同上书第95—96页指出中国传统知识人的典型特征：第一，在理论上，知识人的主要构成条件已不在其属于某一特殊的社会阶级，如"封建"秩序下的"士"，而在其所代表的具有普遍性的"道"。第二，中国的"道"源于古代的礼乐传统；这基本上是一个安排人间秩序的文化传统。其中虽然也含有宗教的意义，但它与其他古代民族的宗教性的"道统"截然不同。因此中国古代知识人一开始就管的是恺撒的事；后世所谓"以天下为己任""天下兴亡，匹夫有责"等观念都是从这里滥觞而来。第三，知识人不但代表"道"，而且相信"道"比"势"更尊。所以根据"道"的标准来批评政治和社会便成为中国知识人的分内之事。由稷下"不治而议论"的事观之，知识人这种"言责"早在公元前4世纪即已为官方所承认。第四，由于"道"缺乏具体的形式，知识人只能通过自爱、自重才能尊显他们所代表的"道"，此外别无可靠的保证。中国知识人自始即注重个人的内心修养，这是主要的原因之一。他们不但在出处辞受之际丝毫马虎不得，即使向当政者建言也必须掌握一定的分寸。这是中国知识人的典型特征，但不能说中国历史上的知识人都合乎这种典型。

又，关于士人的形成及其特征可参阅余英时《中国知识人之史的考察》，广西师范大学出版社2004年版；李学勤主编，王美凤，周苏平，田旭东著：《春秋史与春秋文明·春秋时期》，上海科学技术文献出版社2007年版，第222—231页；李学勤主编，沈长云、杨善群著：《战国史与战国文明·士人的崛起与百家争鸣》，上海科学技术文献出版社2007年版，第161—172页；吕文郁：《春秋战国文化史·士阶层的崛起》，东方出版中心2007年版，第70—86页。

担者。① 千百年来，作为士人，历代史学家正是在入世精神的感召下，撰史言志，以史"经世"，从而把自身的命运与民族的命运紧紧联系在一起。他们不仅身在历史之中，同时也是新的历史的创造者，是新的历史创造的主动力量之一。传统中国史学拥有传统中国最有水准的学术成果，传统中国最好的学术大师多与史学研究有关。史学这种兼容并包的性质导致这样一种现象：传统中国学术的极致处与价值极致处重叠在一起，与此相适应，国学大师的文章与道德并称于世。他们不仅做出顶级的学问，而且坚守我们民族价值体系中那些最原则的东西，故而既是睿智之士，又是耿介之士乃至激愤之士。士人以"道"自任，积极入世；他们身上所具有的刚性精神，是道德标准得以贯彻的重要原因之一。"历史对人类发生重大影响，史学家的观念，扮演极重要的角色""史学家的观念，能引导人类走向自由、和平与幸福，也能引导人类趋于集权、残酷与灾难。所以史学家的观念，是历史能否发生良好影响的重要关键""史学家的观念，如果充满美、充满善，那么史学上将无往不是美与善的所在。"② 对史学家之责任，刘知幾有谓："夫人之生也，有

———————

① 参见余英时《士与中国文化》，上海人民出版社 2003 年版。

又，余氏尚谓："在现代社会中，一个知识分子必须靠他的知识技能而生活，因此他同时必须是一个知识从业员（mental technician）。相反地，一个知识从业员（无论他是教授、编辑、律师或其他知识专业）却不必然是一个知识分子，如果他的兴趣始终不出乎职业范围以外的话。Richard Hofstadter 曾指出，一个知识分子必须具有超越一己之利害得失的精神；他在自己所学所思的专门基础上发展出一种对国家、社会、文化的时代关切感。这是一种近乎宗教信持的精神。用中国的标准来说，具备了类似'以天下为己任'的精神才是知识分子；'学成文武艺，货与帝王家'则只是知识从业人员。但我们不能说，知识分子在价值上必然高于知识从业员。事实上，扮演知识分子的角色的人如果不能坚持自己的信守，往往会在社会上产生负面的作用；知识从业员倒反而较少机会发生这样的流弊。"（余英时：《历史与思想·自序》，台北联经出版事业公司 1976 年版，第 3 页）

② 杜维运：《史学方法论》，北京大学出版社 2006 年版，第 269 页。

又，在同书第 270、272 页杜维运还认为，"史学家的观念，充满美与善，不是旦夕之间可以形成的，有赖于史学家优美的气质，恢弘的胸襟，以及崇高博大的思想逐渐地涵育与培养。""就史学家崇高博大的思想而言，史学家的思想，如何才能算崇高博大，自然很难具体地讲。大致说起来，史学家的思想，能超乎现实，而为人类理想出一幅美丽的远景出来；能超乎时间空间，而以古今中外大哲学家大宗教家的思想，作为其思想的蓝本，即可谓之崇高而博大。例如博爱的思想，和平的思想，自由的思想，伦理的思想，都是史学家应当具有的崇高而博大的思想。史学家在施行价值判断（value judgements）时，应当以这类的思想作为判断的标准；史学家在形成其主要的历史观念时，以这类思想作基础，其所形成的历史观念，一定能充满美，充满善"。

贤不肖焉。若乃其恶可以诫世，其善可以示后，而死之日无得而闻焉，是谁之过欤？盖史官之责也。"[1] "中国史学家有良好传统，有理想，有是非判断，有严格法义，皆由古史官代代累积流传而来，在诸学之中亦最有优越表现，并为民族立表率。"[2] "究天人之际，通古今之变，成一家之言"，乃司马迁著《史记》的伟大理想；"上穷王道，下揽人伦"，是刘知幾著《史通》的指导原则；"变风气、正人心"，为章学诚著《文史通义》的高尚动机。

季羡林对陈寅恪的评价亦体现史学家传统之风骨。

中国优秀的知识分子有两个特点：一个是根深蒂固的爱国心，这是由历史环境所造成的，并不是说中国知识分子有爱国的基因。一个是硬骨头精神。中国历史上出了许多铮铮铁骨的知识分子，千载传颂。孟子说："富贵不能淫，贫贱不能移，威武不能屈，此之谓大丈夫。"我过去对所谓"硬骨头"就只能理解到这个水平，现在看来，是远远不够了。寅恪的"独立之精神，自由之思想"，是现代的、科学的说法，拿来用到我

---

[1] （唐）刘知幾：《史通通释·人物》（全二册），（清）浦起龙释，上海古籍出版社1978年版，第237页。

[2] 王尔敏：《史学方法》，广西师范大学出版社2005年版，第116—117页。

又，同上书，第100、117页云："近世所谓'史学家'一词，为形容研治史学者之通称，其义甚为宽泛，并无特别重大意义。推及前代，凡为史官及私家撰史之流，亦必并称为'史学家'。虽然同一称词，其实质多有差池，与其一一区别，不如一律平等看待之为愈。故今世'史学家'一词之通行，正在其足以概括全部治史人士。其所以称谓近代新生之名词，亦由于往古之所谓'史'者，含义复杂，而条件甚苛。当代用之，往往混淆。今世之所命为'史学家'或'史学家'者，可谓毫无拘束，自由自在。然命义既有如此之宽博，所谓'史学家'者流，实又不免滥竽充斥，良莠难分。""史学家为一般通称，日常习用，自无须有所争议。然严肃思考，凡为史学家者，一切才学、职责、修养、品诣莫不有极高标准，并前代贤哲留下高尚风范，令人敬仰。后进之所谓史学家者，固不必自嗟凡庸，然必当努力以求合于起码之标准。客观之才、学、识、德四长，每每足以提示史学家用心之目标，在人文科学各学科中，唯有史学家特严于个人修养，自为特色，亦为史学一门之所以严正而卓越之处。且史学乃因史学家识见之凝聚而产生，若不求于才学识德之修养造诣，则史学创制将不知从何而生。没有高明史学家，哪有精神史学。史学家前规，既有明之最高标准，复有历代之伟大典型，后世学者，追从自易，必当能踵事增华，而产生更博大精深之创说。否则跻身史林，徒为守库之粗役，以饱养肥硕之腹而已。"

所说的"硬骨头"上，恰如其分。①

历史人物评价的道德观念或标准之所以在中国传统社会长盛不衰、绵延不绝，与史学家的这种富贵不淫、贫贱不移、威武不屈，天下为怀的士人魅力分不开的。这些"硬骨头"的史学家乃为道德标准之主观凭借。

三　西方史学中的道德观

西方史学也有评价历史人物的道德观念。在西方史学中，希罗多德（Herodotus，约公元前484—前425年）即已重视道德训诲。"希罗多德著书，意在训世，那就是用历史事实来进行道德教育。他认为国家的兴衰和人事的成败都是有轨迹可寻的，天网恢恢，疏而不漏，因果报应是丝毫不爽的。象克洛苏斯、大流士、薛西斯那样骄横不可一世的专制帝王，都如过眼云烟，最后兵败身死，为天下笑。而那些在历史上多少做过一些好事的人，则遗爱在民，永为

① 季羡林：《对陈寅恪的一点新认识》，《神州学人》2002年第6期；《辽宁大学学报》（哲学社会科学版）2003年第1期。

又，在同文中季有云：将近一年前，我在广州中山大学召开的纪念陈寅恪的学术讨论会上做了一次发言，题目是"一个真正的中国人，一个真正的中国知识分子"，前一句是歌颂寅恪的爱国主义，后一句是赞美他的硬骨头精神，颇获得与会者的赞同。在发言中，我讲到，新中国成立以后，绝大部分的，即使不是百分之百的知识分子，包括许多留学国外多年的高级知识分子在内，都是自觉自愿地进行所谓"思想改造"，认真严肃地参加造神运动。我的两位极可尊敬的老师，都是大名鼎鼎的学术大师也参加到这个庞大的造神队伍中来。他们绝不会有任何私心杂念，完全是一片赤诚。要说一点原因都没有，那也是不对的。他们在旧社会呆过，在国外呆过，在半殖民地的社会中受到外人的歧视，心中充满了郁懑之气，一旦中国人民站起来了，哪能不感激涕零呢？我在政治方面是后知后觉，我也着了迷似的参加造神活动，甚至失掉了最起码的常识。人家说，一亩地能产五十万斤粮食，我也深信不疑，"人有多大胆，地有多大产"嘛！我膜拜在自己造的神脚下，甚至幻想以自己的性命来表达忠诚。结果被神打倒在地，差一点丢掉了小命。然而，在南方的陈寅恪却依然爱国不辍，头脑清醒，依旧坚持"独立之精神，自由之思想"。我和我那两位老师是真诚的。其他广大的知识分子也是真诚的。可是这两个"真诚"之间不有天地悬殊的差异吗？何者为优？何者为劣？由聪明的读者自己去判断吧！我自己是感到羞愧的。中国历史上，大知识分子着了迷，干可笑的事情的先例，我现在还想不起来。

后世所景仰。"① 修昔底德著史亦爱憎分明、有所褒贬。② 李维
（Livy，公元前59年—公元17年）乃罗马最伟大的史学家之一，其
所著《罗马史》充满着爱国思想，意存劝诫而且褒贬分明。③ 塔西
佗之善恶褒贬更是广为人知，乃至其著作被后人称作"惩罚暴君的
鞭子"。在他的笔下，许多被奉为"神明"的君主都原形毕露，表
明他们实际上只不过是些阴险狡诈、不择手段的野心家，甚至就是
"戴着王冠的恶棍"。所以，后来俄国大诗人普希金曾说，塔西佗的
著作是"惩罚暴君们的鞭子"④ "虽然他打在古罗马皇帝的身上，却
痛在一切专制暴君的心上"⑤。塔西佗用道德标准加以鞭挞，从而被
后人冠以"道德史学家"的评语。⑥ 普鲁塔克（Plutarch，约公元
46—120年）师承柏拉图、亚里士多德和斯多噶派的哲学，而特别
注重道德实践。实际上，他所写的传记，都是通过具体历史人物的
生平事迹，来宣扬他自己的伦理思想，以求达到教育的目的。⑦ 波
里比阿⑧被称为"历史学家中的历史学家"，他以为，历史是一门以
事实为训的哲学，它不仅使人们从中获取广博的知识为满足，而且
应当成为指导人们行动的指南。这种传统更是被后来的罗马史学家

　　① 郭圣铭编著：《西方史学史概要》，上海人民出版社1983年版，第20—21页。
　　② 郭圣铭编著：《西方史学史概要》，上海人民出版社1983年版，第29页；刘小枫、陈少明主编：《修昔底德的春秋笔法》，华夏出版社2007年版；张广智：《西方史学史》，复旦大学出版社2000年版，第62—63页。
　　③ 郭圣铭编著：《西方史学史概要》，上海人民出版社1983年版，第44页；张广智：《西方史学史》，复旦大学出版社2000年版，第49—50、62—63页；王晴佳：《西方的历史观念——从古希腊到现代》，华东师范大学出版社2002年版，第32—33页。
　　④ 郭圣铭编著：《西方史学史概要》，上海人民出版社1983年版，第48—49页；张广智：《西方史学史》，复旦大学出版社，2000年版，第62—63页。
　　⑤ 张广智：《西方史学史》，复旦大学出版社2000年版，第52页。
　　⑥ 王晴佳：《西方的历史观念——从古希腊到现代》，华东师范大学出版社2002年版，第33页。
　　⑦ 郭圣铭编著：《西方史学史概要》，上海人民出版社1983年版，第57页；王晴佳：《西方的历史观念——从古希腊到现代》，华东师范大学出版社2002年版，第44页。
　　⑧ 关于波里比阿的生卒年有不同的说法：郭圣铭注曰"约公元前204—前122年"（郭圣铭编著：《西方史学史概要》，上海人民出版社1983年版，第50页）；张广智注曰"约公元前201—前120年"（张广智：《西方史学史》，复旦大学出版社2000年版，第54页）；郭小凌注曰"公元前200—前118年"。（郭小凌：《西方史学史》，北京师范大学出版社1995年版，第72页）

继承与发扬，罗马史学始祖老加图就深信历史的目的在于劝善惩恶。这在撒路斯提乌斯那里更是如此。①

对近代西方史学之善恶褒贬，卡尔总结道：

> 历史学家有责任对他的剧中人物作出道德上的判断，这种信念由来已久。但这种信念没有比十九世纪时的英国更为强烈的了。那时候，这种信念由于大讲道德的时尚，以及未遭阻止的个人主义的崇拜而加强了。罗斯伯利说过，英国人所要知道关于拿破仑的事便是，他是不是"一个好人"。阿克顿在他写给克列顿的信里宣称："道德信条的不可移易就是历史之所以有权威，有庄严，有功利之奥秘所在。"他要求把历史当作"争论的仲裁人，彷徨者的向导，尘世的力量以及宗教本身的力量经常想要压抑的那种道德标准的维护者。"……汤因比教授把墨索里尼 1935 年对阿比尼西亚所进行的侵略描写成"蓄意的个人罪过"；伯林爵士……情绪激昂地坚持历史学家的职责是"从他们的大屠杀来判断查理曼、拿破仑、成吉思汗、希特勒或者斯大林"②。

英国思想家以塞亚·柏林也认为，历史研究不应该排除道德判断以推脱个人应负的责任。③

---

① 张广智：《西方史学史》，复旦大学出版社 2000 年版，第 62—63 页；郭圣铭编著：《西方史学史概要》，上海人民出版社 1983 年版，第 54 页。

② 详参［英］爱德华·霍列特·卡尔《历史是什么》，吴柱存译，商务印书馆 1981 年版，第 80—81 页。

又，虽然卡尔对西方史学中的道德评判问题有所总结，但是卡尔本人并不赞同对历史人物个人进行道德评判，而是对过去的事件、制度或政策进行道德上的判断。他说："让我们放弃历史学家作为有权判决绞刑的法官的这种想法。让我们来看看这个更为困难但是比较有用的问题。这就是，不对个人而是对过去的事件、制度或政策进行道德上的判断。"（同前书，第 80—81 页）

又，汪荣祖亦有"剑桥名师（指：Lord Acton，1834—1902——引者注）善善恶恶之史观"之论。详参［美］汪荣祖《史传通说》，中华书局 1989 年版，第 23—24 页。

③ 参见［英］以塞亚·柏林《历史的不可避免性》，胡传胜译，刘北成、陈新编《史学理论读本》，北京大学出版社 2006 年版，第 15—31 页。

在全球化和倡导全球史观的现代，巴勒克拉夫对善恶褒贬的价值与意义强调曰：

> 欧洲对犹太人的灭绝行为，纳粹在东欧的兽行，使成千上万的男女老幼流离失所，被迫作大规模的新的民族大迁徙，最后还有广岛和长崎的原子弹大屠杀。所有这一切都使稍有良知的人不能再以往的自满心理去看待历史进程了。……当有人对我们说："我们历史学家使用的范畴是中性的"，我们的任务仅仅是"叙述"。"对此，我们作出的回答只能是：赞同这些说法便意味着背叛我们的基本道德观念，而且错误地表达了我们对过去的认识。"对于导致这种方向的历史观念，人们再也无法接受了，对历史思想的基础及其基本观点重新加以考虑的时刻已经来到了。①

总之，尽管在中西方史学史上"道德判断"都是一个争论不休的问题，但是西方史学中的道德评判远不如在中国史学表现得那么突出，那么强烈，其所具有的职能与中国传统史学也有明显的不同。这主要体现为善恶褒贬的中国史学承载着中国文化根本的东西，而西方史学则没有这一功能。

四　传统道德标准的深层内涵

中国传统史学可谓是中国"道统"的载体。对中国道统而言，一方面是社会个人安身立命的问题，另一方面是由个人修身推及社会秩序的问题。也就是说，按照这种道统社会个体以道德自觉修身养性，并由己而外推，一步步将这种道统如仁、义、礼、智、信等道德原则扩大到家族、群体、国家、天下。这样不仅使个人获得生命的永恒和不朽，而且也将实现圣人所期望的礼治社会，即大同社

---

① ［英］杰弗里·巴勒克拉夫：《当代史学主要趋势》，杨豫译，北京大学出版社2006年版，第2页。

会。在中国传统史学中，古代史学家强调善恶褒贬，既有维护社会秩序的原因，也有强化道德理想、建立不朽理念的因素。就道德的社会他律性要求而言，除了维护社会秩序，更深层次则是为维护社会秩序。这与人们的道德理想密切相关，这种道德理想在中国先人那里表现为"大同"。就道德的自律性而言，道德标准与中国著史理念——不朽理念紧紧联系在一起。要想不朽于历史必须立德，立德构成不朽的必要条件。再者，善恶褒贬是中国史学的特有职能，这表现为：对权势人物具有震慑作用，具有追罚和补偿功能，维护正义与公正，不以成败论英雄，把中华民族塑造成一个善于记忆的民族，使得那些在现世中绝望的人们怀有最后的希望。

（一）社会秩序的维护

社会必须有一套共同遵循的道德标准来维系其存在。对中国传统社会而言，尤其如此，道德在人们心目中是至高无上的。传统史学家著书的一个基本目的就是通过对历史人物或历史事件的记述和评判，以道德准则警示和教育人们，维护一定的社会秩序。所谓"孔子成《春秋》而乱臣贼子惧"体现的正是这种警示作用。《左传》中的"君子曰"，《史记》中的"太史公曰"，以及其他史书中的"论""赞""评"等，就都集中反映了历史学家的道德评价。在《史记》中居于列传之首的是没有什么事功仅仅因为饿死首阳山也不食周粟的伯夷叔齐；《三国志》传记的开篇也是功劳不大但重义轻利的管宁。再如评价一个官吏，总是先看他生活是否简朴，作风是否廉洁。对"家无余财""死无余资""遗无所授"的官吏，不管其政绩如何，总是给以很高的评价。对于武将，很重视评价其宁死不屈的气节，而不论其胜败。例如西汉时"啮雪苦节"的苏武，南宋"留取丹心照汗青"的文天祥等，在战争中都是失败者，但一直成为后世歌颂的千古英雄。这其中有民族因素的存在，但他们宁死不屈的气节，却是主要原因。他们事业上的结局是悲剧性的，但是在道德上，他们都是崇高道德的实践者。再者即使是平民百姓，只要道德上有过人表现，特别是孝子贤孙、节妇烈子，均可青史留名。相反，对于那些道德修养不高，而事功却杰出的人物，史学家对他们的评价却比较低。秦始皇、曹操、武则天等，就是因此在历史上抬不起头来的。

（二）终极关怀的聚焦

对道德标准的深层文化内涵而言，除了表层的维护社会秩序的一方面，更深层次的一方面是为何维护社会秩序。这与人们的道德理想密切相关。道德理想代表着对现实的超越和对未来的向往。道德所肯定和弘扬的行为，是那些能带来整体最佳效果的行为。道德总是立足于行为方式的整体最佳效果，来对行为者提出要求，并以"应然"的尺度来衡量和要求"实然"，它总是盯着现实与理想之间的差距，指责现实中与"应然"不相符的人和事，促进"实然"向"应然"的理想境界转化，因而对现实具有强烈的批判性。"道德评价标准的理想性、前瞻性是道德存在的意义，是道德导向功能、教育功能、规范功能发挥作用的理论前提。"[①] 这种道德理想在中国先人那里表现为"大同"。道德判断具有理想性，与这种道德理想紧密相关。人类道德活动的动力和道德评价的进行，不能脱离道德理想而发生。"人们总是按照自己的道德要求和理想来评价事物和自己，如果没有理想的追求，就不会有道德的进步和完善。……理想代表着人类对未来的向往和对现实状况的超越，因此它也深刻地影响着价值判断和道德选择的方向。"[②] 历史学家也正是以自己的心灵世界来拥抱世界和人生的。"在某种意义上，历史学家对过去所构思出来的那副历史图像，乃是他自己思想的外烁。"[③] 史学家评价历史人物的"价值"就在某种程度上反映了道德的理想性。"史学家的人文关怀是以人类共同拥有的价值和理想为基础的。人类对真、善、美的追求，对自由、平等、富裕和强大的渴望，是一条贯穿历

---

① 段文阁：《从"道德容许行为"到"次道德"——德评价标准理想性的丧失》，《伦理学研究》2006 年第 6 期。另，在同文中段文阁认为，"从'道德容许行为'到'次道德范畴的提出，道德评价标准的理想性、前瞻性正在丧失，道德的规范作用、引领作用日益淡化，道德已经跌出了'道德底线'。道德在沦为经济附庸的同时丧失自己的高贵品位"。

② 商戈令：《道德价值判断及其标准》，《学术月刊》1985 年第 11 期。

③ 何兆武：《对历史学的若干反思》，《史学理论研究》1996 年第 2 期。

史的主线。历史学家对过去的探索，既是满足这种追求和渴望的一种方式，也是为了有助于人类找到更合理而有效的方式，来实现这类目标。""一个社会，一个群体，都需要关于过去的治史来帮助自己定位，形成共同体意识；同时，一个社会，一个群体，也需要通过展望前景来确定生活的目标，激发奋斗的热情。"① 这反映到历史人物评价中，史学家注重历史人物的言行在相对较长的历史阶段或整个历史过程中所凸现出来的价值与意义。这种价值与意义超越了历史人物的"现世"，而在历史中获得永恒。例如文天祥成了民族精神的象征。

就这种道德理想而言，不同时代的不同民族却找到了不同的归宿。古代欧洲人找到了上帝，阿拉伯人找到了真主，印度人找到了佛陀。古代中国人找到了什么呢？找到了一个理想社会——大同。梁启超有谓：

> 中国则于修身、齐家、治国外，又以平天下为一大问题。如孔学之大同太平，墨学之禁攻寝兵，老学之抱一为式，邹衍之终始五德，大抵向此问题而试研究也。虽其所谓天下者非真天下，而其理想固以全世界为鹄也。斯亦中国之所以为大也。②

《礼记·礼运》记孔子之言曰：

> 大道之行也，与三代之英，丘未之逮也，而有志焉。大道之行也，天下为公，选贤与能，讲信修睦。故人不独亲其亲，不独子其子；使老有所终，壮有所用，幼有所长，鳏寡孤独废疾者皆有所养。男有分，女有归。货恶其弃于地也，不必藏于己；力恶其不出于身也，不必为己。是故谋闭而不兴，盗窃乱贼而不作，故外户而不闭。是谓大同。今大道既隐，天下为家，

① 李剑鸣：《历史学家的修养和技艺》，上海三联书店 2007 年版，第 97—103 页。
② 梁启超：《论中国学术思想变迁之大势》，上海古籍出版社 2006 年版，第 34 页。

各亲其亲，各子其子，货力为己。大人世及以为礼，城郭沟池以为固，礼义以为纪：以正君臣，以笃父子，以睦兄弟，以和夫妇，以设制度，以立田里，以贤勇知，以功为己。故谋用是作，而兵由此起。禹、汤、文、武、成王、周公，由此其选也。此六君子者未有不谨于礼者也；以著其义，以考其信，著有过，刑仁讲让，示民有常。如有不由此者，在势者去，众以为殃。是谓小康。①

对此理想之"大同"，牟宗三释曰：其不单限于政治与经济，"而必有普遍的德化以实之，而且其言政治与经济，亦是以普遍的德化意识为根据"。此即："讲信修睦，不独亲其亲，不独子其子。老有所终，壮有所用，幼有所长，鳏寡孤独废疾者皆有所养。男有分，女有归"也。"小康"之中，"有礼以运之""此不但是言礼本身之进化，而实是由礼之运以观历史之发展也。礼代表人之精神、理想以及人类之价值观念。如是，礼之运即是历史之精神表现观也，即以精神表现、价值实现解析历史也。'大同'实可说是在礼运之历史发展中要逐步实现之理想。……礼无时可缺，无时不须谨，即大同时亦然，且其实现与表现将更多。……纵天下为公矣，而不谨于礼，则大同随时可丧失"②。

但是，在人类演化的过程中，或由于物质水平没有满足某个人、某些人甚至某些群体、某些国家的需要，或是因为某些个人或群体的私欲，从而使得暴力、犯罪乃至非正义战争等假恶丑的东西充斥人间。历史中太多的假恶丑使道德处于弱化的地位，这也与古代圣贤所设想的大同社会大相径庭。仅仅空言道德，不是实现"大同"行之有效的方式。人们在日常生活中遵循基本的道德标准，维护一定的社会秩序，则是实现"群体之大同""人生之不朽"的最基本

① 《十三经注疏·礼记正义·礼运》，（清）阮元校刻，中华书局 1980 年版，第 1413—1414 页。
② 牟宗三：《政道与治道》，广西师范大学出版社 2006 年版，第 10—11 页。

的起点；并且社会也必须有一套共同遵循的道德标准来维系其存在。故而前贤圣哲提出了与"大同"社会相适应的道德伦理。从而先人不论在做事，还是在为人、著书立说，到处都有道德的身影与影响。儒家提出格物、致知、正心、诚意、修身、齐家、治国、平天下的人生理想；张载以"为天地立心、为生民立道、为往圣继绝学、为万世开太平"为己任；范仲淹则以"先天下之忧而忧、后天下之乐而乐"为座右铭，等等。这些在本质上都是立足于人类美好未来的人生志向。中国人正是在为子孙后代创建理想社会的不懈努力过程中，使有限的生命获得了无限的意义。纵观中国历史，中华民族的优秀儿女之所以面对艰难困苦而勇往直前，其精神动力的一大来源就是这理想社会。这种精神在国家民族生死存亡的历史关头表现得尤为突出。它使温文尔雅的中国士大夫面对政治的腐败而集体冒死强谏，面对亡国灭种的危险而前赴后继、义无反顾。所以，在历史人物评价中，道德标准本身并没有像简单评价历史人物的是非好坏那么简单，也并不仅仅为了维护社会秩序，而是蕴含着深层的哲学寓意和终极的人文关怀。这是自孔子以来的两千多年的道德标准的深层次意义所在。杜维运从"美"的观念道出了"道德标准"的深层含义："中国史学家讲褒贬，其目的是在维持人类文明的水准，假借历史的力量，使人类惩恶而劝善，野蛮行为，赖以减少，这是从美与善的观念出发的。……西方宗教以天堂地狱之说，使人类保持文明，中国则代以历史的褒贬，其大有贡献于人类，是没有二致的。"① 历史著作除了朴素的史实之外，也注入了史学家的思想。道德价值观念作为史学家的思想之一，就是这样进入史学著作的。自孔子著《春秋》和司马迁撰《史记》以来，各位史家无疑也把儒家的"大同思想"和道德观念注入史著和史学之中。

（三）不朽理念的体现

历史人物评价的道德标准是民族价值观念的体现，主要彰显了历史人物在精神方面对民族或人类的贡献。这在不同的民族文化中

---

① 杜维运：《史学方法论》，北京大学出版社 2006 年版，第 272—275 页。

有不同的表现形式。这种价值观念一旦形成，就对人们的思维定式产生影响。中国传统史学中的道德标准并不仅仅在于褒贬人物的好坏，而是含有终极的价值考虑，这就是对不朽的向往与追求。灵魂不朽"包含着有某种崇高性和价值"①。不朽，是一种心灵的价值、一种美感的价值、一种无与伦比的伟大的精神价值。何以不朽？也就是"三不朽"：立德、立功、立言。这种终极的道德标准说到底就是一种终极的价值预期：从肯定的方面说，是人最希望得到的东西；从否定的方面说就是人最后不愿放弃的东西。这种终极的价值预期，就是执着的人所坚守的信仰。历史人物评价的道德标准与中国著史理念——不朽理念紧紧联系在一起。要想不朽于历史必须立德，而也只有立德才能不朽。立德构成不朽的必要条件。此如钱穆曰："惟有立德之人，只赤裸裸是此人，更不待事业表现，反而其德可以风靡后世。"② 超越个体生命，一直是人类不懈的精神追求。几乎所有文明的核心价值，都至少包含不朽理念。至于如何阐释这种理念，不同的文明采取不同的方式。例如，基督教文明采取宣讲《圣经》的方式，伊斯兰教文明采取宣讲《古兰经》的方式，中国文明则主要采取刻诸青史的方式。冯友兰指出："人不满足于现实世界而追求超越现实世界，这是人类内心深处的一种渴望：在这一点上，中国人和其他民族的人并无二致。"③ 对中国人而言，人生最高价值则在于青史留名，以求得超越肉体生命之不朽。这可谓是中国人对人生价值的典型态度。借助历史，人们可以超越时空的界限，不但生活在现在，还能生活在未来。孔子曰"君子疾没世而名不称焉"，道出了先人此生此世的共同忧虑。近人李锐亦有"活在人心便永生"之说。④ 刘知幾曾对中国人的人生态度作了惟妙惟肖

---

① ［德］康德：《论优美感和崇高感》，何兆武译，商务印书馆2001年版，第12页。

② 钱穆：《中国历史研究法》，生活·读书·新知三联书店2005年版，第84、93、97页。

③ 冯友兰：《中国哲学简史》，新世界出版社2004年版，第5页。

④ 李锐：《胡耀邦与平反冤假错案·修订版序》，载戴煌《胡耀邦与平反冤假错案》（修订版），中国工人出版社2001年版，第1页。

的分析，他说："夫人寓形天地，其生也若蜉蝣之在世，如白驹之过隙，犹耻当年而功不立，疾没世而名不闻。上起帝王，下穷匹庶，近则朝廷之士，远则山林之客，谅其于功也名也，莫不汲汲焉、孜孜焉。夫如是者何也？皆以图不朽之事也。何者而谓不朽乎？盖书名竹帛而已。"①

何以不朽?《左传》鲁襄公廿四年关于"三不朽"的记载曰：

> 穆叔如晋，范宣子逆之，问焉，曰：古人有言曰，死而不朽，何谓也。穆叔未对。宣子曰，西匄之祖，自虞以上为陶唐氏，在夏为御龙氏，在商为豕韦氏，在周为唐杜氏，晋主夏盟为范氏，其是之谓乎。穆叔曰：以豹所闻，此之为世禄，非不朽也。鲁有先大夫曰臧文仲，既没，其言立，其是之谓乎。豹闻之，太上有立德，其次有立功，其次有立言，虽久不废，此之谓不朽。若夫保姓受氏，以守宗祊，世不绝祀，无国无之，禄之大者，不可谓不朽。②

在此所论，包含两种不朽论：一为晋范宣子所说的家世传袭的不朽。此说虽为叔孙豹所轻，但在中国历史上为一般人所接受所赞同，只是把范宣子当时的贵族意味取消而平民化，并由家族爵禄世袭，变到血脉传承。血脉传承既被精英文化所肯定，如《论语》言"慎终追远"③，也为大众文化所接受，如数千年中国传统社会一直都是姓姓立祠堂，家家祭祖先。另一不朽论便是叔孙豹所说的"三不朽"，即："立德""立功""立言"。"三不朽"多具精神品格，凸显个人的责任意识、奋斗精神、修养水准，突出个人在历史中的作为，故而为中国精英文化所彰显，也故而青史留名。三种不朽都

---

① （唐）刘知幾：《史通通释·人物》（全二册），（清）浦起龙释，上海古籍出版社1978年版，第303页。

② 《十三经注疏·春秋左传正义·襄公二十四年》，（清）阮元校刻，中华书局1980年版，第1979页。

③ 《十三经注疏·论语·学而》，（清）阮元校刻，中华书局1980年版，第2458页。

属于现世，仍都在人生现实社会里。这种不朽理念与西方不同，对此钱穆有曰："西方人的不朽，在其死后到别一个世界去，中国人的不朽，则在他死后依然留在同一个世界内。这是双方很显著的一个相异点。""西方人求他死后的灵魂在上帝心里得其永生与不朽；东方人则希望在其死后，他的生平事行思想留在他家属子孙或后代别人的心里而得不朽。这又是一个东西相异点。"①

大多中国人的目光超越了现世并投向了历史，或永生于历史中，或长存于血脉传承。这种不朽观念具有较多的精神品格，较为凸显个人的责任意识、奋斗精神及修养水准，较为突出个人在历史中的作为，故而通常为中国精英文化所彰显。不论是希望生活于历史还是血脉传承都与其本人的作为有密切的关系。其实，不论立志不朽于历史，还是血脉传承并非徒有虚名、沽名钓誉，往往伴随着今世的磨难。这种今世的磨难远远不是那些沽名钓誉、以求虚名的心理所能承受的，它要求人们有坚忍不拔之志，视死如归的精神。就是在这种坚忍不拔之志和视死如归上的不同态度与行为，才塑造了不同品格的历史人物，其中高尚者成为民族精神的璀璨明珠，如司马迁、文天祥等。在此，道德与不朽紧密联系在一起。用钱穆的话说，"三不朽""主要还在德性上，德性是以身教，以生命教。他做

---

① 钱穆：《灵魂与心》，广西师范大学出版社 2004 年版，第 7—8 页。

又，同书第 7—8 页曰："根据三不朽说，所谓立德立功立言，推其用以，只是人死之后，他的道德事功言论依然留在世上，便是不朽。所谓留在世上者，明白言之，则只是依然留在后世人的心里。东方人在人生观念上，一面舍弃了自己的灵魂，另一方面却把握到别人的心来做补偿。人的生命，照东方人看法，似乎本来是应该反映在别人的心里而始有其价值。故曰：'士为知己者死，女为悦己者容'，'钟子期死，伯牙终身不复鼓琴'。若一个人独自孤零零在世上，绝不反映到他以外的别人的心中，此人虽生如死，除却吃饭穿衣一身饱暖的自我知觉以外，试问其人生尚有何种价值何种意义之存在。反而言之，只要我们的一生，依然常在别人心中反映到，即使没有吃饭穿衣一套温饱之觉，其人生到底还是存在，还是有价值，有意义的。所以一人的生命，若反映不到别人的心里，则其人早已虽生如死。一人的生命而常是反映在别人的心里，则不啻虽死如生。立德立功立言之所以称为不朽，正因其常由生前之道德功业言论而常常反映到别一时代人的心里去。"

又，钱指出西方宗教不朽说有两个缺点：（一）与科学冲突；（二）忽略了现实。（钱穆：《灵魂与心》，广西师范大学出版社 2004 年版，第 7 页）

出一人样子，好让后人取法，为百世师表""人生一切皆空，惟有立德不空。立功立言如画龙点睛，还须归宿到立德。德是人生唯一可能的有所得，既是得之己，还能德于人。""立德从外面讲，从人生大圈讲，是在创造一人样子。用今语说，是在建立一个人格标准。"① 所以，道德成为不朽的必要条件，青史则成为不朽的载体，在此道德、不朽与历史紧密联系在一起。传统史学道德标准的这一内在的深层价值，虽不如教化功能直接而明显，但却是中国历史存在合法性不可抽去的基石。

（四）民族意识的凝聚

传统中国史学既含事实判断系统，又含价值判断系统——传统中国最为根本的价值判断系统。道德标准之善恶褒贬是中国史学的特有功能，凝聚着特有而典型的民族意识。中国史学具双重职能：一是记录历史事实，讲求秉笔直书；二是维系人伦价值，讲求道德褒贬。前一职能是包括中国史学在内的一切史学都具有的职能。后一职能则为中国史学所特有的职能，它担负着维护社会公正的功能，承载着类似其他民族多由宗教承载的东西。中国史学与宗教虽在记述内容上不同，前者记史，后者敬神，但在维系人伦价值这一点上却功能相近。可谓史为国本，史为民族精神之根本。这也就是钱穆先生所说的"史心"或"中国历史文化传统精神真价值所在"②。因此，中国传统史学拥有我们民族最为深厚的精神资源。

1. 历史对权势人物具有震慑作用

这种功能使现世中的人们，特别是权势人物要过"历史"关的，是要在历史中盖棺定论的。也就是说，权势人物特别是政治人

---

① 钱穆：《中国思想通俗讲话》，生活·读书·新知三联书店2002年版，第57—58页。

又，钱穆对"立言"有曰："中国人的理论，往往脱口而出，只是说话，没有系统，没有组织，一个人在那里平白出口讲，不成哲学，可是它确是一番思想啊！虽然由他一个人随口讲，竟可跑到我们全世界人的心里，大家认为对，那就是立言。"（钱穆：《中国史学名著》，生活·读书·新知三联书店2005年版，第52页）

② 钱穆：《中国历史研究法》，生活·读书·新知三联书店2005年版，第80—97页。

物是要在历史中决胜负的。事实上，在我们这样一个宗教感淡薄的民族里，能够让人们，特别是那些权倾天下的强势人物感到害怕的东西，也只有史书了。中国史书既注重如实直书又注重善恶褒贬，这就在现实中对人们，特别是权势人物，至少形成两方面压力："一是成就压力，怕被史书写成一个碌碌无为的人；二是道德压力，怕被史书写成一个品行卑劣的人，既使自己留下恶名，又使子孙蒙受耻辱。"① 这就把人们，特别是权势人物的行为限定在一定的道德范围之内。在中国历史上，大多数精英人物或政治权势人物都曾把读史作为自己的一门必修功课，都很注意自己的道德修行。熟读史书，至少都曾在弱冠之前熟读史书，因而都或多或少地感到史书的分量。史书既是他们从事政务的教科书，故受其教化；又是人物操行的鉴定书，故受其震慑。② 可以说，中国历史上凡是有品位有教养的思想家、政治家或其他人物，都很在乎自己身后事，而不愿意在历史中留下骂名，并蒙羞于子孙。比如仍为祖宗蒙羞而抬不起头来的秦桧子孙。③

2. 历史具有追罚和补偿功能，捍卫历史公正

公正，"就其最基本层面而言，讲求人的行为与人的行为后果等质相报，作出善举就会得到善报，有德与有福相报；作出恶行就会得到恶报，无德与无福相报"。即公正讲求"善善恶恶"，善有善报，恶有恶报。④ 世道多舛，每个民族在其发展过程中，都会遭遇这么一个很难摆平却又必须摆平的问题，即幸福与德行有可能相背离的问题：一个有福的人未必是一个有德的人，有可能一生屡做恶事；一个有德的人未必是一个有福的人，有可能一生历经苦难。一个民族若要维护其社会公正，就必须设法在这德与福之间保持某种

---

① 单少杰：《中国史学的双重职能》，《社会科学论坛》2001 年第 8 期。

② 参见柳诒徵《国史要义·史化》，中国人民大学出版社 2007 年版，第 294—325 页。

③ 自称是秦桧第三十二世孙的秦良称："我从来不向陌生人提到我是秦氏后人。"（《秦桧后人反对祖先像跪岳母墓》，《北京晚报》2005 年 6 月 9 日，第 35 版）

④ 单少杰：《〈伯夷列传〉中的公正理念和永恒理念》，《中国人民大学学报》2005 年第 6 期。

平衡：对那些有福而无德的人予以追究，对那些有德而无福的人予以补偿。反之，若不做这种追究和这种补偿，那些有福无德的人就会无所畏惧，那些有德无福的人就会深感失望。于是，这个民族就会出现价值失衡，只重视幸福而轻视德行；这个民族的许多成员就会在价值取向上，只重视个人私欲的满足而轻视社会公益的实现：只会为了幸福而放弃德行，即不怕作恶——因不受追究；不会为了德行而放弃幸福，即不愿行善——因没有补偿。长此以往，这个民族将因失去社会公正而失去道德约束力，将因失去道德约束力而失去社会凝聚力，将因私欲横流而溃为一盘散沙。① 至于各个民族如何实现这种追究和这种补偿，似没有统一途径。有些民族在很大程度上是通过宗教途径来实现的：让那些生前有福而无德的人死后"下地狱"，让那些生前有德而无福的人死后"上天堂"。我们民族在很大程度上是通过著史途径来实现的：让那些生前有福而无德的人死后留下骂名，即所谓"遗臭万年"，如秦桧；让那些生前有德而无福的人死后享有盛名，即所谓"流芳百世"，如岳飞。② 因此，公正在历史的长时段中得到捍卫。

3. 并非"成败论英雄"

斯大林曾说："胜利者是不受谴责的。不能谴责胜利者，这是一般的公理。"③ 斯大林所说的这"一般的公理"，用中国话说即为"成者王侯败者寇"，或"历史是由胜利者书写的"。这两句话表达不同，但意思一致，即以成败论"英雄"。这种评价标准可谓"成王败寇"论，也就是说只要历史人物在现世中是成功的，那么其在历史上也是成功者；如果其在现世中是失败者，那么他在历史中也

---

① 巴巴拉·W. 塔奇曼在谈到德国之罪行时也指出了这种严重后果："或许德国对人类所犯的如此猖獗罪行得到其他国家如此宽宏大度的许可，以至于破坏了道德底线；其结果便是，人类在这一历史时刻不再相信其保持真善的能力，或者不再相信曾一度对其行为有所制约的社会模式。"（［美］巴巴拉·W. 塔奇曼：《实践历史》，孟庆亮译，新星出版社 2007 年版，第 125 页）

② 参见单少杰《中国史学的双重职能》，《社会科学论坛》2001 年第 8 期。

③ 李海文整理：《师哲口述：中苏关系见证录》，当代中国出版社 2005 年版，第 47 页。

是失败者。然而，对中国历史而言却未必如此。在众多的历史人物当中，为什么很多人一辈子事业是失败的，我们却纪念他呢？对此，许倬云的回答是："譬如李广、岳飞，原因在于他们对人有诚有信，对朋友有忠有义，他们的品格流下来成为楷模，即使事业失败了，但声名还是万古流芳。""又例如苏轼和辛弃疾，对人非常热诚、和善，他们都不是为自己不幸的遭遇，而是为国家的兴亡、人间的太平、人生的无常而感慨，他们的那些动人的诗句，没有悲叹自己的命运，而是悲叹万民百姓、宇宙众生，这也是他们真正成功的原因，他们的成功不在于功名利禄的成功，而是人格上的成功。"关公虽然事业失败了，但却以忠义传世。① 赢得现世未必赢得历史；失败于现世，未必失败于历史。在现世中的成功者未必是历史中的成功者，比如秦桧在历史中遭骂名。现世的所谓成功者，在现世角逐中可能做到呼风唤雨、为所欲为，甚至制造人间灾难，但是他们在历史中却遭到子孙后代的谩骂与唾弃。慈禧和秦桧已被死死地钉在中国历史的耻辱柱上，就是典型的例证。在现世中的失败者未必是在历史中的失败者，而是历史中的成功者而享有盛名与不朽，比如岳飞、文天祥。此如钱穆所言："在中国史上的所谓失败人物，其实是并未失败。即如南宋岳飞，他若成功，南宋就可复兴，然而岳飞失败了。但岳飞只在当时是失败，他在后世有成功。又如文天祥，倘使没有一个文天祥，那将是一部中国历史的大失败。蒙古人跑进中国来，出来一个文天祥，他虽无助于南宋之不亡，然而文天祥可以维持中国民族精神，直到今天，因此他还是未失败。换句话说，就他的个人论，他是失败了。从整个历史论，他是成功了。"② 钱穆认为，中国历史注重衰世乱世人物、失败的人物、无表现的人物，这是中国的史心，是中国历史文化传统之真精神所在，亦即中国文化传统精义所在。"在中国历史上，正为有此许多衰世乱世生

---

① 许倬云：《从历史看人物·自序·愿有多高，力有多大》，广西师范大学出版社2007年版，第1—4页。

② 钱穆：《国史新论》，生活·读书·新知三联书店2005年版，第272—273页。

的人物，有此许多不得志而失败的人物，有此许多无表现无作为的人物，才使中国历史文化绵延不辍，直到于今，经历了四五千年的长时期，而依然存在。""历史的大命脉正在此等人身上。中国历史之伟大，正在其有大批若和历史不相干之人来负荷此历史。"①

所以说"成者王侯败者寇""历史是由胜利者书写的"，这样类似的观点有极大的片面性。杜维运评"成败"论曰："史学家如以成败论史，挑选在高位者，牺牲在下位者，那么不但历史从此失真，人类文明的历史，能不能延续，也是大问题了！"②

由此可见道德标准之善恶褒贬在中国文化中的深层内涵和巨大影响。岳飞、文天祥、史可法等历史人物的光辉事迹，曾使无数中华儿女受到鼓舞，投身于捍卫国家、民族利益的事业中去。他们的事迹对激发民族情感和塑造人们的道德情操有着不可忽视的作用。例如李大钊曾曰："即吾人浏览史乘，读到英雄豪杰为国家为民族舍身效命以为牺牲的地方，亦能认识出来这一班所谓英雄所谓豪杰的人物，并非与常人有何殊异，只是他们感觉到这社会的要求敏锐些，想要满足这社会的要求的情绪热烈些，所以挺身而起为社会献身，在历史上留下可歌可泣的悲剧，壮剧。我们后世读史者不觉对之感奋兴起，自然而然地发生一种敬仰心，引起'有为者亦若是'的情绪，愿为社会先驱的决心亦于是乎油然而起了。"③ 再如，朱德赞文天祥曰："忠心为国声名在，仪表堪称后世师。"④ 吴玉章评文天祥等曰："大概一八九二年……每晚我与兄萤灯对作，共读历史，一同论及文天祥、岳飞、史可法等古人忠义节烈、至诚感人之言行，未尝不废书兴叹，以致痛哭。常自思欲效古人之高风亮节，作一番非常事业。"⑤ 屈原是现世中失败了的历史人物，投汨罗江自

① 钱穆：《中国历史研究法》，生活·读书·新知三联书店 2005 年版，第 80—97 页。
② 杜维运：《变动世界中的史学》，北京大学出版社 2006 年版，第 93 页。
③ 李守常：《史学要论》，商务印书馆 1999 年版，第 135—136 页。
④ 朱德：《朱德诗选集·游罗岗祠》，人民文学出版社 1977 年版，第 37 页。
⑤ 吴玉章：《吴玉章自传》，《贵州文史丛刊》1981 年第 2 期。

尽，但他是几千年来令人景仰的人物，今天依然如此。道德评价的深远价值与意义在这里得到彰显。

4. 历史把我们民族塑造成一个善于记忆的民族

中国人都有意无意地喜欢记史，喜欢把发生在身边的、他认为重要的东西记录下来，以遗后人，或让他们知道事实的真相，或作为他们立身处世的龟鉴。用梁启超的话说就是："对过去的事情，看的很重。……常以过去经验做个人行为的标准。"① 即使在当时由于政治高压或恐怖社会环境不能记下身边的历史，以后也会有人记下。例如，岳飞被民族败类秦桧、赵构等人以"莫须有"的罪名残酷致死后，秦桧奸党凶焰炽烈，多方肆虐，以致没有人敢在岳飞惨遭横祸之后，立即把他的生平事迹和言论风采全面系统地记载下来，写成行状或墓志铭之类。相隔六七十年后，其孙岳珂才为他编写了一部《行实编年》。其后作者继起，关于岳飞的书籍众多。② 人们记史在不同的层面有不同的方式。在官方有正史、国史；在民间有地方志、野史、家谱、家史、墓志、说唱、口耳相传史，等等。总之，总有人以不同的形式把那些或有德有义的贤良，或无德无义的小丑，记录下来，使他们或是享有盛名而流芳百世，或是遭后人唾骂而遗臭万年。私家修史可谓中国喜欢记史的例证。私家修史在中国历史上巍巍壮观。这样的史学家，先秦以孔子为代表。自汉迄清，代有其人，如荀悦、袁宏、裴松之、范晔、萧子显、李百药、杜佑、郑樵、胡三省、马端临、李贽、黄宗羲、王夫之、顾炎武、谈迁、全祖望、章学诚、崔述，等等。有些具有史官身份的史学家，其著述并非都是官修史书，例如：《史记》《汉书》《后汉书》《三国志》《史通》《资治通鉴》等名作，仍属于史学家私人撰述。私家修史，特别是那些文章道德皆佳的史学家修史本身就是影响世道人心、积极用历史干预社会进程的士人风范。这是贯穿于先秦至

---

① 梁启超：《中国历史研究法·中国历史研究法补篇》（外二种），河北教育出版社2003年版，第250页。

② 邓广铭：《岳飞传·自序》，生活·读书·新知三联书店2007年版，第1—5页。

明清的一个优良传统。

就中国史学家而言，他们很愿意记述，也很善于记述历史，评述历史。他们以记史为天职，以天下为己任，仗义直言，褒贬他人善恶。中国人记史的传统，既有官方集修，又有私家著述。官修与私撰两者相辅相成，互为补充，也互为竞争，竞争在历史中的长久性和历史中的话语权。

更进一步而言，史学家对历史的这种考评本身也受到考评，同时后人对前人的考评并非一劳永逸地存在于历史之中，而是这种考评本身也受到后人的不断挑战。若是某一考评失真或有失公允，就同样面临后人的考评与纠正，从而替代原来的考评。最终在历史中沉淀下来的那些记述和考评是经过激烈竞争和苛刻筛选的。因为历史著述是一个开放、竞争的领域，并且这种竞争不是一时一世所能完成。在这个领域中，记史者或史学家可陈述自己的观点和主张，同时也承担别人的挑战与驳难。但只有少数人既能陈述自己的观点和主张，又能应对别人的挑战与驳难，而获得这一领域的话语权。例如，即使司马迁也屡遭后世史学家的发难，如《史记三家注》。《史记》受后人尊敬的程度与受后人盘诘的程度成正比。《史记》的持续权威，与受到的持续拷问是同一过程的两个方面。其后面的"注"越注越多，一个主要的内容就是对《史记》所记的更正，或地点，或时间，或无从考。因此，在漫漫历史长河中，历史撰述的权力平等，话语开放，但权威却在竞争中生成。

因而，严谨的记史者或史学家不经深思熟虑不敢下笔，史著不被百般挑剔不被传世。所以史学家或记史者落笔不能不小心，也不敢不小心，不能不战战兢兢。这正如唐德刚所言：历史是一面筛子，"优良的作品，一定要经得起历史的考验！古往今来的佳作、巨著，无一而非是历史的筛子筛出来的"[1]。所以，对历史人物记述与评价的最后定音不知是哪一时代的哪一史学家或记史者所为，无从钳制也不能钳制。因而，对历史真实的记述和考评具有历时性和

---

[1] 唐德刚：《史学与红学》，广西师范大学出版社 2006 年版，第 193 页。

长久性，并彰显着中国特有的一种历史文化。

5. 绝望中的希望

历史使得那些在现世中绝望的人们获得最后的希望，希望历史能做出公正评价，还他们以清白。中国人所敬畏的历史与宗教徒所敬畏的真主或上帝等，有某些共同点，即都具有公正品格和终级审判法力，都能够对人间是非做出各得其所的审判：善有善报，恶有恶报。于是历史成为中国人，特别是中国读书人在其一生，特别是人生紧要关头所倚重的精神支柱。"历史自有公论"，这种具有终极意义的信念，能超越人的生死大限的信念，为古代中国一些"士"所坚守，如文天祥诗志："人生自古谁无死，留取丹心照汗青"，就是最经典的例证。历史无疑是文天祥等坦然献出生命的希望，是这些殉难者最后的希望，也是他们唯一的希望。可以说，就是这个希望支撑着他们忍受了常人无法忍受的苦难，走过了常人无法走过的路。

所以说，《春秋》史观所倡导的道德标准，不仅仅在于善恶褒贬，其中蕴含一种中国特有的历史意识、一种著史理念、一种具有终极意义的信念，这种理念和信念已泛化为一种文化精神，一种民族精神。也就是说，道德标准的意义并不仅仅在道德标准本身，而是对中国文化的捍卫，对基本价值准则、历史与社会公正的维护，它维护着中华民族最根本的东西。

总之，道德标准蕴含着人类的终极关怀——大同，和人生的终极价值——不朽。为了实现群体之大同，才所以要捍卫公正与正义，维护社会秩序，才要育化人心。与此相应，人的一切活动都被要求有道德意义，而最有价值的实践活动，也被看作道德上的实践，是对一定道德义务的履行和实现，典型表现为立德。立德高于立功、立言。史学家通过鲜活的历史来彰显道德的意义。用孔子的话说就是："我欲载之空言，不如见诸于行事之深切著明也。"① 中国传统道德和历史已延续了数千年，不可能不在中国人的心底酝酿出相当醇厚的敬畏感，但是这种相当醇厚的敬畏感在片面重视"经济"的今

---

① （汉）司马迁：《史记·太史公自序》，中华书局1959年版，第3297页。

天变得有些淡薄了。这导致了人们道德感和历史感的匮乏。而由于道德和历史的密切关系，在我们这样一个没有全国性宗教或宗教意识相对淡薄的民族里，历史感的匮乏直接导道德感的丧失，许多人只考虑当下的利益，不考虑当下的行为与过去和将来有什么关系，尤其是义务关系，只知现在，不知过去和将来、历史和责任。所以，现在重提、强调史学道德标准有其历史意义和现实意义。

第三节　当代史学道德标准的衰减与下沉

总体而言，在中国古代史论作品中，既持道德标准，也有事功标准，其中道德标准居于首位，事功标准次之。但是，在 20 世纪 50 年代后的历史人物评价研究中，有学者主张道德是评价标准之一，道德标准不能与以生产力发展、社会进步和民族统一为主要内容的历史作用标准相提并论、等量齐观，而是处于边缘乃至可有可无的地位，从而在历史人物评价的实践中造成了诸多困境。

一　弱化道德评价的表现

马克思主义史学虽然与传统史学根本不同，但道德标准在一定范围内仍然存在。新中国成立后一些学者肯定了道德标准在历史人物评价中的意义。嵇文甫主张评价历史人物应该有三个标准，其中第三个标准为："可以表现我们民族高贵品质的。"对此，他解释说，历史上有些人没有具体的创作发明，而要说他代表进步方面，也说不上，比如董狐、苏武等人就是如此，但是他们表现了中国人的高贵品质，立了德，对我们民族有利，所以也应该予以肯定。[①]

---

① 嵇文甫：《历史人物的评价问题（二月十八日对新史学会河南分会演讲）》，《新史学通讯》1951 年第 2 期；《历史人物的评价问题》，《关于历史评价及其他》，河南人民出版社 1957 年版，第 1—14 页。

又，在上文中嵇提出的另外两个标准是：第一，对于人民有贡献的，有利的；第二，在一定历史阶段起进步作用的。

江连山把是否符合中华民族传统道德的标准作为评价标准之一。①
王学典认为道德标准是评价历史人物不可缺少的标准，并在当代具
有重大意义。②

　　关于气节标准的具体运用，戚本禹的名文《评李秀成自述》可
作为一个代表。戚文指出："李秀成是中国近代历史上一个有才干
的农民革命军将领。他在太平天国后期的革命斗争中起过很大的作
用。……李秀成在太平天国革命史上的这些功绩是应该予以充分估
价的，是不能抹煞的。但是，他在被敌人俘虏以后丧失革命气节、
背叛革命事业的事实，也是否定不了的。在他的自述里，颂扬敌
人、诋毁革命的话是那样的清楚，那样的明白，以致任何辩解在这
种冷酷的事实面前都是难以令人信服的。"③ 作者承认李秀成在太平
天国运动中的功绩，但丝毫不能原谅他的投降变节行为。这就强烈
体现出一种道德标准。但因作者是非同一般的政治人物，该文算不
算学术作品还值得斟酌。

　　在史学界，部分学者主张气节是评价历史人物的标准，但是这
一气节标准往往是以"事功"标准为前提的。例如，在 20 世纪 80
年代初，苏双碧、肖黎认为，气节观是评价历史人物的标准之一，
但运用这一标准时应注意四个方面：其一，不能把反对改革、反对
西方说成是爱国爱民的气节；其二，在运用气节观评价历史人物时
要具体分析，例如李秀成写"自白书"是他一生中的一个抹不掉的
污点，"但从他一生的全过程来看，他仍然是一个应当肯定的历史
人物"；其三，对旧王朝的死硬派不应多加肯定。历代都有一大批
伯夷、叔齐之类的旧王朝死硬派，其实，这些人中有不少是逆历史
潮流而动，并非为正义事业做出牺牲的，是属于不应肯定的历史人

---

① 江连山：《杂议历史人物评价问题》，《绥化师专学报》1997 年第 3 期。

② 王学典：《历史学若干基本共识的再检讨及发展前景——访王学典教授》，《历史
教学问题》2004 年第 1 期。

③ 戚本禹：《评李秀成自述——并同罗尔纲、梁岵庐、吕集义等先生商榷》，《历史
研究》1963 年第 4 期。

物；其四，不应肯定封建的节烈观。① 罗耀九认为，"以是否推动生产力的发展作为评价历史人物的根本标准"，此外，"气节观是评价历史人物的一项标准"②。钟文典认为："研究和评价历史人物，首先看他的社会实践。……这就是说，要以历史人物一生的社会实践为依据，不孤立地看其一时一事，而要通观其一生一世。通过全面考察，分清主次，抓住主流。实事求是地看他的行为：是有利于国家、民族和人民，或者反之；是有利于社会向前发展，或是阻碍了社会的进步。"在此前提下，钟氏说："研究和评价历史人物，要讲气节，但不唯气节论。"③ 针对钟氏观点，吴培根认为，气节问题"是一个大是大非问题""不仅不能不讲，而且应该大讲。否则，就违背了中华民族的道德标准和价值观念""在评价历史人物中，对气节问题必须严肃对待。决不能为了把某些历史人物拔高，而贬低气节问题的重要性，甚至为了证明气节问题无关重要，而把另一些历史人物贬低。"④ 而郭卿友却认为："气节、情操都不是抽象的，是与一定的时代的阶级、民族、国家的命运相联系的，是与历史的发展趋势相联系的。离开国家和民族的整体利益，离开历史发展的大势，抽象的气节是不能成为衡量功过是非标准的。"⑤ 肖宏发首先肯定"评价历史人物的正确标准应是看他是否推动或适应社会生产力发展"，然后主张："气节和个性品格是构成人物的重要因素，因此也是评价历史人物的一个原则，但不能过分。"⑥

　　这里值得一提的是，学术乃国家之公器，所以我们所坚持的

---

　　① 参见苏双碧、肖黎《关于历史人物评价的几个问题》，《光明日报》1981 年 5 月 25 日，第 4 版；苏双碧《关于历史人物评价的几个问题》，《广东社会科学》1999 年第 1 期；《历史人物评价断想》，《求是》2002 年第 20 期；《历史人物评价应遵从多民族国家原则》，《人民论坛》2003 年第 3 期。

　　② 罗耀九：《历史人物评价的几个问题》，《高校理论战线》1990 年第 4 期。

　　③ 钟文典：《历史人物研究与气节问题》，《学术论坛》1990 年第 2 期。

　　④ 吴培根：《评价历史人物必须重视气节问题——与钟文典同志商榷》，《江汉论坛》1980 年第 6 期。

　　⑤ 郭卿友：《历史人物评论原则与方法》，载贾东海、郭卿友主编《史学概论·第十二讲·历史人物评论原则与方法》，中央民族大学出版社 1992 年版，第 220—235 页。

　　⑥ 肖宏发：《全面评价历史人物原则试探》，《广西社会科学》1994 年第 2 期。

"气节"标准，应该从学术与人出发，而不是以某种"政治"或
"意识形态"的观点认同为准绳。对"爱国主义标准"也是如此。

爱国主义标准是道德标准的重要内容之一。范文澜认为，爱国
主义是一个历史和阶级的范畴，在不同的时代和不同的阶级条件
下，有着不同的内容和表现形式。这主要有四种：在国家政治情况
正常时，表现为"埋头苦干"或"以劳定国"等；在国家政治腐
败、社会黑暗，造成危局和灾难时，表现为"为民请命"或"敢言
直谏"，要求改善政治；在国家遭到外来侵略时，采取各种形式，
反抗和打击敌人；在剥削阶级和统治者倒行逆施、阻碍社会发展
时，人民奋起反抗。① 张岱年认为："每一民族，在受到外来侵略的
时候，除了少数内奸之外，全民族各阶级各阶层的人们，同仇敌
忾，奋起抗战，这是维护民族生存的最重要的道德。中国古代思想
家宣扬的'精忠报国'、'民族气节'，就是统治阶级和劳动人民共
同遵守的道德。在世界大同尚未实现、民族差别尚未消灭之前，这
种爱国主义的道德原则是必须肯定的。"② 爱国主义道德在评价历史
人物时，可能无形之中带有民族的偏见，但的确如张岱年所说：
"在世界大同尚未实现、民族差别尚未消灭之前，这种反对外族侵
略、压迫、歧视的爱国主义的道德原则是必须肯定的。"这话甚有

---

① 范文澜：《中国通史简编（修订本）》（第一编），人民出版社 1949 年版，第
63—68 页；《范文澜历史论文选集关于中国历史上的一些问题》，中国社会科学院近代史
研究所编，中国社会科学出版社 1979 年版，第 17—80 页；许垣：《对于中国历史上爱国
主义的再认识》，《齐鲁学刊》1989 年第 5 期。

② 张岱年：《中国伦理思想研究》，江苏教育出版社 2005 年版，第 42 页。

又，新中国成立后，史学界曾对"爱国主义"有过争论，可详参宋德金《爱国主义
与民族英雄》，《历史研究》编辑部编《建国以来史学理论问题讨论举要》，齐鲁书社
1983 年版，第 331—346 页；肖黎主编《20 世纪中国史学重大问题论争》，北京师范大学
出版社 2007 年版，第 224—237 页。又可参阅邓广铭、张希清《略论爱国主义和民族英
雄》，红旗杂志社哲学历史编辑室编《历史研究的理论与方法》，红旗出版社 1983 年版，
第 207—213 页。

道理。季羡林亦肯定了爱国主义的积极意义。①

　　学术界也有从道德品质作风角度评价历史人物的可贵探索。刘祚昌的《论王安石的政治品质与政治作风》一文值得一提。刘文指出：评论历史人物的政治品德作风问题，在我国史学领域内尚是一块未开拓的处女地。之所以如此，原因有二：第一，一般人总认为评价历史人物只能有一条标准，即他的活动（从主观愿望或客观效果来看）是促进还是阻碍社会经济发展。如果属于前者，那么他就是进步的，如果属于后者，那么他就是保守的或反动的。因此，人们也就不愿考虑包括政治品德在内的其他标准了。第二，人们认为研究历史人物政治品德作风问题，必然要牵涉到一个问题，历史上统治阶级的人物是否可以按其政治品质作风之优劣区分为"君子"与"小人"。这弄不好就有美化统治阶级之嫌。因此，人们也就不愿去冒"立场问题"的风险了。这种只以"促进"还是"阻碍"作为衡量人物标准的方法，是"一刀切"的简单粗暴的方法，是妨碍人们去全面正确地评价历史人物的。马克思主义要求实事求是和具体问题具体分析。我们必须承认，历史上不论先进、落后还是反动的人物，都有品德作风及道德境界高下之分。这是评价历史人物必须考虑在内的。该文专就政治品质及作风来评论王安石这个重要的历史人物。作者认为，王安石器量狭隘、刚愎自用，拒绝接受不

————————

　　① 季羡林：《一个真正的中国人，一个真正的知识分子》，《辽宁大学学报》（哲学社会科学版）2003 年第 1 期。季羡林对爱国主义释曰："爱国主义有广义、狭义之分。狭义的爱国主义指敌我矛盾时的表现，如苏武、岳飞、文天祥、史可法；还有一种爱国主义不一定针对敌人，像杜甫'致君尧舜上，再使风俗淳'，'君'嘛，当然代表国家，在当时尊君就是爱国家，杜甫是爱国的诗人。所以，爱国主义有狭义、广义之分两种。最近我又研究这一问题，现在有这么一种不十分确切的看法，爱国主义可分为正义的爱国主义与非正义的爱国主义。正义的爱国主义是什么呢？一个民族、一个国家受外敌压迫、欺凌、屠杀，这时候的爱国主义我认为是正义的爱国主义，应该反抗，敌人来了我们自然会反抗。还有一种非正义的爱国主义，压迫别人的民族，欺凌别人的民族，他们也喊爱国主义，这种爱国主义能不能算正义的？国家名我不必讲，我一说大家都知道是哪个国家，杀了人家，欺侮人家，那么你爱国爱什么国，这个国是干吗的？所以我将爱国主义分为两类，即正义的爱国主义与非正义的爱国主义，爱国主义不都是好的。""现在我感觉到爱国主义不一定都是好的，也有坏的。像牧羊的苏武、岳飞、文天祥，面对匈奴，抵抗金、蒙古，这些都是真的爱国主义。"

同意见，并且打击排斥司马光等人；在推行新法中，任用小人，不顾人民死活，甚至弄虚作伪，结果给人民造成严重灾难，并且导致变法失败。王安石的这种恶劣的政治品质和作风，也是金人入侵及北宋灭亡的原因。①

由上述可知，虽然道德评价或道德标准在某种情况下得到承认，但是与历史作用相比，它们还是处在非常弱化、边缘化的位置上。这主要表现为以下几个方面。

（一）历史作用标准受推崇，道德标准被忽略

众多学者主张历史作用为"唯一"评价标准，即使有些学者也主张道德标准，但其前提是首先肯定历史作用标准是首要或根本的标准。例如，王昆仑认为，尽管中华民族有自己的道德观点，不可忽视，可是对历史人物估价还是首先衡量他对历史的客观效果。② 吴泽、谢天佑认为，评价历史人物主要以其政治实践为依据，但并不排斥对人物品质和个性的估价。③ 李时岳、赵矢元认为，评价历史人物"坚持历史作用为根本标准，一定要反对以人的主观因素、道德规范为主要标准"④。吴廷嘉认为："个人品质不能作为历史人物社会作用的最高标准乃至唯一标准""作为历史人物总体评价的主要标准，应以其社会活动和实践后果为正宗和大宗。"⑤ 罗耀九虽然认为气节观和爱国主义是评价历史人物的标准，但其主张"以是否推动生产力的发展作为评价历史人物的根本标准"⑥。郭卿友认为："决定历史人物功过是非的，不是历史人物活动动机的真善美

---

① 刘祚昌：《论王安石的政治品质与政治作风》，《东岳论丛》1986 年第 2 期。

② 王昆仑：《历史上的曹操和舞台上的曹操》，《光明日报》1959 年 3 月 10 日，第 3 版。

③ 吴泽、谢天佑：《关于历史人物评价的若干理论问题——论一年来评价曹操讨论中存在的问题》，《学术月刊》1960 年第 1 期。

④ 李时岳、赵矢元：《略论评价历史人物》，载吉林省史学会编《历史人物论集》，吉林人民出版社 1982 年版，第 1—17 页。

⑤ 吴廷嘉：《历史人物研究的几个理论问题》，《安徽史学》1986 年第 3 期。

⑥ 罗耀九：《历史人物评价的几个问题》，《高校理论战线》1990 年第 4 期。

或假恶丑，而是这些活动的实际后果。"① 黄朴民认为："评价历史事件或历史人物的功过是非，毕竟不是只有单纯的一把道德尺子。作为历史研究者，与一般大众所不同的，是更多以历史的尺子对人物或事件作价值判断。"②

（二）以历史进步标准消解道德标准的独立性

这种观点把道德标准归结于历史进步标准，从而抹杀了道德标准的独立地位。例如李桂海认为："评价一个历史事件或人物的价值，要看它在总的效用上，是促进了历史的进步，满足了社会发展的要求，还是阻碍和破坏了历史的进步，拒绝了社会的需求。"价值包括事功层面的价值和精神道德层面的价值。而李桂海这里所谓的"价值"，则指"事功"价值。这可从其对伯夷和叔齐的评价中进一步得到理解。

有道德而无价值的，常常会出现在一些历史人物的评价上。比如伯夷和叔齐两个兄弟，在古代被认为是道德高尚的典范。他们两兄弟为了推让继承父亲的封爵，先后各自逃亡。周武王伐纣的时候，他们又反对这种军事行动，上前质问周武王说："父死不葬，爰及干戈，可谓孝乎？以臣弑君，可谓仁乎？"武王灭纣后，他们不愿作周臣民，"义不食周粟，隐于首阳山，采薇而食之"，终于饿死于首阳山。以道德标准来评价，他们不追逐名利，敢于表述自己的观点，并为了坚守自己的信念而直至饿死，确实是比较完美的。但从价值标准看，他们的行为却是反动的。武王伐纣是革命的事件，周代商也是历史的一大进步，他们站在腐朽的殷纣王的立场上，反对周讨伐商的军事正义行动，商纣被灭后又以与周不合作的态度，"不食周粟"而饿死，是坚持腐朽的反动立场，反对历史的进步，所以在价

---

① 郭卿友：《历史人物评论原则与方法》，载贾东海、郭卿友主编《史学概论·第十二讲》，中央民族大学出版社 1992 年版，第 220—235 页。

② 黄朴民：《叩问历史》，广西人民出版社 2005 年版，第 272 页。

值的评价上是反动的。这是道德高尚而行为反动的一个历史事例。①

　　由此可见，李桂海所坚持的评价标准为"历史进步"标准，并且这种"历史的进步"主要在"事功"层面，或"事功价值"的层面。苏双碧的观点与李桂海的基本一致，即认为像伯夷、叔齐这些旧王朝死硬派是逆历史潮流而动，并非为正义事业做出牺牲，是不应当肯定的历史人物。② 罗耀九也认为："伯夷反对周武王伐纣，不食周粟而死。他不分辨正义与非正义，就不值得颂扬了。"③ 这就混淆了"事功"价值和价值的区别。

　　长期以来，道德标准是作为历史作用标准的附庸而存在的。礼醇、臻海、张艳国、林家有等认为道德评价应服从历史评价，道德服从于进步。礼醇、臻海认为："任何一种伦理原则和道德规范，只有当它能够为经济关系乃至整个生产方式由低级向高级发展服务，有利于新的经济关系的形成和完善，才是进步的、好的；如果它已经变成阻碍经济关系和整个生产方式向前发展的东西，维护过时的经济关系，反对新经济关系的出现，它就是落后的了。"④ 瞿林东认为，论定历史人物善恶是非、功过得失的关键，"即看他是加速了还是延缓了、是促进了还是阻碍了社会的发展、历史的进步"⑤。张艳国认为："评价历史活动中的事件和人的作为是否合乎道德要求，是否'善'或'恶'，最根本的或从总的方面说，要看该事件的发展及其后果、该历史主题由动机到效果的发展，是否与

　　① 李桂海：《现代人与历史的现代解释》，湖北人民出版社 1989 年版，第 330—334 页。
　　② 参见苏双碧《关于历史人物评价的几个问题》，《广东社会科学》1999 年第 1 期；《历史人物评价断想》，《求是》2002 年第 20 期；《历史人物评价应遵从多民族国家原则》，《人民论坛》2003 年第 3 期。
　　③ 罗耀九：《历史人物评价的几个问题》，《高校理论战线》1990 年第 4 期。
　　④ 礼醇、臻海：《道德的思考与时代的脉搏》，《光明日报》1984 年 7 月 12 日，第 3 版。
　　⑤ 丁守和、苏双碧、瞿林东：《正确评价历史人物》，《光明日报》1996 年 7 月 23 日，第 5 版。

历史发展的进步方向（总趋势）相一致，是否有利于历史的进步，简单地说，看该评价对象对历史进程起了促进作用，还是促退作用。这也就是历史的标准。道德评价中的一切具体的特殊的标准，都是在研究中对这一总标准的运用和体现，离开这个标准，一切具体的标准都失去了意义和作用。善与恶，这对道德评价的基本范畴和标准，也要在这个总标准面前接受检验。一般来说，符合社会历史发展要求的作为，是与历史发展的进步性相统一的，这种历史活动是'善'的；反之，便是'恶'的。"① 林家有认为："评价历史人物的言行是否合乎道德的要求，是否'善'或'恶'，从最根本的或总的方面来说，是要看历史人物的动机和效果是否与历史发展的进步方向（总趋势）相一致，是否有利于历史的进步和社会的进步。一般说来，符合社会历史发展要求的言行，与社会发展的进步性相统一的言行，是'善'的，反之，便是'恶'的……由于近代化既是近代中国的主题，也是推动中国社会向前发展的动力，据此我们可以认为，主张、赞成近代化者即是为'善'，反对、阻碍近代化者即是为'恶'。"据此，林家有结论曰："近代化标准也可以用来对历史人物进行道德评价，对近代化的态度是我们对历史人物进行道德评价的尺度之一。"② 把道德标准归结于"历史作用标准"或"进步"标准，并把评价历史人物的近代化标准和道德标准牵强附会地组合联系在一起，这令人难以信服。上述见解，显然是以"历史进步"标准消解了独立的道德标准。

（三）道德标准从属于生产力发展标准

如果说上述学者把道德标准归结于或服从于进步标准，那么诸多学者则把道德标准归结于生产力标准。吴量恺认为：衡量历史人物的价值标准，"主要是看历史人物对社会生产的发展、生产力的提高是否有贡献。有贡献就有价值，贡献越大价值越大"③。刘亚政

---

① 参见张艳国《唯物史观与史学理论·论历史评价与道德评价》，华中理工大学出版社 1997 年版，第 241—260 页。
② 林家有：《史学方法论》，中山大学出版社 2002 年版，第 34—35 页。
③ 吴量恺：《评价历史人物与价值观》，《史学集刊》1985 年第 2 期。

认为："历史评价依据的主要是生产力标准，正确处理历史评价与道德评价的关系，实际上就是在道德评价中如何坚持生产力标准的问题""要依据科学的历史评价标准来确立道德评价标准，即要紧紧围绕生产力的发展来确立道德评价标准。"① 窦炎国认为："道德评价的历史标准，就是以人类社会历史进步的客观要求作为判断善恶的尺度"，而"社会进步归根到底要以生产力的发展为根本动力和最终尺度""道德价值标准也必须用生产力标准来做最终检验。因此，道德评价归根到底要服从历史标准，要依历史评价作为最终的根据"②。罗国杰认为："把生产力标准作为衡量一切的最终标准，就道德领域而言，无非是把一切善恶的最终尺度归结为生产力的尺度，即凡是有利于生产力发展的，就是善的，反之则是恶的。从历史唯物主义的总原则上来说，把道德善恶与否的标准最终归结为生产力标准，这无疑是正确的。"③ 刘合行认为："从根本上讲，生产力标准是评价道德历史进步性的标准，即道德评价的历史标准""道德的进步与落后、积极与消极就是以是否适应和促进生产力的发展为标准。"但刘合行不赞成把生产力标准直接作为道德评价的标准。④ 李西军认为："道德评价的标准就在于观察历史事件或历史人物对广大劳动群众的生产能力的发展起着促进作用还是阻碍作用。换而言之，它们是否有利于提高广大人民群众的物质生产力和精神生产力的发展；是否有利于改善他们的生产生活条件；是否有利于社会历史的向前发展。"⑤ 许修杰认为："对人们行为和历史事件的评价只有坚持历史标准高于道德标准。"善的行为必须是那些

---

① 刘亚政：《道德评价论纲》，《理论探讨》1994 年第 5 期。

② 窦炎国：《道德评价及其标准体系》，《铁道师院学报》（社会科学版）1995 年第 1 期。

③ 参见罗国杰《当前有关道德问题的几点思考》《道德评价》，《罗国杰文集·上卷》，河北大学出版社 2000 年版，第 834—839、1131—1176 页。

④ 刘合行：《道德评价标准与评价道德的标准》，《河南师范大学学报》（哲学社会科学版）2001 年第 1 期；《生产力标准能够直接作为道德评价标准吗?》，《江苏大学学报》（社会科学版）2003 年第 3 期；《关于生产力标准与道德评价标准关系的再认识》，《思想理论教育导刊》2003 年第 8 期。

⑤ 李西军：《浅析道德评价及标准问题》，《中州大学学报》2006 年第 4 期。

最终有利于生产力发展的行为。反之，则为"不善"或"恶"的行为。虽然许氏不主张以历史评价取代道德评价，但是其最终落脚点则为"把历史标准，即生产力标准，作为伦理道德的善恶标准的标准。也就是说，是用生产力标准去衡量、检验具体的善恶标准"①。另外在诸多有关道德评价或道德标准的文章把道德标准"归根到底"于生产力标准，或以生产力为标准的历史进步尺度，此不赘述。② 尽管"还有一些研究者在谈到评价历史人物标准时也承认除了对当时生产力所起的作用外，还要看其对于人民生活和社会道德方面所起的作用，但在具体的历史人物研究过程中，仍十分侧重历史人物对于社会生产力发展所起的作用"③。这些观点，同样不承认道德标准可以独立运用于历史评价，将善恶的判断完全以生产力发展为标准，实际是取消吞没了道德标准。

另外，弱化道德标准的做法，突出表现在为某些历史人物翻案的讨论中。在 20 世纪后半期中国大陆史学界展开了一系列的历史翻案：为殷纣王翻案、为秦始皇翻案、为武则天翻案，其中影响最大的是为曹操翻案。在众多的翻案文章中，以历史作用标准为中心的评价体系，代替了以道德评判为中心的传统评价体系。

二 关于道德标准弱化的反思

对上述弱化道德评价的观点，多有学者提出异议。的确，上述观点需要我们彻底地反省与反思。

---

① 参见许修杰《社会进步代价论纲》，吉林大学出版社 2007 年版，第 13—16 页。

② 参见赵仲牧《生产力标准和道德标准》，《云南社会科学》1989 年第 3 期；臧乐源、姜克剑《论生产力标准和道德标准的关系》，《理论学刊》1989 年第 3 期；于洋《生产力标准与道德标准的关系》，《河北师范大学学报》1990 年第 4 期；李雨村、刘锡钧《生产力标准与道德进步》，《江淮论坛》1988 年第 5 期；李雨村《综合道德评价标准理论体系的一般构想》，《天津师大学报》1994 年第 2 期；薛武杰《浅析道德评价的生产力标准》，《山西高等学校社会科学学报》1997 年第 2 期；高力《生产力标准与道德评价》，《思想战线》1988 年第 5 期；周宏《道德标准与标准之标准》，《道德与文明》1999 年第 1 期。

③ 邓鸿光：《关于毛泽东评价历史人物标准的思考》，《史学理论研究》1991 年第 4 期。

（一）阶级标准的过度使用，道德标准被其所覆盖，道德评价被排斥，导致对历史人物的评价苍白无力，甚至得出极为偏颇的结论

正如翦伯赞所说："很多历史人物之所以被否定，不是因为别的什么原因，就是因为他们出身于地主阶级。特别是对于统治阶级的代表人物帝王将相，即使要肯定他们，也得先骂他们几句，或者在肯定以后，又加以否定。好像不如此，就会丧失阶级立场。……由于用阶级成分作为评价历史人物的标准，很多古代文学家的名字便从文学史上消灭了，因为这些文学家有的是官僚地主，有的还是贵族、皇帝。"[1] 再如，把中国历史上所谓的好皇帝和清官，看成维护"封建统治"和麻痹人民的一种伎俩，甚至得出在中国"三千年来的封建统治阶级中，没有一个好家伙""朝朝代代都是坏蛋坐江山"的结论。[2] 即使肯定了某些历史人物的某些方面，在最后也得加上个"阶级局限"不可。这用吴晗的话说就是："往往在肯定了这个人物之后，笔锋一转，说可惜呀可惜，这个人可惜生在那个时代，为那个时代所局限，有了局限性，云云。"[3]

（二）肯定历史作用，但不能忽略道德评判

把历史作用作为"唯一"或主要标准，从而把道德标准排除在历史人物评价之外，这不论从客观历史还是对历史研究而言，都是说不通的。就前者而言，道德评价是一种客观存在，道德标准或道德规范不是个人自由选择的产物，而是在历史中逐渐形成并为社会群体所公认。比如端午节、宋岳忠武王庙、袁督师祠等，即为对屈原、岳飞和袁崇焕等的纪念，也是历史对他们的道德肯定。就后者而言，唯道德论固然不妥，但在历史研究中绝对排除不掉道德判断。比如屈原既不赞成统一，也不代表所谓历史的进步，而是要保住楚国这个割据政权；但他执着地热爱楚国、热爱自己的乡土，即

---

① 翦伯赞：《目前史学研究中存在的几个问题》，《江海学刊》1962 年第 5 期。
② 转引自漆侠《正确认识历史上的封建统治阶级和封建王朝》，《新建设》1953 年7 月号。
③ 吴晗：《历史教材和历史研究中的几个问题》，《人民教育》1961 年第 9 期。

使受到来自楚国的打击也不反悔，在被流放中依然满腔热情地抒发理想。这种忠贞不贰、矢志不移的精神是一种高尚的情操，早已得到历史所肯定。

（三）道德标准与进步标准之间没有必然关联

历史人物在道德上值得肯定的行为，未必就是进步的，事功上的进步行为，也未必就是道德的。比如秦始皇的"焚书坑儒"，被有些学者认为对中华民族大一统的形成起了进步作用，但是在道德上无论如何也不能被肯定。武则天巩固政权也被认为是进步，但其所采取的手段，比如鼓励告密、滥杀等，在道德上则要被否定。① 道德标准并不否认历史人物在某一方面所起的进步作用，但道德不好也是坏影响。即使历史人物代表着所谓的历史进步，但若其在实现生产力的发展、民族的统一等过程中，所采取的手段、所造成的后果是非常不道德的，则不能忽略不计。再者，历史人物的所作所为是否有助于社会进步，往往争议很大，这就导致了对其评价的不确定性。而一些道德行为则被公认，例如滥杀无辜、投敌叛国、不忠不孝、不仁不义等在每个时代基本皆被否定。这些确定性、普世性的道德标准则有利于解决历史人物评价中的分歧。

（四）道德标准与生产力发展标准之间也不存在直接关系

在研究中，诸多学者对此多有论述。例如阎真认为："关于生产力的进步与道德水平的提高的关系，是不是像有些同志理解的那样简单，也不是没有疑问的。在这些同志看来，只要是经济发展的需要，一切道德考虑都是多余的。什么友谊爱情、同情互助、父慈母爱、人道主义，等等，统统应该无条件让路，甚至不惜扫进历史的垃圾堆。……这种观点不承认精神的价值，对社会进步和人的幸福的理解也非常简单。历史唯物主义在这里被庸俗化了。"阎真认为：历史评价与道德评价不必硬性统一。历史的视角和标准是重要的，却不是排他的；是正确的，却不是万能的。它不能包括一切，

---

① 关于秦始皇、武则天评价的综述，参见方敏、宋卫忠、邓京力《中国历史人物研究论辩》，百花洲文艺出版社 2004 年版，第 129—137、160—168 页。

它的正确性是有条件的。它不能代替道德的视角和标准。道德的视角和标准不是它的附属物。历史的标准是应该坚持的，道德的标准也是要坚持的。对卑鄙和残忍不是抨击而是赞颂，是难以想象的。不能因为承认恶的历史作用而肯定其道德性质。这也是完全正确的。① 赵甲明认为：生产力尺度不否定道德尺度，历史评价不能取代伦理评价。主张"只要对发展生产力有促进作用就是最大的'德'"，既违背社会历史上某些道德的恶曾起到"历史发展的杠杆"的作用的事实，又在理论上犯了把生产力发展与道德进步直接同一的错误。不仅生产力发展水平不能成为判断道德进步与否的直接依据和标准，而且即使一个现存的社会关系是被生产力所肯定的，是必然的，也不等于它所带来的一切都是公平的、善的、道德的。生产力发展与道德进步的关系属于物质生产与精神生产的关系问题，对其应具体地、历史地、辩证地加以考察。② 喻文德认为："生产力标准不能作为道德评价的终极标准""将功利标准作为道德评价的终极标准实为谬误"。功利仅仅是人们价值目标的一个方面，需要的低级层次，而不是人类终极的价值目标。并且将功利作为道德评价的终极标准，会导致实用主义与相对主义，从而造成人的理想信念的迷失、精神家园的荒芜，道德将失去其应有的净化灵魂、提升人格的功能。③ 人是目的，生产力是手段，而不是相反。

可以说，生产力标准只注重历史人物的活动的结果，容易导致对其主观动机及相关因素的忽略。动机在某种程度上反映了历史人物道德价值品格的高尚与否，因而评价历史人物时，不能不考虑其动机这一因素。这有利于全面评价历史人物。同时，物质与精神对人类历史的演化都是必不可少的。生产力发展对人类物质文明的发展意义重大，但不能因此忽略精神文明，而 20 世纪 50 年代以来，

① 阎真：《历史评价与道德评价的差异》，《湖南师大社会科学学报》1986 年第 4 期。

② 参见赵甲明《能用生产力标准取代道德标准吗》，《清华大学学报》（哲学社会科学版）1996 年第 2 期。

③ 喻文德：《浅析道德评价的终极标准》，《社科纵横》2005 年第 6 期。

史学界对生产力标准片面执行恰恰忽略了精神性的东西。生产力的内涵并没有囊括社会的一切，历史人物对历史的精神性贡献也很难说对生产力的发展有直接的推动作用，但不能因此而否定历史人物的功绩。例如司马迁的《史记》，不论对中国文化还是对中国史学和文学都具有重大意义，不能因它没对生产力有直接推动作用就否定。所以，用生产力标准来衡量人物的功过是非，有欠全面和准确之处。比如文天祥英勇就义，被认为是"倘使没有一个文天祥，那将是一部中国历史的大失败"①。可是无论怎样，文天祥的这种道德行为都很难说直接推动了生产力的发展。生产力尺度不能否定道德尺度，也不能代替道德标准，否则，如何用这种标准来评价文天祥的英勇就义行为呢？生产力标准不能作为道德标准的标准，更不能取代道德标准。

三　正确认识和处理事功与道德之间的关系

如何处理事功判断与道德判断之间的矛盾？这是历史人物评价中甚为棘手的问题，从事功与道德的不同角度去评价同一人物，往往会难以一致。总体而言，在中国古代史学的历史人物评价中，道德标准居于首位，事功标准则次之。关于两者之间的关系，陈同甫与朱子曾有过争论，陈同甫持事功判断，而朱子主道德判断。② 自20 世纪 50 年代以来，事功标准在马克思主义史学中以历史作用标准出现，它们虽表述不一，但基本观点一致，都是以历史人物所作所为的客观效果，对历史发展所起的推动或阻碍作用作为评价历史人物的尺度或准则。但是以历史必然规律或历史决定论为前提预设的历史作用标准，与朱子与陈亮所争论的事功标准有本质的区别。

对如何处理道德与事功之间的矛盾，当代有诸多学者提出高见。例如向燕南在论及明代史学家李贽的评价历史人物的观念时，亦涉

---

① 钱穆：《国史新论》，生活·读书·新知三联书店 2005 年版，第 272—273 页。

② 关于朱子与同甫之论，参阅牟宗三《政道与治道·道德判断与历史判断》，广西师范大学出版社 2006 年版，第 190—228 页；［美］田浩《功利主义儒家——陈亮对朱熹的挑战》，姜长苏译，江苏人民出版社 1997 年版。

及道德与事功的关系问题。向曰："应该说，传统儒家的历史伦理观点是含有某些合理的因素的，因为人毕竟是'理性动物'，社会的正常运作是不能没有公认的普遍的道德准则的。但问题是，人本身首先是作为具有各种感性欲望的'生物人'而存在的，其次才是具有道德意识的'理性人'。趋利避害，追求好生活，是人的最基本的、也是最普遍的愿望，是生产发展、社会进步的最基本的动力。""所谓历史的发展并不是什么固定不变的道德法则的体现，历史之道就是历史本身，'善'与'恶'是并存于其中，共成因果的。因此对于历史的发展来说，对于它们进行一定的道德评判，必然是毫无意义的。"[1] 评价历史人物唯道德论固然欠妥，但道德判断可能排除不掉。[2]

周建漳首先对道义作"私德"与"公德"的区分。他认为，历史评价不是个人操行评语，它属于公共评价系统的一部分。因此，在历史的天平上，只有涉及社会公共领域——包括处理政治、军事、文化等方面的相应德行才属于道德评价的范畴。周进而认为，在公德意义上，道义与事功同属公共评价范畴，因此，在历史评价中均有其地位。在能干但干的不是好事即"奸而雄"的情况下，这样的人和事在总体历史评价上应该得到的是否定性的评价。换言之，在此可以认为有一种道德优先的原则。这在道德评价上对之持批判立场不仅出乎道义，并且关乎事功。当事功与道义的分离表现在好事干得不好即"善却殆"的情况下，周认为道德优先仍然有效。[3]

价值可分为事功层面上的价值和精神层面上的价值。我们在评

---

① 参见白寿彝主编，向燕南、张越、罗炳良著《中国史学史·明清时期（1840 年前）·中国古代史学的嬗变·第三章　明代私人撰史的成就·李贽的历史批判与史学批判》（第五卷），上海人民出版社 2006 年版，第 130—134 页。

② 牟宗三有谓："利用、厚生是人民生活的幸福，而讲幸福不能离开德，不能一往是功利主义、唯物主义。……正须求诸己，利用、厚生归诸人，而亦必教之以德性的觉醒。此正所以尊人尊生也。尊生不是尊其生物的生，而是尊其德性人格的生，尊其有成为德性人格的可能的生。若只注意其生物的生，则是犬马视之，非所以尊人也。"（牟宗三：《政道与治道》，广西师范大学出版社 2006 年版，第 25 页）

③ 参见周建漳《历史及其理解和解释》，社会科学文献出版社 2005 年版，第 257—259 页。

价历史人物时对这两方面的价值都要考虑。对历史人物评价不可忽视的一方面就是其对后世的影响。这种影响主要来自两个方面：一是在某一方面或某一领域做出了巨大贡献；二是成为某一方面的"典范"，例如在民族精神的塑造上做到"富贵不能淫、威武不能屈"，从而对民族性格的塑造起了关键性作用。岳飞、文天祥、史可法等历史人物的光辉事迹，曾使无数中华儿女受到鼓舞，投身于捍卫国家、民族利益的事业中去。他们的事迹对激发民族情感和塑造人们的道德情操有着不可忽视的作用。李大钊曾曰："即吾人浏览史乘，读到英雄豪杰为国家为民族舍身效命以为牺牲的地方，亦能认识出来这一班所谓英雄所谓豪杰的人物，并非与常人有何殊异，只是他们感觉到这社会的要求敏锐些，想要满足这社会的要求的情绪热烈些，所以挺身而起为社会献身，在历史上留下可歌可泣的悲剧，壮举。我们后世读史者不觉对之感奋兴起，自然而然地发生一种敬仰心，引起'有为者亦若是'的情绪，愿为社会先驱的决心亦于是乎油然而起了。"① 吴玉章评文天祥等曰："大概一八九二年……每晚我与兄萤灯对作，共读历史，一同论及文天祥、岳飞、史可法等古人忠义节烈、至诚感人之言行，未尝不废书兴叹，以致痛哭。常自思欲效古人之高风亮节，作一番非常事业。"② 屈原是现世中失败了的历史人物，投汨罗江自尽，但他是几千年来令人景仰的人物，今天依然如此。很难想象，历史上假若没有这样的历史人物，一个民族该如何屹立世界，一个民族的骨气又安在；此如张元济先生所言："见了富贵，去营求它；处在贫贱，去避免它；遇着威武，去服从它；看得自己的身体越重，人们本来的良心，就不免渐渐地消亡。贪赃枉法，也不妨；犯上作乱，也不妨；甚至于通敌卖国，也可以掩住自己的良心做起来，只要抢得到富贵，免得掉贫贱。倘若再有些外来的威武，加在他身上，那更什么都可以不管了。有了这等人，传染开去，不知不觉受他的引诱，这个民族，必

---

① 李守常：《史学要论》，商务印书馆 1999 年版，第 135—136 页。
② 吴玉章：《吴玉章自传》，《贵州文史丛刊》1981 年第 2 期。

定要堕落，在世界上是不容存在的啊！"① 同时，也很难想象，若一个社会知识处于物欲横流之中，处于名利权色的角斗之中，而缺乏寡情薄义、寡廉鲜耻之人，这个社会该是怎么样的一个社会。

所以说，对历史作用标准和道德标准而言，不论舍弃哪一方均陷入偏颇。牟宗三先生曾指出："对于历史，道德判断与历史判断无一可缺。道德判断足以保住是非以成褒贬，护住理性以为本体，提挈理想以立纲维；而历史判断则足以真实化历史，使历史成为精神之表现与发展史，每一步历史事实皆因其在精神之表现与发展上有其曲折之价值而得真实化。"② 牟先生所言有相当合理之处及启发意义。人为万物之灵，除了物质需要，还有精神、价值需要；人类社会除了物质、经济，还有精神与道德。对物质与精神，钱穆认为，物质进步，只表现了人之多欲与有力，并不表现了人之多情与有德。若人类尽成为寡情缺德之人，则物质种种进步，终归救不了人类。③ 牟宗三有谓："利用、厚生是人民生活的幸福，而讲幸福不能离开德，不能一往是功利主义、唯物主义。……正德求诸己，利用、厚生归诸人，而亦必教之以德性的觉醒。此正所以尊人尊生也。尊生不是尊其生物的生，而是尊其德性人格的生，尊其有成为德性人格的可能的生。若只注意其生物的生，则是犬马视之，非所以尊人也。"④ 余英时有谓："经济生活只是维持自然生命的手段，倘若人类只是在求生的手段上比禽兽高明些，那么他们之间的区别便是程度上的，而不是性质上的了。"⑤ 贺麟认为："经济的贫乏与道德的好坏间无必然的函数关系。"⑥ 张岱年认为"精神与物质的关

---

① 张元济：《读史阅世·中华民族的人格》，陕西师范大学出版社 2007 年版，第3—40 页。

② 牟宗三：《政道与治道·第十章·道德判断与历史判断》，广西师范大学出版社2006 年版，第 190—226 页。

③ 钱穆：《灵魂与心》，广西师范大学出版社 2004 年版，第 120—130 页。

④ 牟宗三：《政道与治道》，广西师范大学出版社 2006 年版，第 25 页。

⑤ 余英时：《为有源头活水来》，《文化评论与中国情怀》（上），广西师范大学出版社 2006 年版，第 45—46 页。

⑥ 参见贺麟《经济与道德》，《文化与人生》，商务印书馆 1988 年版，第 24—31 页。

系，不仅是孰先孰后的问题，而且具有价值高下的问题。应该承认，物质是精神的基础，而精神又高于物质"①。历史作用标准不仅应注重社会演进的物质层面，也应注重其精神层面、文化层面、道德等层面。从物质与非物质的领域重新审视历史作用标准，对历史人物评价也许更有价值。

因此，在历史人物评价中，把道德与事功对立起来不可取，而将彼此取而代之亦不可取。它们只是针对人物言行的不同方面进行评价。事功标准是从历史的角度去评价人物在历史进程的作用；道德评价的着眼点则为伦理学的角度，伦理既包括主体伦理、社会伦理、生态伦理、发展伦理，并以善与恶、公正与偏私、正义与奸诈等道德规范来衡量历史人物的言行。两者属于不同性质的评价标准，前者是历史范畴的概念，后者是道德范畴的概念。但两者背后所指皆以有利于社会为宗旨，只是指向不同而已。事功指向物质的层面，例如国富民安；而道德则指向精神的层面，比如民风淳正。因此，对事功标准和道德标准不论舍弃哪一方都为偏颇。善与进步、恶与倒退并不总是一致，这种不一致直接导致了道德评价与事功评价之间的矛盾。对此，首先，不一定非得给历史人物做出一个整体性的评价，特别是在对历史人物的事功和道德方面各有千秋、难以做出总体评价时，但必须一方面是讲明其事功方面的贡献，同时另一方面讲明其道德方面的不足，反之亦然。其次，不能因为历史人物在事功方面的贡献而否定、忽略、开脱其道德的不足与问题，亦不能因为其道德的不足与问题而否定其事功方面的贡献。最后，评价历史人物，并非以"成王败寇"论英雄。现世中的成功者未必是历史中的成功者，比如秦桧；现世中的失败者未必是历史中的失败者，例如岳飞。失败的英雄有时更值得钦佩。通常就事功而言，一件事做成了，人们会说那是对的；一件事没做成，人们就说那是错的。但是并非任何事都宜于根据我们眼见的成败去认识和估量。例如，美国学者艾恺为什么称梁漱溟为"最后的儒家"？因为

---

① 参见张岱年《中国伦理思想研究》，江苏教育出版社 2005 年版，第 154—155 页。

在他看来，"在近代中国，只有他一个人保持了儒者的传统和骨气。他一生的为人处事，大有孔孟之风；他四处寻求理解和支持，以实现他心目中的为人之道和改进社会之道"①。

总之，物质与精神、道德与事功，对历史人物评价而言，犹如车之双轨、鸟之双翼，相辅相成而并行不悖，缺一则无法构成完整健全的历史评价研究。

---

① ［美］艾恺：《最后的儒家——梁漱溟与中国现代化的两难》，王宗昱、冀建中译，江苏人民出版社 1995 年版，中文版序，第 3—4 页。

第四章　新型历史人物评价标准的反思与重建

　　自 20 世纪 50 年代以来的历史人物评价中，唯物史观成为评价人物的总原则。但在这一总原则之下，对历史人物的评价成了单线思维，或以阶级斗争为纲，或以历史作用为目，或以历史进步为归宿。这就造成了历史人物评价中的线性思维，或偏于一面，或偏于一线。对此，宜构建历史人物评价的多元体系，针对历史人物不同方面、不同层次的本质分别予以评价。另外，历史学是关于人的学问，它研究的不是冷冰冰的物质世界，而是活生生的人类社会。人不可能不与道德问题发生关联，历史学家也不可避免地带有道德判断。尽管我们不可能制定出一套为所有史学家都能接受的道德标准，从而在道德观念上持论一致，使评价历史人物都能做到同样的"善善""恶恶""贤贤""贱不肖"，但在历史人物评价中运用道德标准时，仍有需要坚持的基本原则。

第一节　历史人物评价标准的多元取向

　　关于历史人物评价的多元化或多元标准，已有学者进行过论述，但是如何构建评价标准的多元化，还有待深入研究。① 自 20 世纪 50 年代以来的历史人物评价研究及实践中，或以阶级斗争为纲，或以历史作用为目，或以历史进步为归宿。假若某一历史人物属于所谓地主阶级，不代表人民，于是就不能为其说好话，他的优秀道德品质也完全被否定。如果某一历史人物代表先进，推动了所谓生产力的发展、历史的进步、民族的统一，无论他有多么大的道德问题，也似乎必须予以肯定乃至歌颂。如此就造成了历史人物评价中的线性思维，或偏于一面，或偏于一线。

历史研究是多样性的、多方位的、全息的、立体的，不是单一的线性研究。就历史人物而论，其本质具多方面性和多层次性。他们不但有政治方面、经济方面的活动，还可能有科学、文化、艺术上的活动，而每一方面的活动，都表明他的一种特质。这多方面的特质有时不能概括为一种统一的本质，而是从各个侧面共同地反映该人物的本质。其中有一个占主导地位的本质，由他的主要历史活动或历史所决定。此外，历史人物还存在深度不同、层次有别的本质。比如其个人层次、家庭层次、群体层次、民族与国家层次、世界与人类层次等层面本质。将之置于繁杂的社会关系和历史变动及其趋势中，考察其在历史演化中所起作用及其影响，则能洞见其更深刻的本质。②

因此，历史人物的活动和作用不是单一的，也不是线性的，而是相互交织甚至相互冲突的，若以单一的线性思维对历史人物进行评价，则带来诸多混乱和困难。所以在历史人物评价中宜构建历史

---

① 吴廷嘉：《历史人物研究的几个理论问题》，《安徽史学》1986 年第 3 期；林璧属：《历史人物评价两难题》，《史学理论研究》1999 年第 2 期；邓京力：《关于历史评价标准的反思》，《史学月刊》1999 年第 3 期；《试论历史评价标准中现实性与历史性的矛盾》，《首都师范大学学报》2000 年第 2 期；罗福惠：《历史事实和历史人物评价的多样范式》，《探索与争鸣》2006 年第 3 期；罗炳良：《历史人物评价原则的多元与趋势》，《学习与探索》2008 年第 2 期；高世瑜：《关于历史人物评价的理论与方法》，载肖黎主编《20 世纪中国史学重大问题论争》，北京师范大学出版社 2007 年版，第 238—263 页等。

② 参见刘泽华、乔治忠《论历史研究中的抽象性认识》，《红旗》1988 年第 11 期。

人物评价多元标准评价体系，针对历史人物不同方面、不同层次的本质区别采用不同的标准予以分别评价，而不必统一在一起，从而防止评价僵化或"一刀切"。不同的评价标准各自独立、互相区别、并行不悖，只是所站评价角度不同。比如对曾国藩、李鸿章、左宗棠的评价，只看到他们所谓阶级性的一面，而看不到洋务运动开中国近代风气之先一方面，则有失片面。根据上述分析，历史人物评价标准可分为如下几类。

（一）从内容上可分为事功标准、学术标准、道德标准

事功标准，即评价历史人物在"物"的层面如政治事件、军事战争、社会管理、外交活动等方面的作为。

学术标准即评价历史人物的学术观点、思想、见解等，究竟有没有真理性或科学性。这需要相关领域的专家进行"鉴定"与评价，非专业人士所能为。

道德标准，即评价历史人物在精神层面对历史和社会的影响。道德标准具有极强的相对性，即每个人、每个群体和不同历史时代与现实社会都有其自身的道德标准或道德观念。对之可称为相对道德标准。同时，道德标准又有其绝对性的一面，即不同个人、群体、历史时代、现实社会普遍认可的道德规范或道德观念，比如诚信、父母孩子之间的爱与孝等。对其可称为最基本道德准则标准。历史人物的所作所为，是否有助于社会进步，往往争议很大。这就导致了对历史人物评价的不确定性。而一些道德行为则被公认，例如对滥杀无辜、投敌叛国、不忠不孝、不仁不义等在每个时代基本皆被否定。这些确定性的普世性公共标准，有利于解决历史人物评价中的分歧。

评价不同的历史人物，应当以不同的标准作侧重点，不可一概而论。可用事功标准评价历史人物的实绩作为，也可用道德、艺术、学术等其他标准来评价历史人物的道德影响、艺术造诣、学术思想等。例如对曹操、李后主、宋徽宗等在政治上的建树或文学与艺术上的成就，可以分别用事功标准、学术标准和艺术标准去评价。不论历史人物在哪一方面有积极、突出"表现"，皆

值得肯定；也不论他们在哪一方面有消极、突出"劣迹"并影响到公共生活，皆要否定。因此，绝不能把所有的标准都统一到一条线上，都统一到事功标准。不但道德标准不能废，而且其他标准如艺术标准也不能废。历史进程繁杂多彩，各个时代需要一些道德楷模作为社会行为和价值取向的典范。因此，历代几乎没有多大作为的隐士，由于淡泊名利、坚持理念而得到道德上的肯定与赞扬。不同的标准在不同程度上评价历史人物的某种本质，若孤立地用其中任何一个标准进行单线评价，都不能对历史人物做出相对全面的考量。

（二）从时间讲可分为当时标准、历史过程标准、现代标准和未来标准

不论是事功评价还是道德评价、学术评价，都必须注意历史人物所处的时空条件，又注意他们与前人相比而创造的新的东西。评价历史人物，一方面要回到其所处的具体历史环境，并看他对当时社会的积极或消极的事功或影响；另一方面看其对后世的影响。所以，从时间上看，评价标准可分为当时标准、历史过程标准、现代标准和未来标准。当时标准，即以历史主义为原则，根据当时的历史条件，具体情况具体分析，正确看待历史人物在其"现世"生活中的作为或影响。历史过程标准，即评价历史人物在其后世历史中的"延伸性"功过、价值、意义和影响。现代标准，即评价历史人物在"评价主体"所处时代的价值、意义和影响。未来标准，即历史人物在"评价主体"未来时代的价值、意义和影响，这是一种趋向性评价。例如，岳飞在当时的历史条件下忠于自己的皇帝，忠于自己的国家，就值得肯定，即使在现代和未来，岳飞的这种英勇抗击外来侵略的行为也值得赞誉。

（三）从评价主体讲，可分为个人标准、群体标准和官方标准

不同的主体可以有不同的评价标准，并以此评价人物、坚持己见而互不干预。这种不同角度的评价，也并不一定矛盾。比如史可法对清朝抗击到底，誓死不屈，史可法忠于自己的皇帝，但清代乾隆予以表彰，并建祠以纪念。站在明与清的立场，分别看史可法的

抗清行为并不矛盾。

（四）对不同领域的历史人物具体分析，区别对待

历史人物不仅包括政治人物，而且还包括军事家、思想家、科学家和文艺家。对不同历史人物具体分析，区别对待，针对不同对象使用不同标准。对政治人物，主要考察政治活动。对非政治人物主要看他们在自己领域中的主要贡献。例如评价思想家、哲学家、文学艺术家等历史人物，主要考察他们的思想成就、文学艺术成就等，而不能像评论政治家那样，主要考察政治活动。因为对他们当中的绝大多数来说，政治活动在其一生中并不占重要地位。像古代伟大的思想家孔子，是当时显赫的学者，但他的政治活动却不成功，影响也不大。著名的史学家司马迁，袭官太史令，虽出入朝廷，但政治上除遭遇不幸外，未见什么功绩。诗坛李白、杜甫，词苑苏东坡、辛弃疾乃至曹雪芹等众多的文学艺术家，也大都终生不得志。评价自然科学家则主要看他们在自然科学方面的成就。这些伟大的非政治人物，不仅应在其专业上享有盛名，而且应在本民族或人类历史上享有盛誉。

（五）多方法的综合运用

评价历史人物可根据不同的评价内容、时间、对象采用不同的方法。

第一，总体法，即对事功和道德成败方面有明显的表现，或成或败，则较容易对之作出评价，比如对秦桧、"四人帮"的评价。

第二，重点法，即看历史人物一生的重点活动及其在事功方面的业绩或道德方面的影响。

第三，方面法，即针对历史人物的不同方面做出具体评价，既不以功掩过，也不以过掩功。

第四，阶段法，针对历史人物的不同人生阶段做出评价。前期有功要讲够，后期有过要讲清，不溢美，不苛求，不以偏概全，如实反映历史人物在历史上的全貌。

上述评价标准不论从内容上，还是从评价主体、评价时间上皆

各自独立、互相区别、并行不悖，共同构成历史人物评价的多元体系，针对历史人物不同方面、不同层次的本质区别予以评价。多角度、多层面全面评价历史人物，显然比唯一标准论更具有全面性、合理性，也更具有学术内涵。这些评价标准各自独立，互相区别，并行不悖，从而在历史人物研究中形成多元评价格局，克服单线阶级标准或历史作用标准所导致的问题与不足。

第二节　历史人物评价的原则

自20世纪50年代以来，诸多学者对评价历史人物原则进行研究。其中主要观点是：首先，必须坚持马克思主义的历史主义原则，把历史人物放到特定的历史条件中去分析；其次，正确运用阶级分析法，反对唯成分论和简单化。[1] 而对历史人物道德评价的反思之作相对较少。这方面王学典《历史学若干基本共识的再检讨及发展前景》和《重建历史与伦理的联系》两文则入木三分。[2]

历史学是关于人的学问，它研究的不是冷冰冰的物质世界，而是活生生的人类社会。工业革命以后的社会是一个物质主导、精神道德被放逐的社会，物质上极大丰富、精神上却无家可归。中国文化有着五千年的积累，它已融化在我们民族的血液里，我们无法与过去一刀两断而彻底决裂。所以，尽管我们不可能制定出一套为所有史学家都能接受的道德标准，从而持论一致，但仍有需要共同坚持的基本原则。

---

① 肖宏发：《全面评价历史人物原则试探》，《广西社会科学》1994年第2期；王全权：《历史人物评价再思考》，《南京林业大学学报》2003年第3期；等等。

② 王学典：《历史学若干基本共识的再检讨及发展前景》，《历史教学问题》2004年第1期；《重建历史与伦理的联系》，《历史学家茶座》（总第十辑）2007年第4辑，第3页。

一 求真原则

求真原则主要指评价人物应以求真为目的，从客观事实出发。占有材料，弄清事实，是进行历史研究最基本的条件。对历史人物评价而言，亦是如此。"评价历史人物必须实事求是"①，不论是马克思主义史学家还是非马克思主义史学家皆强调了这一点。运用道德标准评价历史人物，也必须从史学家所"确证"的史实出发，而不能回避或篡改历史事实，更不能依据"虚假"或杜撰的史料。即使在对象选择及叙述和解释的过程中，亦要尽量避免主观的任意褒贬，要严格受历史"真实"的约束。此即为梁启超所说的"忠实"。② 又如何炳松所言：搜集与此历史人物相关的资料；辨明史料的真伪；明知史料供给者（普通所谓撰人）的情况和性格特点，以免被引入歧路；明了史料的意义；断定与此人物相关的历史的事实；比次历史事实。在此基础之上，对历史人物进行道德分析与判断，然后成文。③ 步骤大体有以下几项。

（一）鉴别史料

评价历史人物须要根据文献、口述、档案等各方面的资料，而这些资料很难说都是真实可靠的，这就需要鉴别，去伪存真。对某些引起争论的历史人物，往往随时代不同而有截然不同的评价；即使在同一时代，由于政治见解、历史观和价值观的不同，也会有不同的记载和评价。这就需要我们将对历史人物的评价建立在扎实的史料基础上。不论历史人物优劣与否，皆根据确证的史料，不可主观臆断。只有充分占有史料，才能弄清历史人物的思想与活动，及其内在与外在的关系逻辑。

---

① 戴逸：《实事求是地评价历史人物——在左宗棠历史评价学术讨论会上的发言》，《苏州大学学报》（哲学社会科学版）1985 年第 1 期。

② 梁启超云："我以为史学家第一件道德，莫过于忠实。如何才算忠实？即'对于所叙述的史迹，纯采客观的态度，不丝毫参以自己意见'便是。"（梁启超：《中国历史研究法·中国历史研究法补编·总论》（外二种），河北教育出版社 2003 年版，第 130 页）

③ 参见何炳松《何炳松论文集·历史研究法》，刘寅生等编校，商务印书馆 1990 年版，第 147—167 页。

（二）确证史实

历史最值得珍贵处，在极近于真。经过考证的史料为真实的，但其中记载的史实不一定完全准确，尚需辨析和证明。假若说史料是死的，那么"史实"则是活的。它们是在往昔时间隧道中运动着的客观过程。在这一过程中，人与物之间、人和人之间、人和事件之间、事件和事件之间的"关系运动"塑造着历史。史学家最主要的任务，就是尽可能将以往曾经发生的事实的真相，以及事实与事实之间相互的关系揭示出来。特别是把那些对历史、人类和社会有重大意义的人物与事件，及其交互运动的关系搞清楚、弄明白。也就是说，根据确证的史料，确证"史实"的真实，把相关历史人物主要方面的"真实"情况弄清楚，不能人云亦云，甚至受政治舆论或街谈巷议的影响而下"盲目"的结论。另外，真实包含"精神"之真实。除了史料、史实的真实外，历史人物的"精神"也是一种真实。如何看到历史人物身上的这种"精神"真实，这与评价主体的历史观和价值观有巨大关系，不同的学者会有不同的见解。例如古今史学家对伯夷、叔齐不同乃至截然相反的评价，可谓典型例证。这其中与史德也有一定关系。

（三）秉笔直书

实录、直笔是我国古代史学的宝贵传统。"秉笔直书"要求我们把根据鉴别可靠的史料和确证的史实，"如实"地把历史人物的"实际"情况叙述出来。在成文过程中，首先要根据史学界所确证的史料和史实，对评价对象的思想与言行，进行"客观"叙述，有一说一，有二说二，不增减，不夸张。摆清客观事实，可能是最为有利的评价，因为客观描述本身就是评价。这可视为"事实判断"。事实判断主要包括两个方面：一是历史人物的客观表现，比如事功（包括政治业绩、思想成就、学术贡献等）和道德的表现（道德的示范或失范等）等。二是当世人和后人的评价。这具有较多的主观性，不过，这种主观性是相对的。一方面，当世人的评价，特别是与当事人接触的大多数人的评价，往往是有正确性可言的，并非完全捕风捉影，其中有客观的成分存在。离当事人最近的人的记述比远离他的人的记述更具有可靠性。另一方面，不同历史时期对历史人物的道德评价，在后世来看，则成了一种客观存在，一种不可更改的客观史实。比如现代史学家可以不同意《史记》《资治通鉴》等重要古代典籍对秦始皇、曹操、伯夷、叔齐的评价，甚至可以质疑、非难这些评价，但这些评价本身已是客观事实，无法抹除。至于之后对这些历史人物的评价如何，那是另一回事。即使后代的史学家，不赞同那些客观存在的道德评价，但若是把相关该历史人物的评价客观、真实地叙述出来，也具有学术史的意义。这种在"历史过程"中凸显出来的对历史人物的道德评价，可能比某些后代史学家对他们的评价更具影响力。

（四）克服曲笔

对历史人物评价产生分歧，至少有两种可能："一是该人该事留下的信息太少，或者自相矛盾，或者有重大遗漏，或者对同样的记载做出了不同的推理或判断；一是有人出于某种目的，故意对有关的史料作了随心所欲的解释，或者故意不承认其中一部分事实。前者往往是不可避免的……后者却是不正常的，也是严肃的历史学者所不能容忍的态度。因为这样做，实际已与伪造、造谣、撒谎无异，无论他们的目的多么正当，都是不可取的。"① 虽然因认识不同、标准不一、材料不足等原因，在评价历史人物产生分歧，但绝不能作伪、曲笔。无意的武断与附会，为任何史学家所难完全避免，但有意武断与附会与作伪足以尽毁历史。"举凡借历史为某主义宣传，为某教条粉饰，为某立场辩说，都是诈伪，都是有意武断与附会。"武断、附会和作伪，涉及史学家的基本品德问题。"因为历史的学术价值，首先根植于史学家诚实、方正、无惧等高洁的品德上，诚实才能据事直书，方正才能无所苟阿，无惧才能不受外界的影响。"② 这就是说，历史学者在主观上不能歪曲事实，更不能伪造事实，尽管在客观上可能对同样的史料做出不同的判断，并产生

① 葛剑雄：《历史人物的评价应该以事实为依据》，《探索与争鸣》2004 年第 3 期。
② 杜维运：《史学方法论》，北京大学出版社 2006 年版，第 12 页。

不同的具体结论。曲笔与历史研究的"求真"背道而驰，为学界所耻。

　　总之，自孔子作《春秋》以降，褒善贬恶一直被认为是著史的重要任务。这种任务使事实的完整与客观的态度成为良史的必要条件。褒贬事大当然不能率而从事。要使论断公平，需要完整的事实为依据，更需要就事论事的客观态度。否则不但著史将因论断不公而丧失道德教训的作用，著史的人也将因偏私而损及阴德，不得好报。所以历史学者要完满地达成其褒贬的任务，首先须尊重史实，尽量做到客观的地步。① 可以说，历史"真实"是评价历史人物的底线，"实事求是"是正确评价的前提。对历史人物的评价可以体现不同的价值观念，但无论如何，基本的历史事实应该一致。不能因为价值观念的不同，就对历史事实进行隐瞒、虚构、夸大、歪曲、篡改。更不能在毫无事实根据的情况下，仅仅凭概念、猜测、推理来评价历史人物，或者将莫须有的罪名强加于人。

二　人文原则

　　人是历史活动的主体。在历史活动中，人是目的，不是手段。人之为人的关键在于人的精神性，人的精神性主要体现在人的善与美。历史人物评价必须贯彻人文精神。

（一）以人为本，关爱生命

　　从某种意义上说，不论古代的道德标准还是当代的历史作用标准，都忽略了个体人的问题。古代道德标准注重了人群伦理，强调等级秩序，而忽略个人的主观感受，抹杀人的个性。就历史作用而言，为了某种特定的历史作用，人或人之群体成了赤裸裸的工具。人是历史的主体，是目的而不是手段。而各式各样的历史决定论，恰恰消除了人在历史中的主体地位。1949 年之后，史学界在逐步突出"历史作用""社会进步""生产力发展"标准的同时，一点一

――――――――――

　　① 参见孙同勋《从历史被滥用谈治史应有的态度》，杜维运、黄俊杰编《史学方法论文选集》，华世出版社 1977 年版，第 269—282 页。

点地放弃伦理道德的标准。实际上，抽象的"历史作用""社会进步""生产力发展"标准的实质是"政治标准"，相对于特定的"政治"，伦理道德无足轻重乃至可有可无的，是这一标准得以贯彻的前提。这种"政治标准"以"必然规律""历史必然性"等形式出现在史学之中。在这种所谓"必然规律"面前，个体生命乃至部分群体的生命尤变得不值一提，这个"必然规律"和"历史意志"的现实执行人，无论有多么大的道德问题，即便是杀人魔王，似乎也必须肯定乃至歌颂。"历史必然性"的体现者就这样可以不受伦理准则的约束。人们甚至认为，只有摆脱了伦理的束缚，某些人才可以更好地执行"历史的律令"①。对这种决定论的进步史观，李剑鸣先生认为："科学主义史观的信奉者，将人视为自然界的一种物质，认为人的行动必然遵循一定的规律或法则；一个社会或一种文化，也类似有机物一样有生长和衰落的周期，只要按照这类规律和法则来解释历史，就可以揭示历史的奥秘。这类史观有一个共同的特点，就是忽略了人的特性。"人类历史注定是不断向前发展的，后续的阶段必然胜过前一阶段，而且，这种直线式的进步将始终伴随人类历史，直到进入某种完美的状态。这种观念对于鼓舞人类不断追求美好的生活，固然有它的价值，但用来解释历史，却难免将复杂的历史运动简单化。人类历史并不是一个朝着某个先定的高级目标不断迈进的必然过程，而是充满了曲折、反复、失败和倒退，人类在某一方面取得的进步，往往是在其他方面付出沉重代价的结果。另外，以进步观念为基础的历史决定论，很容易衍生出历史目的论："前一阶段被视为后续阶段的准备，一切历史都不过是某种注定要出现的辉煌结局的铺垫。历史决定论的偏误，在于将复杂多样的史实塞进某些简单的框架中，忽视或贬低了人及其活动本身的意义。如果将人类的经历视为某种必然性或宿命的附属物，必定导致人在历史中的地位边缘化。"所以，"历史学家必须具备深切的人

---

① 参见王学典《历史学若干基本共识的再检讨及发展前景——访王学典教授》，《历史教学问题》2004 年第 1 期。

文关怀……把过去的人作为有生命的人对待。生活在过去时空中的人们，同今人一样，有自己的思想、希望、担忧和喜悦，经历过奋斗、抗争、失败和成功，既有可歌可泣的英雄壮举，也有玩弄阴谋诡计的可耻劣迹。他们的经历虽然在形式上千差万别，但在本质上和今人没有两样；而今人的经历，在一定程度上乃是他们经历的延续"①。

在历史人物评价中我们要尊重人，尊重人的人格，把人当人看待；应该尊重人的基本权利，珍视人类的鲜血，把人本身当作目的，而不是当成赤裸裸的政治工具看待。然而，在20世纪后半期的大陆史学历史人物评价中，对此重视得不够。康德指出，人是目的而不是手段，"人并不是物件，不是一个仅仅作为工具使用的东西，在任何时候都必须在他的一切行动中，把他当作自在目的看待，从而他无权处置代表他人身的人，摧残他、毁灭他、戕害他"②。在国内也有不少学者强调"人是道德进步的最高尺度"③。也有的学者从"新史德"的角度强调最基本的人道。④

人文性是历史研究不可或缺的价值维度，"历史变化万端，不变者为人不能离历史以去，人的价值，永恒存在，不容丝毫忽视。史学家以不忍人之心，贬残贼以为来者戒，褒仁慈以为来者师，为史学家绝对性的任务；史学中应富人道思想，以维持人的价值，为万世不易的通义"⑤。历史人物评价的道德标准要展现、鼓励、突出

---

①　李剑鸣：《历史学家的修养和技艺》，上海三联书店2007年版，第99—101页。

②　［德］康德：《道德形而上学原理》，苗力田译，上海人民出版社2005年版，第48—49页。

③　许青：《试论道德比较的方法论原则和尺度》，《哲学研究》1987年第4期；张国钧：《略论道德进步的标志和标准》，《学习与探索》1988年第4期；商戈令：《道德价值判断及其标准》，《学术月刊》1985年第11期。

④　雷戈指出："从根本意义上说，新史德不是要求史学家成为统治伦理的道德化身，而是要求史学家成为社会良知的道义见证；不是要求史学家在历史上去制造一种新的道德教条，而是要求史学家在现实中来承担一种新的道德责任。这种新的道德责任乃是一种包含人性、自由、真理的道义感和道义精神。所以，新史德的内涵不是狭义性的职业道德，而是广义性的普遍人道。它本质上是一种现代性的人道主义之诉求。"（雷戈：《"史德"新论》，《史学月刊》2006年第8期）

⑤　杜维运：《史学方法论》，北京大学出版社2006年版，第277页。

人的个性和主体性，尊重人的尊严、人的人格，去洞察人的内心，了解他们的活动，力求准确把握他们的真实想法，理解他们活动的真实意义。

珍视人的生命是一种最基本的价值观念。在今天，应该把无辜者甚至不同政治色彩的献身者真正放在生命价值的同一水平看待。而对于剥夺人的生命者，不论是多么冠冕堂皇的理由或名义，都应以珍惜人的生命的人本取向，依据客观事实做出判断。

（二）注重精神性进步，体现善与美的内涵

人之为人关键在于人的精神性，而不是人的生活的物质性，当然这并不否认和排除物质基础对人的重要性。人的精神性主要体现在人的真、善、美。"真善美是人类文化最高的理想""永恒价值乃是指真善美的价值而言"①，历史人物评价的道德标准在史学领域体现了这种真善美的永恒价值。杜维运先生的论述可谓语重心长，他说："历史作品里面，如果充满杀伐、乖戾、浮诞、谲诡的气氛，又纵容奸回逆窃之行，崇奖拓殖争雄之事，那么即使其本身是千真万确的实录，人类实未受其利而先蒙其害，历史之有，反不如其无了。所以史学家于求真以后，必须进一步求美与求善。史学上的真与史学上的美与善，必须互相辉映。史学上只有真而缺乏美与善，在史学指导下所写出来的历史，虽极接近于真，而人类却将因之而受祸无穷，人类的一部发展史，将永无文明的一日。"所以，"史学家在求真的大前提下，必须进一步求美与求善，然后历史的大功用始显。真善美三者兼备的历史，才能使世界由野蛮逐渐走向文明"②。

当然，真善美在不同的史学家那里有不同的理解，从而导致对同一历史事实或历史人物截然不同的评价。例如有的学者认为："真、善、美是一种伦理观念与文学艺术的理想，但这种理想化、净化了的人与人性，在历史上并不真实地存在着，不能成为评论历

---

① 贺麟：《文化与人生》，商务印书馆1988年版，第72页。
② 杜维运：《史学方法论》，北京大学出版社2006年版，第266—267、311页。

史人物功过是非的标准。鸿门宴中的项羽的'宽仁'是'妇人之仁'，未必值得称赞；玄武门前李世民的'不义'是统治权力之'内争'，也未必受到史学家的非难。以私有制为基础的阶级社会，恶劣的情欲——追逐权力，不择手段，玩弄权术，尔虞我诈等假、丑、恶的行径，不但是历史的必然产物，而且往往还是'历史发展的动力借以表现出来的形式'，是'历史发展的杠杆'。……决定历史人物功过是非的，不是历史人物活动动机的真善美或假恶丑，而是这些活动的实际后果。历史学家不是慈悲的妇人，历史评论标准不是抽象的道德说教，而是历史发展的实际。"① 这种观点值得商榷。史学家撰史不能回避、掩盖历史的残酷，但心中不能不存有对真善美的敬畏和向往，不能完全排除怜悯之心、慈悲之心。真善美是人的精神和灵性价值的具体表现，毕竟从草昧走向觉悟和文明，是历史进展大方向。人类已有百万年以上的历史，在某些方面，确是无时不在进步之中，尤其是物质文明方面，进步的速度更是惊人。可是精神文明的进步速度极缓慢，有时且呈倒退现象。"20 世纪的人类比两千年以前的人类表现得更残忍，便是一例。人类的精神文明不能追及物质文明，整个人类随时有趋于毁灭的可能，美丽而富诗意的大地，将是一片荒凉与恐怖。人类文明的枢纽，操之于学术，学术的枢纽，操之于史学。史学上充满美、充满善，人类的文明将指日可待。"② 可以说，良知的史学家承担了人及其群体或社会趋向真善美的巨大使命。

进步与退步、丑恶等负面的东西相对，指与某一事物的过去相比，它的现在和未来会演化得更好、更美。进步表现为多方面，既包括物质的方面，也包括比如文化、文明、精神、道德、学术等非物质的方面。在历史人物评价中，进步也应具有这种多元指向的性质，而不仅仅是物质性进步，或只是体现某种所谓"历史必然规

---

① 贾东海、郭卿友主编：《史学概论·第十二讲·历史人物评论原则与方法》，中央民族大学出版社 1992 年版，第 222 页。

② 杜维运：《史学方法论》，北京大学出版社 2006 年版，第 278 页。

律"的进步。其二，"进步"也并不仅仅是抽象的概念或冠冕堂皇
的"借口"，而是具有实实在在的"外化"成果或真善美的言行，
在历史中有其本体意义的"实证"。比如，与野蛮相比，文明礼貌
就代表了一种进步；与侵略相比，和平就是一种进步；与人只是
"手段"相比，把人当成"目的"就是一种进步；与假恶丑相比，
真善美则是一种进步。对历史人物的道德评价就体现了这种真善美
的精神价值与精神进步。史学家不能不以求真为基点，同时不能以
达至善至美为归宿。

三　正义与公正原则

史之所重在持正义。[①] 正义，针对的是反人类的罪恶。尽管对
正义有不同的理解，但是"在正义与不义之间，实际上、本质上仍
然有一种非常之大的分别"[②]。比如，侵略战争、滥杀无辜、强奸民
意、暴力犯罪、诈骗、践踏最基本的伦理道德等。但是这种反人类
的罪恶，有时得不到惩治，反而善有恶报，恶有善报。所以针对这
种善恶相报背离的情况，要维护历史的正义与公正。在当世中不公
正的，在后世中要让它"公正"过来。

反人类的罪恶可能由某些个人、群体所为，也可能是某些民族
与国家所为。所以，正义与公正原则一方面指向历史活动主体的道
德评判。这与历史人物或群体行为的选择性相关。尽管选择本身有
客观或主观条件的限制，但人毕竟还有一定的自由选择的空间。比
如文天祥在被俘之时可以选择投降，也可以选择不屈，但他选择了
不屈，乃有"人生自古谁无死，留取丹心照汗青"之千古绝唱。选
择意味着责任，意味着承担其带来的后果，于是"自由"意志便成

---

① 柳诒徵：《国史要义·史统》，中国人民大学出版社 2007 年版，第 67 页。
② ［法］狄德罗：《自然法》，周辅成编《西方伦理学名著选辑》（下卷），商务印
书馆 1987 年版，第 36 页。

为道德责任的基础与前提。① 秉承与捍卫"正义"原则，有两方面值得注意：其一，因为制度与政策对社会有巨大的影响，所以必须指向制度与政策的决策者。人有善恶之分，制度或政策也有好坏之别。如果某一制度是不道德的、不正义的，那么这一制度制定者、决定者当然该负"不道德""不正义"的责任。例如，曹操崇奖有治国用兵之术者，而不重这些人的道德品行。对此，顾炎武论曰："夫以经术之治，节义之防，光武、明、章数世为之而未足，毁方败常之俗，孟德一人变之而有余。"② 另外，掌握如何评价历史人物私生活的分寸或度量。我们主张，不再像古代传统史学那样过多关注个人的私生活。只要历史人物的个人私生活不对社会构成恶劣的影响，可以忽略不计。但是，当他的道德品质不再是单纯的私生活，而是涉及公共生活并对历史进程发生影响时，我们就不能视而不见、一言不发；特别是当掌握社会资源的人物的德行对社会有示范或失范作用，并导致影响恶劣时，我们一则要指出这种不道德行为的失范作用，二则要维护道德的示范作用。

正义与公正原则另一方面指向社会制度。美国学者约翰·罗尔

---

① 周建漳认为："假设人不过是某一 X 手中的牵线木偶，不论它是神或基因，则其所做的一切均不存在道德责任，从而不在善恶评价的范畴中，法律上对某种精神病患者免除法律责任的做法正是基于同样的考虑。从自由意志的角度我们可以论证为什么我们不以自然事物为道德评价的对象。从实践的角度看，很容易认为，这是因为跟它们讲道德没有用，是'对牛弹琴'。其实，更根本的理由则是，自然物作为'在者'总是'是其所在'，对于它们来说，基于不同可能性基础的自由选择是不存在的"，所以对其进行道德评价也是荒谬的。周同时论证了选择的"有限"性："在形上层面谈人选择的可能性是正确的，但应该防止关于它的抽象绝对化谈论。按照萨特的观点，人在存在上的基本规定性就是自由，在任何情况下人都存在选择的可能性，同时也应该勇于做出选择，承担由此引起的道德责任。"（周建漳：《历史及其理解和解释》，社会科学文献出版社 2005 年版，第 261—262 页）

另，对周提出的"选择事实上是有限度的"观点，在对历史人物进行道德评价时，是有合理性的；但若按照他提出"道德评价大致应以中人所能达到的水平为基准"，并不应"提出诸如崇高这样的过高伦理要求"，我们不敢苟同。因为，"中人所能达到的水平"基准或许可以适用于一般平民百姓，但对掌握社会资源的所谓达官贵人而言，绝对不适用；后者所掌握的社会资源越多，就对其要求越高，就越受史学家或史书关注。

② （清）顾炎武：《日知录集释·两汉风俗》（外七种），（清）黄汝成集释，上海古籍出版社 1985 年版，第 1010—1011 页。

斯认为："社会正义原则的主要问题是社会的基本结构，是一种合作体系中的主要的社会制度安排。""正义是社会制度的首要价值，正像真理是思想体系的首要价值一样。一种理论，无论它有多么精致和简洁，只要它不真实，就必须加以拒绝或修正；同样，某些法律和制度，不管它们如何有效率和有条理，只要它们不正义，就必须加以改造或废除。每个人都拥有一种基于正义的不可侵犯性，这种不可侵犯性即使以社会整体利益之名也不能逾越。因此，正义否认了一些人分享更大利益而剥夺另一些人的自由是正当的，不承认许多人享受的较大利益能绰绰有余地补偿强加于少数人的牺牲。所以，在一个正义的社会里，平等的公民自由是确定不移的，由正义所保障的权利决不受制于政治的交易或社会利益的权衡。"① 罗尔斯在此所说的"正义"，对我们研究历史人物评价中的道德标准问题，提供了深刻而有益的参考，即道德评价不仅指向个人也指向社会制度。

就"正义"而言，在亚里士多德那里，主要用于人的行为；而在近现代的西方思想家那里，"正义"的概念越来越多地被专门用作评价社会制度的一种道德标准，被看作社会制度的首要价值。② 英国著名史学家卡尔认为：历史学家应"把视线转移到更加苦难、也就是更加有用的问题上，这不是对个人的道德判断，而是对过去事件、制度或政策的道德判断""这是历史学家重要的判断"③。马克斯·韦伯也认为："历史学家应该对制度进行道德判断。"④ 国内也有的学者同样指出："现代史学家的主要精力应放在对社会制度的道德价值评价上。因为我们所处的社会与古人已然大不相同了。在古代，个人尤其是帝王将相、精英贵族干预历史的能量非常巨

① ［美］约翰·罗尔斯：《正义论》，何怀宏、何包钢、廖申白译，中国社会科学出版社1988年版，第54、3—7页。
② 同上书，第5页。
③ ［英］E. H. 卡尔：《历史是什么?》，陈恒译，商务印书馆2007年版，第174页。
④ 转引自［英］E. H. 卡尔《历史是什么?》，陈恒译，商务印书馆2007年版，第175页。

大，他们的一言一行，一颦一笑甚至可能使历史的运行逸出正常的轨道。因而，重视他们的个人品德是有其合理性的。而今天，英雄时代已经终结，个人都被纳入了庞大的社会机器之中，社会制度成为历史发展的主要驱动力，成为个体无法抗拒的存在物。所以，现代史学家的批判应集中在社会制度上，考核社会制度与人类基本价值是否一致。"① 由此看来，把道德评价指向社会制度，有极大的合理性。这对历史人物评价而言，不啻是一个新的方向。在这一方向指引下，在良知史学家的努力下，历史人物评价必将有新的创获。

中国古代史书对"正义"捍卫，也是对"公正"的最好解读。公正"就其最基本层面而言，讲求人的行为与人的行为后果等质相报，作出善举就会得到善报，有德与有福相报；作出恶行就会得到恶报，无德与无福相报"②。即公正讲求善善恶恶，善有善报，恶有恶报。但值得一提的是，这种善恶报应并不一定是随时随报，而是之间往往有时间差；另外，往往惠及子孙或殃及子孙。这也就是我们古人所讲的"积善之家，必有余庆；积不善之家，必有余殃"③。意思是说，行善积德的家族，会有多余的恩泽，使后代也承受福报。积累恶行的家族，会有多余的罪业，使后代也遭受灾殃。

如果在历史或社会中正义屡遭践踏而得不到伸张，公正屡经颠覆而得不到捍卫，那么人们会只重视名闻利养而轻视德行，即不怕作恶；也不会为了德行而放弃名闻利养，即不愿行善。长此以往，身处其中的国家、民族就会出现价值失衡，而失去道德约束力，并失去社会凝聚力，从而终将溃为散沙。于是不同的民族以不同的文化形态对这种善恶失衡的情况予以调整，捍卫正义和公正。中国历史的一大功能就是为那些在现世中遭遇多灾多难的正义之士予以补

---

① 王学典主编：《述往知来——历史学的过去、现状与前瞻》，山东大学出版社2003年版，第165—166页。

② 参见单少杰《〈伯夷列传〉中的公正理念和永恒理念》，《中国人民大学学报》2005年第6期。

③ 《十三经注疏·周易正义·坤·文言》，（清）阮元校刻，中华书局1980年版，第19页。

偿，对那些损害、践踏正义的达官贵人、贪官污吏、民族败类等予以追罚，以捍卫历史和社会的正义与公正。

四　历史主义原则

所谓历史的原则，就是把问题和历史人物置于其具体的历史条件和时代社会环境之下，具体问题具体分析。这也就是列宁所讲的："把问题提到一定的历史范围之内"①"对每一特殊的历史情况进行具体的分析"②。历史人物总处于具体的历史时代之中，他的言语行为、功过是非有其方方面面的外缘，并且每一时代也有其特点，所以评价历史人物必须根据他所处的历史条件，具体情况具体分析，虽然站在今天的高度，但不能用今天的标准去要求历史人物。今天的高度并非是今天的标准，二者不可混淆。今天的高度也并非像某些学者所言："所谓今天的高度就是要站在无产阶级的立场上，用马克思主义的观点去看待和评价历史人物，使对历史人物的评价为无产阶级的政治服务。我们对历史人物的评价，决不是为评价而评价，为学术而学术。"③

同时，历史主义原则要求在评价历史人物时，该肯定的肯定，该否定的否定，功不抵过，过不抵功；不能为凸显其道德而忽略历史人物其他方面的"功绩"，也不能只看重历史人物的功绩而忽视其道德影响，做到不溢美，不隐恶。对此，漆侠先生曾说过："对一些研究者来说，往往研究某个人物，不自觉对这个人物有所偏爱，总是多说些好处，甚至把他的坏处要加以掩饰，为之辩护，使这个人失去了他的本来面目。这自然是反历史科学的。"④

这里特别值得一提的是，对历史人物的功过是非的鉴定，有赖于与他职业相关的专门学科知识的支撑。历史学者或史学家具有历史知识，但对于某些专业知识可能欠缺，并且不可能完全掌握各方

---

① 《列宁全集》第 20 卷，人民出版社 1958 年版，第 401 页。
② 《列宁选集》第 2 卷，人民出版社 1972 年版，第 857 页。
③ 谢本书：《试论历史人物评价》，《史学月刊》1964 年第 3 期。
④ 漆侠：《历史研究法》，河北大学出版社 2003 年版，第 103 页。

面的专业知识，而作为研究与认识对象的历史人物却千变万化，他们在某个领域的成就功过只有通过相关专业知识的支撑才能更好地理解与看清。比如，历史人物评价中的生产力标准就很模糊，这非得用经济学、统计学的理论知识及其具体理论和数字来说明生产力到底有没有发展，发展或倒退了多少。这样才能把问题看得更清楚、明白。再比如，在具体的历史人物研究中到底该如何讲求动机与效果的统一呢？这需要借助心理学的知识。通过心理学的理论与方法更容易理解和认识历史人物的心理状况，从而更能较为全面、正确地评价其人。

五　生态原则

人及其社会与世界万物和自然界同体同生，对自然和生态的破坏最终会伤害到人自己。近代西方工业化和中国今日所导致的生态破坏，已经给我们敲响了警钟。自从 18 世纪以来，以西方文明为主流的科技思想，秉承"人定胜天"的基本原则，不断创新生产方法、生产工具、生产方式，同时也不断扩大撷取自然资源，这些确实为人类社会的物质进步做出了巨大贡献，但为此付出了巨大的自然与生态的代价。半个世纪以来，人们已有所反省，对生态平衡的关怀已逐渐为大众所接受。地球本身就是一个有机系统，人类不过是这个生态系统中的一小部分。过分地滥用资源及破坏生态，已严重损害了这一系统的均衡运作，其后果必然会导致地球生态系统毁灭，并危及人类自身。在这一方面，天人合一思想、道法自然思想、佛教众生平等思想等，都为重建和谐生态提供了思想源泉。现代社会与古代农业社会大为不同，现代化机器生产和生态破坏是古人所不曾遇到的难题。学术研究与物质生产方式，均当注意利用与厚生，不使人类涸泽而渔，迅速耗尽自然资源，盲目伤害人们得以寄托生命的生态环境。所以，我们在审视和评价现代历史人物时，生态原则是我们思考问题的一个重要视角。伦理包括社会伦理、生态伦理、发展伦理等。人们践行与遵循多层面、多方位的道德伦理，才使得社会秩序的维系及人与自然的和谐相处不是一句空话。

在此，作为学术活动的历史人物评价研究大有可为。

六 普适原则

对历史人物进行道德评价的理论前提是：在本体意义上，人离不开道德。道德是文明精神的高度表现，也是人与禽兽的分野之最显著处。人兽之别为古代圣贤一大辩题。孟子说人之异于禽兽者在于"人性"，希腊哲人则说人是"理性"动物，佛家则有"人人皆有佛性"之说。① 近现代大哲也多有此论。例如，康德认为，"人的本性并不是哲学家们历来强调的理性和知识，而在于他能不受自然的束缚去追求自己设定的目标，在于他独特的道德自由"。"人之为人，人之高于动物，人的尊严，等等，唯一充分体现于他的自由的道德实践""所谓必须服从纯粹理性的先验的绝对命令，就是要求感性存在的个体必须服从普遍的人类理性即总体的人类社会的规范和准则，这便是人之高于禽兽的自由的道德本性。"② 赫胥黎认为，正是由于"人类拥有社会的伦理过程（ethical process），其自然天赋为互爱和同情所抑制。同情心、荣誉感比法律更能约束人的行为，它在天然人格之外，建立起了一种人为人格，即'内在人'"③。德罗伊森认为，"每个人都是道德的主体（Sittliches Subjeckt）；正因为他是道德的主体，所以他成其为人"④。既然道德是人异于禽兽的关键所在，是人与兽的根本区别所在，那么历史人物评价中的道德标准就有了本体论意义上的根据。

道德有很强的相对性，不但有时代差异，更有地域差异。但是道德中也存在共同的、稳定的成分。以所谓的"封建伦理"来说，

① 参见余英时《文化评论与中国情怀》（上），广西师范大学出版社 2006 年版，第50—51、81—91 页。

② ［英］康德：《实践理性批判》，载唐凯麟主编《西方伦理学名著提要》，江西人民出版社 2000 年版，第 215—224 页。

③ ［英］赫胥黎：《进化论与伦理学》，载唐凯麟主编《西方伦理学名著提要》，江西人民出版社 2000 年版，第 354—364 页。

④ ［德］德罗伊森：《历史知识理论》，耶尔恩·吕森、胡昌智编选，胡昌智译，北京大学出版社 2006 年版，第 85 页。

其中不乏人类都要遵守的伦理成分，比如，"君为臣纲"固然不对，但人在其位，总要恪尽职守、服从调度，否则就是失职；"父为子纲"固然不平等，但人也要尊敬长辈、孝顺父母；"夫为妻纲"固然不公，但夫妻之间总要忠诚、相爱。"仁义礼智信"中也包含着相当的合理成分，它所要求的行为具有高度的严肃性，要求对行为目标执着不移，自珍自重，从而不朽于青史，并泽被后人。这是应该肯定和继承的。不问青红皂白，一律认为所谓的"封建道德"就是"吃人"，而"造反有理""冲决网罗"，全部否定和抹杀，实属偏颇且有很大的后遗症。从绝对性来说，人类必须遵循一定的最基本的道德价值准则。这如杜维运所说："历史上也不是没有超时间空间的绝对，人与人之间，应互相友爱，国与国之间，应和睦相处，不是历史上的绝对吗？"① 这种最基本道德准则，用康德的话说是绝对命令②，用列宁的话说是"数百年来人们就知道的、数千年来在一切处世格言上反复谈到的、起码的公共生活规则"③。

　　最基本道德准则是道德的底线，即不同阶层、人群所共同承认的最起码道德。它体现了人类社会共同的生活需要，具有更长久的价值意义。最基本道德准则不因"伟人"或"平民"而异，并且在历史人物道德评价中，不存在双重标准，即"伟人"标准和"平民"标准。在这点上可谓只有"人"的标准。即尊重人的尊严、人的生命。对于任意漠视、剥夺人的生命者，都应以珍视人的生命的人本取向实事求是地判断，而不应以革命、发展、规律、进步的名义，开脱、粉饰"害人者"。将历史上自古以来的传统美德诸如忠贞不贰、奉公廉洁、谦慎自律、仁、义、礼、智、信，等等，赋予时代的新意，尊重人的尊严和生命，尊重公众权益，仍可作为最基

---

　　① 杜维运：《史学方法论》，北京大学出版社 2006 年版，第 327 页；

　　② 康德在《实践理性批判》的结论中所说："有两种伟大的事物，我们越是经常、越是执着地思考它们，我们心中就越是充满永远新鲜、有增无减的赞叹和敬畏——我们头上的灿烂星空，我们心中的道德法则（der bestirnte himmel ueber mir, und das moralische gesetz in mir）！"（［德］康德：《实践理性批判》，载唐凯麟主编《西方伦理学名著提要》，江西人民出版社 2000 年版，第 215—224 页）

　　③《列宁选集》（第三卷），人民出版社 1972 年版，第 247 页。

本道德准则的正面内容。最基本道德准则否定、反对、谴责那些滥杀无辜、贪赃枉法、以强凌弱、反复无常、阴险奸诈、唯利是图等行为，而不论其目的是否"进步"、是否有利于生产力。在历史人物评价中，尤其不应该在任何冠冕堂皇的理由下，以所谓的"进步"为根据来粉饰和赞同暴虐和屠戮，不能以历史的进步性来开脱、谅解以蛮横欺诈、唯利是图的方式随意践踏他人尊严、侵夺他人权益、剥夺无辜者生命的行为。马克思在其《资本论》中充分地肯定了资本主义生产方式的历史进步意义，但同时也尖锐批判资本原始积累的野蛮、残酷："资本来到世间，从头到脚，每个毛孔都滴着血和肮脏的东西。"① 这里，道德评判与历史进步的评判是并行的。

这种最为普遍的道德观念，担载、维护社会或人类的公共部分。这些公共部分可体现的物质领域，也体现在精神文化等领域。这些公共部分可理解为马克思所说的"共同的利益"。"这种共同的利益不是仅仅作为一种'普遍的东西'存在于观念之中，而且首先是作为彼此分工的个人之间的相互依存关系存在于现实之中。"② 最起码的道德准则是维持社会生活的正常进行所必需的，否则正常的社会秩序将无法维持。

这种最为普遍的道德、最为基本道德准则可称为终极道德，它是在任何条件下都应该遵守而不应该违背的道德标准，因而也就是绝对的道德标准。它具有以下特征：第一，普适性。它是人们在任何情况下都必须遵循的道德原则，适用于任何民族、任何地区、任何时代。第二，历史性，它在不同的时代具有不同的表现形式。终极道德的历史性是相对的，它的绝对性恰恰蕴含在具体的历史活动之中。第三，至上性。它是其他一切道德标准的基础和根据，具有至上性。

这种普适道德、终极道德与底线伦理是相合的。底线伦理学是一种普遍主义的伦理学，它是要面向社会上所有的人，是要求社会

---

① 《马克思恩格斯选集》（第二卷），人民出版社 1972 年版，第 265 页。
② 《马克思恩格斯选集》（第一卷），人民出版社 1972 年版，第 37 页。

的每一个成员，而不是仅仅要求其中的一部分人——不是仅仅要求
其中居最高位者，或最有教养的少数人，也不是仅仅要求除一个人
或少数人之外的大多数人。它坚持一些基本的道德规范、道德义务
的客观普遍性。它希望得到各种合理价值体系的合力支持，而不仅
仅是一种价值体系的独力支持。这种普遍主义还坚持传统社会与现
代社会在道德上的一种连续性，坚持道德的核心部分有某些不变的
基本成分。不同历史时期不同社会的支配性道德体系就像一个个同
心圆，虽然范围有大小，所关联的价值目的和根据有不同，道德语
汇也有差异，但其最核心的内容却是大致相同的。①

　　我们在此所谈的普适原则指的就是这种最为基本的道德准则，
它不是政治意识形态的道德，也不是不同社会阶层的道德，更不是
不同人所理解的不同的道德。美国史学家戈登·赖特强调，史学家
在探寻真理时，"应该非常自觉地对某些深信不疑的人类价值观念
负起责任"②。国内也有学者主张，历史学家"应当是某些价值的坚
守者和捍卫者。只不过这种价值判断的依据不是纯粹个人的、集团
的乃至民族的偏好，而应是人类所共有的、时代所弘扬的价值，如
真理、善良、正直、平等、自由、权利等人类共同追求的理想"③。
历史人物评价的道德标准应该维护人间这种最基本道德准则，这在
具体研究中体现为两个方面：一是肯定和维护这种最基本的价值准
则；二是谴责丑恶、暴行等消极的东西。④ 在任何时候，历史学家

---

　　① 何怀宏：《一种普遍主义的底线伦理学》，《读书》1997 年第 4 期。
　　② ［美］戈登·赖特：《历史是一门伦理学》，《现代史学的挑战》，王建华等译，上
海人民出版社 1990 年版，第 258—272 页。
　　③ 李剑鸣：《历史学家的修养和技艺》，上海三联书店 2007 年版，第 122 页。
　　④ 艾耶尔认为可把伦理学命题分为四类：（一）表达伦理学术语之定义的命题和关
于特定定义之合法性或可能性的判断的命题；（二）描述道德经验现象及其原因的命题；
（三）提倡道德品性（moral virtue）的表达；（四）实际的伦理判断（ethical judgement）。
艾耶尔说，这四类命题的区别是很明显的，可伦理哲学家们通常都忽略了这种区别，正
因为如此，我们在读他们的著作时，"往往很难懂得他们到底试图发现和证明什么"。
（［英］艾耶尔：《语言、真理与逻辑》，载唐凯麟主编《西方伦理学名著提要》，江西人
民出版社 2000 年版，第 502 页）艾耶尔所言，对确立历史人物评价道德标准的具体规范
或内容有提示作用。

都不应该回避、排斥道德价值判断，不仅要有科学使命，也要有人文关怀和社会责任。在历史人物评价中，尤其不应该在任何冠冕堂皇的理由下，以所谓的"进步""规律"为根据来粉饰、赞美、肯定暴行和屠戮等消极、负面的东西。

中国史学历来有褒贬的传统，主张史学不但要记事，还要进行道德褒贬。传统史学的道德褒贬有其时代局限性，所以传统史学中道德观念或道德标准当然应该批判，也必须批判，但其中所蕴蓄的伦理秩序、人类的基本准则是否也应该全部颠覆呢？答案是否定的。中国古代史学的道德褒贬的价值遗产还是应该考虑予以部分汲取的，其中所蕴含的人类最基本的道德价值准则应该得到继承和发扬，例如，"四维""五伦""五常""八德""十善"等。类似中国传统的道德规范在基督教、佛教、伊斯兰教等文化中，也是被认同的。① 所以，尽管某些具体的传统道德规范在今天已不合时宜，但传统道德的精神却值得我们继承与发扬。

总之，如同"伦理学对于什么构成了好的或坏的世界观无法提供绝对的回答"② 一样，这里我们的历史人物评价研究也不能提供一套绝对的道德评价标准，但普适性的绝对的道德价值准则应该维护与捍卫。坚持直笔，撰写信史，彰善瘅恶，对史学家而言，不仅是一种基本必要的学术立场，更是一种不容推卸的社会责任。

---

① 参见［美］查尔斯·L. 坎默《基督教伦理学》，中国社会科学出版社1994年版；努尔曼·马贤、伊卜拉欣·马效智《伊斯兰伦理学》，宗教文化出版社2005年版；［英］哈玛拉瓦·萨达提沙《佛教伦理学》，姚治华、王晓红译，上海译文出版社2007年版。

② ［美］查尔斯·L. 坎默：《基督教伦理学》，王苏平译，中国社会科学出版社1994年版，第25页。

结　　论

　　新中国成立后几度兴盛的历史人物评价研究是当时马克思主义新史学重要的组成部分，是批判以往旧史学的重要一环。新中国成立后历史人物评价研究的兴起导源于马克思主义史学主流地位确立和重新书写历史的需要。把所谓颠倒了的历史再次颠倒过来，将帝王将相这些统治阶级、剥削阶级打翻在地，让劳动者、人民群众走上历史舞台的中心。这种改写历史的冲动与改造现实的需求是紧密配合的。历史人物评价实际上是当时各社会阶层地位升降的一种反映，是所谓劳苦大众行使其话语权的一个表征。现实中翻身的人民群众历史上也必须翻身。各种历史人物评价标准的争执、一种评价标准正确与否，关键在于这种标准有利于哪一群体，是精英还是大众。归根结底是要回答谁是历史主人的问题。因此，新中国成立后相当长的一段时期内的历史人物评价问题，是一个与现实政治具有高度相关性的命题，是史学领域贯彻"阶级斗争"等政治意图的反映，绝不仅仅是为古人求公道，发思古之幽情。

　　历史人物评价是现实生活的一种延长和变异，它不可能与现实社会完全绝缘。这也就意味着历史人物评价的客观中立只是一种理想状态。历史人物评价必然会或隐或显、或多或少地透露出当代人的价值立场。历史人物评价当以客观事实为基础，但客观事实不是全部，价值判断才是历史评价的核心和灵魂。这也是历史评价与历史记述、编年史的根本歧异所在。对此古代史学家刘知幾所言甚有启示。"史之为务，厥途有三。何则？彰善贬恶，不避强御，若晋之董狐、齐之南史，此其上也。编次勒成，郁为不朽，若鲁之丘明、汉之子长，此其次也。高才博学，名重一时，若周之史佚、楚之倚相，此其下也。苟三者并阙，复何为者哉?"①

　　真正的史学不仅执着于历史的真实，讲求信而有征，也执着于精神价值的追求，讲求善恶褒贬，中国传统史学即是如此。史学总是关注着历史和生活中的不完满。尽管难以实现，可理想总是在前面召唤；尽管无能为力，但苦难与不幸总是难以令人平静。显然，优良史学家总是以超越自己地位所具有的那种局限性眼光，把目光投射到未来。这种怀有深沉忧患意识而写出的历史可能更为深入、持久。比如《史记》"究天人之际，通古今之变"的情怀，并不与其作为信史相矛盾，而在中国历史中为后人所敬慕，并成为后人难以企及的高山和学习的楷模。若史学放弃了自己的理想与责任，赞美丑恶，为丑恶辩护，那么史学也就沦落了。对此，"文革史学"之臭名昭著可谓鲜活例证。

　　所以说，对历史人物评价而言，道德标准不是可有可无，而是有着极其重要的意义。传统中国史学既包含事实判断系统，又包含价值判断系统——传统中国最为根本的价值判断系统，故而中国传统史学拥有我们民族最为深厚的精神资源。善善恶恶可谓中国史心。"凡一国之历史，其对于民族思想之指示，与民族力量之启发，恒于不知不觉之间，隐操大柄。"② 美国学者 L. 劳丹曾说："我们如果知道了问题的相对重要性和相对数量，便能辨明在哪些情况下，知识的发展即使在丧失解决某些问题的能力时也仍然是进步的。"③我们可借用他的话说：我们如果知道了道德价值的重要性，便能辨明在哪些情况下，它们即使在丧失解决某些问题的能力时也仍然是必要的。"腾褒裁贬，万古魂动。"④

　　当然，我们强调重视历史人物评价中道德价值观念，并非毫无

　　① （唐）刘知幾：《史通通释·辨职》（全二册）（清）浦起龙释，上海古籍出版社1978年版，第282页。

　　② 熊十力：《熊十力别集·论六经·中国历史讲话》，中国人民大学出版社2006年版，第153页。

　　③ ［美］L. 劳丹：《进步及其问题》，刘新民译，华夏出版社1990年版，第144页。

　　④ 周振甫：《文心雕龙今译·史传》，中华书局1986年版，第153页。

根据地建设一套价值观，并把一幕幕的历史塞进这个坐标系，并强行为其定位，而是主张道德标准对历史人物评价研究不可或缺，它不是历史人物评价的唯一标准。另外，尽管道德标准的具体内容有时代性和相对性，但这并不妨碍历史有其最基本的道德价值准则。

目前，道德评价或道德评判是史学界中非常不令人欣赏的字眼，这或者出于人们对理论问题的冷漠，或者认为这一问题已经解决，是不成问题的"问题"。这种现象都反映了史学界对重大社会问题的"疏远"，包括道德价值这一重大问题。

如何使历史人物评价走出这一困境，这需要正确看待事功判断与道德判断之间的关系、历史中物质与精神关系、历史人物现世成功与历史成功之关系，以及重新审视历史作用的学术属性而非政治属性，正确看待历史学的人文性，和确立历史人物评价的多元标准，等等。然而，因事物本身具有多个层面，同时人们看待的方式、角度也各不相同，所以对某一问题总有不同的高论，此中滋味只能仁者见仁，智者见智。

除上述几点，在历史人物道德评价的困境方面还有几点为学界所忽视：一是研究主体或者史学家的责任性问题；二是史学的优美性问题；三是道德"由内而外"的人心自觉问题。其实，道德不仅是个人、群体、民族、国家所必需的，而且道德更代表了一种优美的趋向。历史研究具有选择性，叙述与解释也具有多样性，每个研究者都有自己的学术风格，不可强求。但是，历史研究的优美选择、优美导向确实值得肯定和弘扬。或许尽管我们难以为"优美"或"丑陋"做出一个确切的定义，但在优美和丑恶之间有着明显的分野，我们总不能把这些悲剧和负面的东西当成正向的优美的东西加以鼓励。"历史叙事肯定受历史学家审美意识的塑造"①，杜维运所提出撰写"柔美的历史"的主张，这对我们理解道德价值观甚有

---

① ［英］约翰·托什：《史学导论——现代历史学的目标、方法和新方向》，吴英译，北京大学出版社 2007 年版，第 172 页。

启发意义。①

　　康德曾说过："有两样东西，人们越是经常持久地对之凝神思索，它们就越是使内心充满常新而日增的惊奇和敬畏：我头上的星空和我心中的道德律。"② 这种叙述作为一个哲学家是正确的，作为一个历史学家也是适用的。"书美以彰善，记恶以垂戒"③，不论对史学还是对社会，依然闪烁着光辉的生命。

---

① 参见杜维运《史学方法论》，北京大学出版社 2006 年版，第 220—228 页。
② ［德］康德：《康德三大批判合集实践理性批判》，邓晓芒译，杨祖陶校，人民出版社 2009 年版，第 172 页。
③ （唐）魏徵等撰：《隋书·经籍志二》，中华书局 1973 年版，第 992 页。

参考文献

古籍类：

1. 《十三经注疏》，（清）阮元校刻，中华书局 1980 年版。

2. （汉）司马迁：《史记》，中华书局 1959 年版。

3. （汉）班固：《汉书》，中华书局 1962 年版。

4. （南朝）范晔：《后汉书》，中华书局 1965 年版。

5. 《两汉纪》[（汉）荀悦：《汉纪》；（晋）袁宏：《后汉纪》]，张烈校点，中华书局 2002 年版。

6. （晋）陈寿：《三国志》，中华书局 1959 年版。

7. （魏）刘劭：《人物志》，（西凉）刘昞注，中州古籍出版社 2007 年版。

8. （唐）房玄龄等：《晋书》，中华书局 1974 年版。

9. （唐）刘知幾：《史通通释》，（清）浦起龙释，上海古籍出版社 1978 年版。

10. （唐）魏徵等撰：《隋书》，中华书局 1973 年版。

11. （唐）柳宗元：《柳河东全集》，中国书店 1991 年版。

12. （唐）杜佑：《通典》，中华书局 1984 年版。

13. （宋）司马光等编著：《资治通鉴》，中华书局 1956 年版。

14. （宋）欧阳修：《新唐书》，中华书局 1975 年版。

15. （宋）吴缜：《新唐书纠谬》，中华书局 1985 年版。

16. （宋）袁枢：《通鉴纪事本末》，中华书局 1955 年版。

17. （元）马端临：《文献通考》，中华书局 1986 年版。

18. （明）胡应麟：《少室山房笔丛》，中华书局 1958 年版。

19. （明）李贽：《藏书》，中华书局 1959 年版。

20. （明）李贽：《续藏书》，中华书局 1959 年版。

21. （明）李贽：《焚书》《续焚书》，中华书局 1975 年版。

22. （明）刘基：《郁离子》，魏建猷、萧善芗校点，上海古籍出版社 1981 年版。

23. （清）黄宗羲：《明儒学案》，中华书局 1985 年版。

24. （清）王夫之：《读通鉴论》，中华书局 1975 年版。

25. （清）章学诚：《文史通义校注》，叶瑛校注，中华书局 1985 年版。

26. （清）顾炎武：《日知录集释》，黄汝成集释，上海古籍出版社 1985 年版。

著作类：

1. 梁启超：《饮冰室合集》（全四十册），中华书局 2015 年版。

2. 吕思勉：《历史研究法》，上海永祥印书馆 1935 年版。

3. 陆懋德：《史学方法大纲》，独立出版社 1945 年版。

4. 荣孟源：《历史人物的评价问题》，华东人民出版社 1954 年版。

5. 陈旭麓：《论历史人物评价问题》，新知识出版社 1955 年版。

6. 嵇文甫：《关于历史评价问题》，人民出版社 1956 年版。

7. 翦伯赞：《历史问题论丛》，生活·读书·新知三联书店 1956 年版。

8. 嵇文甫：《关于历史评价及其他》，河南人民出版社 1957 年版。

9. 陈垣：《通鉴胡注表微》，科学出版社 1958 年版。

10. 人民出版社编辑部编：《马克思主义经典作家论历史人物评价问题》，人民出版社 1961 年版。

11. 金毓黻：《中国史学史》，中华书局 1962 年版。

12. 历史研究编辑部编：《关于历史人物评价等问题的讨论》（第一辑），生活·读书·新知三联书店 1965 年版。

13. 《有关历史人物评价的资料》，中国人民大学科学研究处翻印，1965 年版。

14. 《马克思恩格斯文集》（十卷），人民出版社 2009 年版。

15. 《列宁选集》（四卷），人民出版社 1972 年版。

16. 《联共（布）党史简明教程》，中共中央编译局译，人民出版社 1975 年版。

17. 杜维运、黄俊杰编：《史学方法论文选集》，华世出版社 1977 年版。

18. 李宗侗：《中国史学史》，台北华冈出版有限公司 1978 年版。

19. 中国社会科学院近代史研究所编：《范文澜历史论文选集》，中国社会科学出版社 1979 年版。

20. 翦伯赞：《翦伯赞全集》，河北教育出版社 1980 年版。

21. 华岗：《中国历史的翻案》，人民出版社 1981 年版。

22. 黎澍主编：《马克思恩格斯列宁斯大林论历史人物评价问题》，人民出版社 1981 年版。

23. 吴泽主编：《吕振羽史学选集》，上海人民出版社 1981 年版。

24. 江明、桂遵义选编：《吕振羽史论选集》，上海人民出版社 1981 年版。

25. 吉林省历史学会编：《历史人物论集》，吉林人民出版社 1982 年版。

26. 田汝康、金重远：《现代西方史学流派文选》，上海人民出版社 1982 年版。

27. 宋士堂等编：《关于社会历史发展动力问题》（论文选辑），求实出版社 1982 年版。

28. 郭沫若：《郭沫若全集·历史编》（第一、二、四卷），人民出版社 1982 年版；《郭沫若全集·历史编》（第三卷），人民出版社 1984 年版。

29. 刘节：《中国史学史稿》，中州书画社 1982 年版。

30. 葛懋春主编：《历史科学概论》，山东教育出版社 1983 年版。

31. 白寿彝主编：《史学概论》，宁夏人民出版社 1983 年版。

32. 红旗杂志社哲学历史编辑室编：《历史研究的理论与方法》，红旗出版社 1983 年版。

33. 《历史研究》编辑部：《建国以来史学理论问题讨论举要》，齐鲁书社 1983 年版。

34. 徐复观等：《知识分子与中国》，台北时报文化出版事业有限公司 1983 年版。

35. 吴晗：《吴晗史学论著选集》（第一卷），人民出版社 1984 年版；（第二卷），1986 年版；（第三卷），1988 年版；（第四卷），1988 年版。

36. 梁友尧、谢宝耿编写：《中国史问题讨论及其观点》（1976.10 —1980.6），山西人民出版社 1984 年版。

37. 光明日报社史学专刊编：《历史理论研究》，重庆出版社 1984 年版。

38. 尹达主编：《中国史学发展史》，中州古籍出版社 1985 年版。

39. 葛懋春、项奇观编：《历史科学概论参考资料》（上、下），山东教育出版社 1985 年版。

40. 黎澍：《再思集》，中国社会科学出版社 1985 年版。

41. 余英时：《史学与传统》，台北时报文化出版事业有限公司 1986 年版。

42. 白寿彝：《中国史学史》，上海人民出版社 1986 年版。

43. 张大可辑释：《史记论赞辑释》，陕西人民出版社 1986 年版。

44. 周明主编：《历史在这里沉思》（第三卷），华夏出版社 1986 年版。

45. 史苏苑：《历史人物评价论稿》，河南人民出版社 1986 年版。

46. 周振甫：《文心雕龙今译》，中华书局 1986 年版。

47. 谭宗级、郑谦等：《十年后的评说——"文化大革命"史论集》，中共党史资料出版社 1987 年版。

48. 吴泽主编：《吴晗史论集》，光明日报出版社 1987 年版。

49. 周辅成编：《西方伦理学名著选辑》，商务印书馆 1987 年版。

50. 赵吉惠：《历史学方法论》，四川人民出版社 1987 年版。

51. 赵光贤：《中国历史研究法》，中国青年出版社 1988 年版。

52. 贺麟：《文化与人生》，商务印书馆 1988 年版。

53. 吴泽主编，袁英光、杜遵义著：《中国近代史学史》（上、下），江苏古籍出版社 1989 年版。

54. 李桂海：《现代人与历史的现代解释》，湖北人民出版社 1989 年版。

55. 周朝民、庄辉明、李向平编著：《中国史学四十年（1949—1989）》，广西人民出版社 1989 年版。

56. 肖黎主编：《中国历史学四十年》（1949—1989），书目文献出版社 1989 年版。

57. ［美］汪荣祖：《史传通说》，中华书局 1989 年版。

58. 苏双碧：《历史科学的理论与方法》，上海人民出版社 1990 年版。

59. 王正平：《史学理论与方法》，杭州大学出版社 1990 年版。

60. 中国美国史研究会编：《现代史学的挑战——美国历史协会主席演说集（1961—1988）》，王建华等译，上海人民出版社 1990 年版。

61. 蒋大椿：《唯物史观与史学》，吉林教育出版社 1991 年版。

62. 胡逢祥、张文建：《中国近代史学思潮与流派》，华东师范大学出版社 1991 年版。

63. 姜义华主编：《社会科学争鸣大系（1949—1989）·历史卷》，上海人民出版社 1991 年版。

64. 袁伟时：《晚清大变局中的思潮与人物》，海天出版社 1992 年版。

65. 贾东海、郭卿友主编：《史学概论》，中央民族大学出版社 1992 年版。

66. 陈其泰：《中国近代史学的历程》，河南人民出版社 1994 年版。

67. 王学典：《历史主义思潮的历史命运》，天津人民出版社 1994 年版。

68. 葛剑雄：《统一与分裂——中国历史的启示》，生活·读书·新知三联书店 1994 年版。

69. 邹兆辰：《毛泽东对历史的考察》，首都师范大学出版社 1995 年版。

70. 王学典：《二十世纪后半期中国史学主潮》，山东大学出版社

1996 年版。

71. 罗凤礼主编：《现代西方史学思潮评析》，中央编译出版社 1996 年版。

72. 何兆武、陈启能主编：《当代西方史学理论》，中国社会科学出版社 1996 年版。

73. 张岂之主编：《中国近代史学学术史》，中国社会科学出版社 1996 年版。

74. 陈启能、于沛、黄立弗：《苏联史学理论》，经济管理出版社 1996 年版。

75. 吴怀祺：《中国史学思想史》，安徽人民出版社 1996 年版。

76. 刘修明：《儒生与国运》，浙江人民出版社 1997 年版。

77. 沙健孙、龚书铎主编：《走什么路——关于中国近现代历史上的若干重大是非问题》，山东人民出版社 1997 年版。

78. 张艳国：《唯物史观与史学理论》，华中理工大学出版社 1997 年版。

79. 杜维明：《现代精神与儒学传统》，生活·读书·新知三联书店 1997 年版。

80. 韦君宜：《思痛录》，十月文艺出版社 1998 年版。

81. 王旭东：《史学理论与方法》，安徽大学出版社 1998 年版。

82. 余英时：《现代儒学论》，上海人民出版社 1998 年版。

83. 戴扬本：《史笔春秋》，北京语言文化大学出版社 1998 年版。

84. 何兆武主编：《历史理论与史学理论——近现代西方史学著作选》，商务印书馆 1999 年版。

85. 李泽厚：《中国思想史论》（上、中、下），安徽文艺出版社 1999 年版。

86. 陈其泰：《史学与民族精神》，学苑出版社 1999 年版。

87. 瞿林东：《中国史学史纲》，北京出版社 1999 年版。

88. 李守常：《史学要论》，商务印书馆 1999 年版。

89. 刘新成主编，吴怀祺等著：《历史学百年》，北京出版社 1999 年版。

90. 杨豫、胡成：《历史学的思想和方法》，南京大学出版社 1999 年版。

91. 汤勤福：《朱熹的史学思想》，齐鲁书社 2000 年版。

92. 李屏南：《人物评价论》，岳麓书社 2000 年版。

93. 张广智：《西方史学史》，复旦大学出版社 2000 年版。

94. 吴泽主编：《史学概论》，安徽教育出版社 2000 年版。

95. 仓修良：《史学家·史籍·史学》，山东教育出版社 2000 年版。

96. 唐凯麟主编：《西方伦理学名著提要》，江西人民出版社 2000 年版。

97. 罗国杰：《罗国杰文集》（上、下），河北大学出版社 2000 年版。

98. 洪汉鼎主编：《理解与解释——诠释学经典文选》，东方出版社 2001 年版。

99. 张岂之主编：《中国历史》，高等教育出版社 2001 年版。

100. 何兆武：《历史理性批判论集》，清华大学出版社 2001 年版。

101. 王学典：《20 世纪中国史学评论》，山东人民出版社 2002 年版。

102. 吴泽：《吴泽文集》（四卷），华东师范大学出版社 2002 年版。

103. 孟庆仁：《现代唯物史观大纲》，当代中国出版社 2002 年版。

104. 吕思勉：《吕著史学与史籍》，华东师范大学出版社 2002 年版。

105. 田昌五：《中国历史体系新论续编》，山东大学出版社 2002 年版。

106. 卜宪群：《秦汉官僚制度》，社会科学文献出版社 2002 年版。

107. 林家有：《史学方法论》，中山大学出版社 2002 年版。

108. 傅玉璋、傅正：《明清史学史》，安徽大学出版社 2003 年版。

109. 陈君静：《大洋彼岸的回声——美国中国史研究历史考察》，中国社会科学出版社 2003 年版。

110. 张秋升：《天人纠葛与历史运演——西汉儒家历史观的现代诠释》，齐鲁书社 2003 年版。

111. 姜义华、瞿林东、赵吉惠：《史学导论》，复旦大学出版社

2003 年版。

112. 张剑平：《中国新史学五十年》，学苑出版社 2003 年版。

113. 许冠三：《新史学九十年》，岳麓书社 2003 年版。

114. 王晴佳、古伟瀛：《后现代与历史学——中西比较》，山东大学出版社 2003 年版。

115. 余英时：《士与中国文化》，上海人民出版社 2003 年版。

116. 漆侠：《历史研究法》，河北大学出版社 2003 年版。

117. 冯友兰：《中国哲学简史》，新世界出版社 2004 年版。

118. 瞿林东：《中国史学的理论遗产》，北京师范大学出版社 2005 年版。

119. 戴煌：《胡耀邦与平反冤假错案》（修订版），中国工人出版社 2004 年版。

120. 刘师培：《清儒得失论——刘师培论学杂稿》，中国人民大学出版社 2004 年版。

121. 傅斯年：《史学方法导论——傅斯年史学文辑》，中国人民大学出版社 2004 年版。

122. 周建漳：《历史及其理解和解释》，社会科学文献出版社 2005 年版。

123. 张耕华：《历史哲学引论》，复旦大学出版社 2004 年版。

124. 牛润珍：《关于历史学理论的学术论辩》，百花洲文艺出版社 2004 年版。

125. 方敏、宋卫忠、邓京力：《中国历史人物研究论辩》，百花洲文艺出版社 2004 年版。

126. 钱穆：《晚学盲言》，广西师范大学出版社 2004 年版。

127. 钱穆：《国史新论》，生活·读书·新知三联书店 2005 年版。

128. 钱穆：《中国史学名著》，生活·读书·新知三联书店 2005 年版。

129. 钱穆：《灵魂与心》，广西师范大学出版社 2004 年版。

130. 钱穆：《中国历史研究法》，生活·读书·新知三联书店 2005 版。

131. 钱穆：《现代中国学术论衡》，生活·读书·新知三联书店
　　　2005 年版。

132. 张岱年：《中国伦理思想研究》，江苏教育出版社 2005 年版。

133. 何兆武：《历史理性的重建》，北京大学出版社 2005 年版。

134. 苏双碧：《浪中记事》，中国社会科学出版社 2005 年版。

135. 翦伯赞：《史料与史学》，北京出版社 2005 年版。

136. 林甘泉：《林甘泉文集》，上海辞书出版社 2005 年版。

137. 陈新：《西方历史叙述学》，社会科学文献出版社 2005 年版。

138. 《历史研究》编辑部编：《〈历史研究〉五十年论文选》，社会
　　　科学文献出版社 2005 年版。

139. 何兆武：《历史理性的重建》，北京大学出版社 2005 年版。

140. 白兴华：《赵翼史学新探》，中华书局 2005 年版。

141. 唐君毅：《道德自我之建立》，广西师范大学出版社 2005 年版。

142. 努尔曼·马贤、伊卜拉欣·马效智：《伊斯兰伦理学》，宗教文
　　　化出版社 2005 年版。

143. 唐君毅：《文化意识与道德理性》，中国社会科学出版社 2005
　　　年版。

144. 王尔敏：《史学方法》，广西师范大学出版社 2005 年版。

145. 吴怀祺：《史学理论与史学史研究》，福建人民出版社 2006
　　　年版。

146. 余英时：《文化评论与中国情怀》（上、下），广西师范大学出
　　　版社 2006 年版。

147. 唐德刚：《史学与红学》，广西师范大学出版社 2006 年版。

148. 瞿林东：《中国史学史研究》，湖北教育出版社 2006 年版。

149. ［美］汪荣祖：《史学九章》，生活·读书·新知三联书店
　　　2006 年版。

150. 熊十力：《熊十力别集论六经·中国历史讲话》，中国人民大学
　　　出版社 2006 年版。

151. 杨翼骧讲授：《杨翼骧中国史学史讲义》，姜胜利整理，天津古
　　　籍出版社 2006 年版。

152. 刘俐娜：《由传统走向现代——论中国史学的转型》，社会科学文献出版社 2006 年版。

153. 蒙文通：《中国史学史》，上海人民出版社 2006 年版。

154. 瞿林东：《中国史学通论》，武汉出版社 2006 年版。

155. 杜维运：《史学方法论》，北京大学出版社 2006 年版。

156. 牟宗三：《政道与治道》，广西师范大学出版社 2006 年版。

157. 杜维运：《变动世界中的史学》，北京大学出版社 2006 年版。

158. 刘师培：《刘师培史学论著选集》，邬国义、吴修艺编校，上海古籍出版社 2006 年版。

159. 唐君毅：《生命存在与心灵境界》，中国社会科学出版社 2006 年版。

160. 白寿彝主编：《中国史学史》（第六卷），上海人民出版社 2006 年版。

161. 牟宗三：《历史哲学》，广西师范大学出版社 2007 年版。

162. 王尔敏：《20 世纪非主流史学与史学家》，广西师范大学出版社 2007 年版。

163. 许倬云：《从历史看人物》，广西师范大学出版社 2007 年版。

164. 齐思和：《齐思和史学概论讲义》，天津古籍出版社 2007 年版。

165. 刘小枫、陈少明主编：《修昔底德的春秋笔法》，华夏出版社 2007 年版。

166. 李剑鸣：《历史学家的修养和技艺》，上海三联书店 2007 年版。

167. 侯云灏：《20 世纪中国史学思潮与变革》，北京师范大学出版社 2007 年版。

168. 柳诒徵：《国史要义》，中国人民大学出版社 2007 年版。

169. 何兆武：《历史与历史学》，湖北人民出版社 2007 年版。

170. 何兆武：《书前与书后》，湖北人民出版社 2007 年版。

171. 张元济：《读史阅世》，陕西师范大学出版社 2007 年版。

172. 肖黎主编：《20 世纪中国史学重大问题论争》，北京师范大学出版社 2007 年版。

173. 瞿林东主编：《史学理论的世界视野——外国史学研究》，北京师范大学出版社 2007 年版。

174. 瞿林东主编：《历史研究的理性抉择——历史学的理论、历史与比较研究》，北京师范大学出版社 2007 年版。

175. 李小树主编：《秦汉魏晋南北朝史学史稿》，中国人民大学出版社 2007 年版。

176. 刘龙心：《学术与制度》，新星出版社 2007 年版。

177. 张广智主编：《20 世纪中外史学交流》，北京师范大学出版社 2007 年版。

178. 吴怀祺：《中国史学思想史》，商务印书馆 2007 年版。

179. 傅斯年：《史学方法导论》，江苏文艺出版社 2008 年版。

180. 乔治忠：《中国官方史学与私家史学》，北京图书馆出版社 2008 年版。

181. 朱宗震：《史学方法与学术批评》，广西师范大学出版社 2008 年版。

182. 陈其泰主编：《中国马克思主义史学的理论成就》，北京图书馆出版社 2008 年版。

183. 林璧属：《历史认识的科学性》，科学出版社 2008 年版。

184. 王学典主编：《史学引论》，北京大学出版社 2008 年版。

185. 瞿林东：《20 世纪中国史学散论》，安徽人民出版社 2009 年版。

186. 许倬云：《历史大脉络》，广西师范大学出版社 2009 年版。

187. 杨珍：《康熙皇帝一家》，学苑出版社 2009 年版。

188. 杨珍：《清朝皇位继承制度》（修订版），学苑出版社 2009 年版。

189. 王学典、陈峰：《二十世纪中国历史学》，北京大学出版社 2009 年版。

190. 李隆国：《史学概论》，北京大学出版社 2009 年版。

191. 瞿林东主编：《20 世纪中国史学发展分析》，北京师范大学出版社 2009 年版。

192. 杜维运：《中国史学与世界史学》，商务印书馆 2010 年版。

193. 王尔敏：《新史学圈外史学》，广西师范大学出版社 2010 年版。

194. 王晴佳：《新史学讲演录》，中国人民大学出版社 2010 年版。

195. 王学典、陈峰编：《二十世纪中国史学史论》，北京大学出版社 2010 年版。

196. 王学典：《思想史上的新启蒙时代：黎澍及其探索的问题》，河南人民出版社 2010 年版。

197. 王学典、牛方玉：《唯物史观与伦理史观的冲突——阶级观点问题研究》，河南大学出版社 2010 年版。

198. 李振宏、刘克辉：《民族历史与现代观念——中国古代民族关系史研究》，河南大学出版社 2010 年版。

199. 陈峰：《二十世纪中国历史学》，山东大学出版社 2010 年版。

200. 周祥森：《反思与建构——历史认识论问题研究》，河南大学出版社 2010 年版。

201. 何晓明：《世界眼光与本土特色——中国资本主义萌芽研究》，河南大学出版社 2010 年版。

202. 瞿林东主编：《中国古代历史理论》（上、中、下），安徽人民出版社 2011 年版。

203. 李红岩：《中国近代史学史论》，中国社会科学出版社 2011 年版。

204. 余英时：《中国文化的重建》，中信出版社 2011 年版。

205. 张广智主编：《当代西方马克思主义史学研究》，复旦大学出版社 2011 年版。

206. 乔治忠：《中国史学史》，中国人民大学出版社 2011 年版。

207. 王学典主撰：《顾颉刚和他的弟子们》，中华书局 2011 年版。

208. 杨珍：《历程制度人——清朝皇权略探》，学苑出版社 2013 年版。

209. 彭卫：《游侠与汉代社会》，安徽人民出版社 2013 年版。

210. 杨翼骧编著：《增订中国史学史资料编年》，乔治忠、朱洪斌订补，商务印书馆 2013 年版。

211. 陆键东：《陈寅恪的最后 20 年》，生活·读书·新知三联书店

2013 年版。

212. 乔治忠主编:《中国史学史经典精读》,高等教育出版社 2014
年版。

213. 王学典主编:《20 世纪中国史学编年》,商务印书馆 2014
年版。

214. 李振宏:《当代史学平议》,社会科学文献出版社 2015 年版。

215. [法]郎格诺瓦、瑟诺博司:《史学原论》,李思纯译,商务印
书馆 1933 年版。

216. [意]沙耳非米尼:《史学家与科学家》,周谦冲译,商务印书
馆 1937 年版。

217. [意]贝乃戴托·克罗齐:《历史学的理论和实际》,傅任敢
译,商务印书馆 1982 年版。

218. [荷兰]斯宾诺莎:《伦理学》,贺麟译,商务印书馆 1983
年版。

219. [德]费希特:《论学者的使命、人的使命》,梁志学、沈真
译,商务印书馆 1984 年版。

220. [英]杰弗里·巴勒克拉夫:《当代史学主要趋势》,杨豫译,
上海译文出版社 1987 年版。

221. [德]马克斯·韦伯:《新教伦理与资本主义精神》,于晓、陈
维纲译,生活·读书·新知三联书店 1987 年版。

222. [美]约翰·罗尔斯:《正义论》,何怀宏、何包钢、廖申白
译,中国社会科学出版社 1988 年版。

223. [美]J. W. 汤普逊:《历史著作史》(上卷·全两册),谢德
风译,商务印书馆 1988 年版。

224. [法]J. 勒高夫、P. 诺拉、R. 夏蒂埃、J. 勒韦尔主编:《新
史学》,姚蒙编译,上海译文出版社 1989 年版。

225. [英]乔治·皮博迪·古奇:《十九世纪的历史学与历史学
家》,耿谈如译,商务印书馆 1989 年版。

226. [美]L. 劳丹:《进步及其问题》,刘新民译,华夏出版社
1990 年版。

227. ［波］耶日·托波尔斯基：《历史学方法论》，张家哲、王寅、尤天然译，华夏出版社 1990 年版。

228. ［法］马克·布洛赫：《历史学家的技艺》，张和声、程郁译，上海社会科学院出版社 1992 年版。

229. ［美］伊格尔斯：《历史研究国际手册》，华夏出版社 1992 年版。

230. ［美］艾恺：《最后的儒家——梁漱溟与中国现代化的两难》，王宗昱、冀建中译，江苏人民出版社 1995 年版。

231. ［德］马克斯·韦伯：《儒教与道教》，商务印书馆 1995 年版。

232. ［美］田浩：《功利主义儒家——陈亮对朱熹的挑战》，姜长苏译，江苏人民出版社 1997 年版。

233. ［英］柯林武德：《历史的观念》，何兆武、张文杰译，商务印书馆 1997 年版。

234. ［英］阿诺德·汤因比：《历史研究》，刘北成、郭小凌译，上海人民出版社 2000 年版。

235. ［英］沃尔什：《历史哲学导论》，何兆武、张文杰译，广西师范大学出版社 2001 年版。

236. ［英］休谟：《道德原则研究》，曾晓平译，商务印书馆 2001 年 2 月。

237. ［德］康德：《论优美感和崇高感》，何兆武译，商务印书馆 2001 年 11 月。

238. ［德］威廉·狄尔泰：《历史中的意义》，艾彦、逸飞译，中国城市出版社 2002 年版。

239. ［德］马克斯·韦伯：《新教伦理与资本主义精神》，彭强、黄晓京译，陕西师范大学出版社 2002 年版。

240. ［德］卡尔·洛维特：《世界历史与救赎历史——历史哲学的神学前提》，李秋零、田薇译，生活·读书·新知三联书店 2002 年版。

241. ［俄］别尔嘉耶夫：《历史的意义》，张雅平译，学林出版社 2002 年版。

242. ［德］伊格尔斯：《二十世纪的历史学——从科学的客观性到后现代的挑战》，何兆武译，辽宁教育出版社 2003 年版。

243. ［英］格鲁内尔：《历史哲学——批判的论文》，隗仁莲译，安希梦校，广西师范大学出版社 2003 年版。

244. ［德］克劳塞维茨：《战争论》，钮先钟译，广西师范大学出版社 2003 年版。

245. ［美］约翰·杜威：《确定性的追求——关于知行关系的研究》，傅统先译，上海人民出版社 2004 年版。

246. ［美］孙隆基：《历史学家的经线》，广西师范大学出版社 2004 年版。

247. ［德］汉斯－格奥尔格·加达默尔：《真理与方法——哲学诠释学的基本特征》，洪汉新泽，上海译文出版社 2004 年版。

248. ［美］海登·怀特：《元史学，十九世纪欧洲的历史想象》，陈新译，彭刚校，译林出版社 2004 年版。

249. ［美］鲁宾孙：《新史学》，何炳松译，广西师范大学出版社 2005 年版。

250. ［德］伊曼努尔·康德：《道德形而上学原理》，苗力田译，上海人民出版社 2005 年版。

251. ［英］约翰·伯瑞：《进步的观念》，范祥涛译，上海三联书店 2005 年版。

252. ［美］悉尼·胡克：《历史中的英雄》，王清彬译，上海人民出版社 2006 年版。

253. ［德］德罗伊森：《历史知识理论》，耶尔恩·吕森、胡昌智编选，胡昌智译，北京大学出版社 2006 年版。

254. ［英］彼得·伯克：《法国史学革命：年鉴学派，1929—1989》，刘永华译，北京大学出版社 2006 年版。

255. ［英］杰弗里·巴勒克拉夫：《当代史学主要趋势》，杨豫译，北京大学出版社 2006 年版。

256. ［英］约翰·托什：《史学导论——现代历史学的目标、方法和新方向》，吴英译，北京大学出版社 2007 年版。

257. ［美］约翰·杜威：《评价理论》，冯平、余泽娜等译，上海译文出版社 2007 年版。

258. ［英］罗素：《论历史》，何兆武、肖巍、张文杰译，广西师范大学出版社 2007 年版。

259. ［英］哈玛拉瓦·萨达提沙：《佛教伦理学》，姚治华、王晓红译，上海译文出版社 2007 年版。

260. ［美］格特鲁德·希梅尔布：《新旧历史学》，余伟译，新星出版社 2007 年版。

261. ［美］巴巴拉·W. 塔奇曼：《实践历史》，孟庆亮译，新星出版社 2007 年版。

262. ［德］哈拉尔德·韦尔策：《社会记忆：历史、回忆、传承》，季斌、王立君、白锡堃译，北京大学出版社 2007 年版。

263. ［英］E. H. 卡尔：《历史是什么?》，商务印书馆 2007 年版。

264. ［瑞士］雅各布·布克哈特：《世界历史沉思录》，金寿福译，北京大学出版社 2007 年版。

265. ［波兰］埃娃·多曼斯卡：《邂逅：后现代主义之后的历史哲学》，彭刚译，北京大学出版社 2007 年版。

266. ［英］约翰·穆勒：《功利主义》，徐大建译，上海人民出版社 2008 年版。

267. ［法］费尔南·布罗代尔：《论历史》，刘北成、周立红译，北京大学出版社 2008 年版。

268. ［英］易劳逸：《毁灭的种子：战争与革命中的国民党中国（1937—1949）》，王建朗、王贤知、贾维译，江苏人民出版社 2009 年版。

269. ［英］伯恩斯、皮卡德：《历史哲学：从启蒙到后现代性》，张羽佳译，北京师范大学出版社 2009 年版。

270. ［英］理查德·艾文斯：《捍卫历史》，张仲民、潘玮琳、章可译，广西师范大学出版社 2009 年版。

271. ［美］浦嘉珉：《中国与达尔文》，钟永强译，江苏人民出版社 2009 年版。

272. ［英］彼得·伯克：《历史学与社会理论》（第二版），姚朋、周玉鹏、胡秋红、吴修申译，上海人民出版社 2010 年版。

273. ［法］米歇尔·德·塞尔托：《历史与心理分析——科学与虚构之间》，邵炜译，中国人民大学出版社 2010 年版。

274. ［法］雅克·勒高夫：《历史与记忆》，方仁杰、倪复生译，中国人民大学出版社 2010 年版。

275. R. F. Atkinson, *Knowledge and Explanation in history：an Introduction to the Philosophy of History*, London：The Macmillan Press LTD, 1978.

276. Michael Walzer, *Thick and Thin, Moral Argument at Home and broad*, Notre Dame：University of Notre Dame Press, 1994.

277. Isaiah Berlin, *Historical Inevitability*, London：Oxford University Press, 1954.

278. Elijah Millgram, *Ethics Done Right：Practical Reasoning as a Foundation for Moral Theory*, New York：Cambridge University Press, 2005.

论文类：

1. 范文澜：《关于〈中国通史简编〉》，《新建设》1951 年 2 月号。

2. 嵇文甫：《历史人物的评价问题（二月十八日对新史学会河南分会演讲)》，《新史学通讯》1951 年第 2 期。

3. 嵇文甫：《封建人物九等论——从武训传讨论所引起的历史人物评价问题》，《新史学通讯》1951 年第 5 期。

4. 《学习杂志》编辑部：《关于历史人物的评价问题——反对非历史主义的观点》，《学习杂志》1951 年第 12 期。

5. 翦伯赞：《关于历史人物评论中的若干问题》，《新建设》1952 年 9 月号。

6. 张炳耀：《历史教学中有关历史人物评价一些问题》，《历史教学》1953 年第 1 期。

7. 张研彬：《略论历史人物评价的几个问题》，《历史教学》1954 年第 8 期。

8. 陈旭麓：《论历史人物评及其阶级》，《历史教学》1954 年 10 月号。

9. 瑞云：《对评价历史人物的几点意见》，《光明日报》1954 年 12 月 23 日，第 3 版。

10. 尚钺：《如何理解历史人物、事件和现象》，《教学与研究》1956 年第 4 期。

11. 王昆仑：《历史上的曹操和舞台上的曹操》，《光明日报》1959 年 3 月 10 日，第 3 版。

12. 郭沫若：《替曹操翻案》，《人民日报》1959 年 3 月 23 日，第 7 版。

13. 郭沫若：《关于目前历史研究中的几个问题》，《新建设》1959 年 4 月号。

14. 吴晗：《从曹操问题的讨论谈历史人物评价问题——在北京教师进修学院对中学历史教师的讲话》，《历史教学》1959 年第 7 期。

15. 杨荣国：《如何评价历史人物》，《文汇报》1959 年 8 月 11 日，第 3 版。

16. 黎澍：《评吴泽著〈历史人物的评判问题〉》，《学习杂志》1959 年第 4 卷第 9 期。

17. 翦伯赞：《目前历史教学中的几个问题》，《红旗》1959 年第 10 期。

18. 吴晗：《关于评价历史人物的一些初步意见》，《历史教学》1959 年第 12 期。

19. 吴泽、谢天佑：《关于历史人物评价的若干理论问题——论一年来评价曹操讨论中存在的问题》，《学术月刊》1960 年第 1 期。

20. 吴晗：《关于历史人物评价问题》，《新建设》1961 年 1 月号。

21. 吴晗：《历史教材和历史研究中的几个问题》，《人民教育》1961 年第 9 期。

22. 翦伯赞：《对处理若干历史问题的初步意见》，《光明日报》1961 年 6 月 22 日，第 3 版。

23. 翦伯赞：《目前史学研究中存在的几个问题》，《江海学刊》1962 年第 5 期。

24. 吴晗：《论历史人物评价》，《人民日报》1962 年 3 月 23 日，第 5 版。

25. 师宁：《有关历史人物评价的两个问题——与吴晗、汪原等同志商榷》，《人民日报》1962 年 9 月 13 日，第 5 版。

26. 夏书章：《阶级与道德——兼评刘节先生〈怎样研究历史才能为当前政治服务〉一文》，《中山大学学报》（社会科学版）1963 年第 3 期。

27. 宁可：《论历史主义和阶级观点》，《历史研究》1963 年第 4 期。

28. 春龙：《必须反对把古人思想现代化》，《文史哲》1963 年第 4 期。

29. 敬贤：《对评价历史人物的一些想法》，《江汉学报》1963 年第 7 期。

30. 王瑞明：《评价历史人物应有哪一些"想法"?》，《江汉论坛》1963 年第 10 期。

31. 张炳耀：《评价历史人物不能离开阶级分析》，《江汉论坛》1964 年第 1 期。

32. 谢本书：《试论历史人物的评价》，《史学月刊》1965 年第 7 期。

33. 平心：《关于评价历史人物的标准问题和'循吏''清官'的分析批判问题——一个初步的解答》，《文汇报》1966 年 3 月 31 日，第 4 版。

34. 兰秀良：《必须用唯物史观评价历史人物》，《吉林师范大学学报》（人文社会科学版）1978 年第 2 期。

35. 翦伯赞：《对处理若干历史问题的初步意见》，《北京大学学报》（哲学社会科学版）1978 年第 3 期。

36. 李蔚：《略论用阶级分析的方法评价历史人物》，《兰州大学学报》（哲学社会科学）1979 年第 1 期。

37. 吴泽、桂遵义：《实践标准与历史研究》，《学术月刊》1979 年第 2 期。

38. 高放：《论普列汉诺夫功大于过——兼论历史人物评价问题》，《教学与研究》1979 年第 6 期。

39. 陈清泉：《论李秀成——兼论关于历史人物评价的几个问题》，《辽宁大学学报》（哲学社会科学版）1980 年第 2 期。

40. 陈可青：《司马迁的"通古今之变"及其对历史人物的评价》，《首都师范大学学报》（社会科学版）1980 年第 2 期。

41. 苏双碧：《论历史人物评价》，《近代史研究》1980 年第 3 期。

42. 裴汝诚：《评宋初君臣"取天下"之志及"一天下"之策——兼及历史人物评价问题》，《上海师范大学学报》（哲学社会科学版）1980 年第 3 期。

43. 崇实：《浅谈历史人物评价的几个问题》，《延边大学学报》1980 年第 4 期。

44. 吴培根：《评价历史人物必须重视气节问题——与钟文典同志商榷》，《江汉论坛》1980 年第 6 期。

45. 苏双碧、肖黎：《关于历史人物评价的几个问题》，《光明日报》1981 年 5 月 25 日，第 4 版。

46. 孙文范、李治亭：《马克思主义与历史人物评价》，《史学月刊》1982 年第 1 期。

47. 黄素芬：《从"曹操是一个英雄"谈起——学习鲁迅正确评价历史人物》，《广西师范大学学报》（哲学社会科学版）1982 年第 1 期。

48. 邓鸿光：《评价历史人物要遵循认识规律》，《华中师范学院学报》1982 年 4 期。

49. 史苏苑：《关于历史人物评价五题》，《史学月刊》1982 年第 5 期。

50. 郑宝琦：《关于武则天的评价问题》，《上海师范大学学报》（哲学社会科学版）1983 年第 1 期。

51. ［波］Z. 沙瓦斯基：《关于道德实践是伦理学中的真理标准问题》，傅西路译，《国外社会科学》1983 年第 6 期。

52. 降大任：《评价历史人物宜用"阶段论"》，《光明日报》1983

年 6 月 29 日，第 3 版。

53. 邓传淳：《评价历史人物的"阶段论"及其他》，《光明日报》1983 年 8 月 3 日，第 3 版。

54. 陈其泰：《"阶段论"不能取代从总体评价历史人物》，《光明日报》1983 年 8 月 17 日，第 3 版。

55. 黄椿：《评价历史人物亦宜用"方面论"》，《光明日报》1983 年 8 月 24 日，第 3 版。

56. 舒泰：《也谈历史人物评价的方法论》，《光明日报》1983 年 9 月 21 日，第 3 版。

57. 邓可吾：《坚持马克思主义的动机效果统一论——兼论历史人物的功过评价》，《湖南师院学报》（哲学社会科学版）1984 年第 2 期。

58. 关履权：《关于宋代几个历史人物的评价》，《史学月刊》1984 年第 4 期。

59. 礼醇、臻海：《道德的思考与时代的脉搏》，《光明日报》1984 年 7 月 12 日，第 3 版。

60. 戴逸：《实事求是地评价历史人物——在左宗棠历史评价学术讨论会上的发言》，《苏州大学学报》（哲学社会科学版）1985 年第 1 期。

61. 吴量恺：《评价历史人物与价值观》，《史学集刊》1985 年第 2 期。

62. 陶富源：《坚持用历史的态度评价历史人物》，《青海师范大学学报》（社会科学版）1985 年第 3 期。

63. 谢本书：《"历史人物学"浅议》，《光明日报》1985 年 3 月 6 日，第 3 版。

64. 商戈令：《道德价值判断及其标准》，《学术月刊》1985 年第 11 期。

65. 赵文润：《论历史人物评价的几个问题》，《社会科学评论》1986 年第 2 期。

66. 夏宏根：《略论反面历史人物评价中的几个问题》，《求实》

1986 年第 3 期。

67. 阎真：《历史评价与道德评价的差异》，《湖南师大社会科学学报》1986 年第 4 期。

68. 吴廷嘉：《近年来国内史学方法研究情况综述》，《求索》1986 年第 4 期。

69. 商戈令：《道德价值的结构系统》，《哲学研究》1986 年第 5 期。

70. 商戈令：《价值与道德价值》，《探索与争鸣》1986 年第 5 期。

71. 史苏苑：《略论我国历史人物评价问题之发展》，《史学月刊》1986 年第 6 期。

72. 罗宝轩：《1979 年以来关于史学理论和史学方法论探讨的摘述（二）》，《历史教学》1986 年第 8 期。

73. 蔡四桂：《价值评价与评价标准》，《江汉论坛》1986 年第 12 期。

74. 简桐：《关于历史人物评价的几个理论问题》，《史学月刊》1987 年第 3 期。

75. 古朴：《评价历史人物不能以人废事》，《史学集刊》1987 年第 3 期。

76. 邓著之：《试谈评价历史人物的标准》，《九江师专学报》（哲学社会科学版）1987 年第 3 期。

77. 邓鸿光：《论唐初人物评价的价值取向》，《华中师范大学学报》1987 年第 4 期。

78. 许青：《试论道德比较的方法论原则及尺度》，《哲学研究》1987 年第 4 期。

79. 徐兆仁：《历史认识的十大特性》，《社会科学研究》1987 年第 6 期。

80. 田昌五：《历史是怎样创造出来的？——谈历史人物评价问题》，《山东大学学报》（哲学社会科学版）1988 年第 1 期。

81. 王仲镛：《评价历史人物应该实事求是——〈重新评价历史人物——试论韩愈其人〉一文读后》，《四川师范大学学报》（社会科学版）1988 年第 1 期。

82. 李振宏：《论历史认识中的客体范畴》，《史学月刊》1988 年第 4 期。

83. 张国钧：《略论道德进步的标志和标准》，《学习与探索》1988 年第 4 期。

84. 李雨村、刘锡钧：《生产力标准与道德进步》，《江淮论坛》1988 年第 5 期。

85. 黄伟合：《规则功利主义与社会公平原则——当代中国道德价值操作标准论纲》，《文史哲》1989 年第 1 期。

86. 时鉴：《道德与历史进步的关系》，《文史哲》1989 年第 2 期。

87. 赵仲牧：《生产力标准和道德标准》，《云南社会科学》1989 年第 3 期。

88. 李屏南：《历史人物评价三题》，《湖南师范大学教育科学学报》1989 年第 4 期。

89. 程秀波：《评价道德的标准与评价行为的标准》，《河南师范大学报》（哲学社会科学版）1990 年第 1 期。

90. 罗耀九：《历史人物评价的几个问题》，《高校理论战线》1990 年第 4 期。

91. 刘锋：《关于历史进步与道德关系的几种观点》，《哲学动态》1990 年第 5 期。

92. 安长春：《全面评价历史人物——学习恩格斯〈德国农民战争〉札记》，《武汉大学学报》（人文科学版）1991 年第 4 期。

93. 贺善侃：《道德标准研究——西方哲学专题综述之三》，《探索与争鸣》1991 年第 5 期。

94. 李振宏：《论历史主义问题》，《史学理论研究》1992 年第 3 期。

95. 王学典：《偶然性、可能性与个人在历史上的作用》，《东岳论丛》1992 年第 4 期。

96. 祝伟坡：《中国革命史人物评价问题》，《中共党史研究》1993 年第 4 期。

97. 祝伟坡：《中国革命史人物评价的标准和方法》，《教学与研究》1993 年第 5 期。

98. 李莘：《从对曹操、刘备的审美评价看中国传统文化价值观》，《广东社会科学》1993 年第 6 期。

99. 孔润年：《论道德价值》，《人文杂志》1993 年第 6 期。

100. 邓鸿光：《关于毛泽东评价历史人物标准的思考》，《史学理论研究》1994 年第 1 期。

101. 肖宏发：《全面评价历史人物原则试探》，《广西社会科学》1994 年第 2 期。

102. 何汝泉：《略论郭沫若的历史人物评价标准》，《史学理论研究》1994 年第 3 期。

103. 崔明德：《略论民族历史人物的评价标准》，《社会科学辑刊》1994 年第 5 期。

104. 刘亚政：《道德评价论纲》，《理论探讨》1994 年第 5 期。

105. 黎秀英：《论生产力标准和道德标准的统一》，《广西大学学报》（哲学社会科学版）1994 年第 5 期。

106. 林剑：《论评价道德善恶的三个标准及其矛盾与统一》，《社会科学研究》1996 年第 1 期。

107. 何兆武：《对历史学的若干反思》，《史学理论研究》1996 年第 2 期。

108. 赵甲明：《能用生产力标准取代道德标准吗》，《清华大学学报》（哲学社会科学版）1996 年第 2 期。

109. 张艳国：《马克思主义唯物史观与史学理论》，《学术研究》1996 年第 2 期。

110. 丁守和、苏双碧、瞿林东：《正确评价历史人物》，《光明日报》1996 年 7 月 23 日，第 5 版。

111. 王学典：《德才学识兼具的一代良史翦伯赞》，《文史哲》1997 年第 1 期。

112. 郑师渠：《近些年来近代史人物评价的若干问题》，《北京师范大学学报》（社会科学版）1997 年第 1 期。

113. 瞿林东：《关于评价历史人物的是是非非》，《湖北大学学报》（哲学社会科学版）1997 年第 2 期。

114. 江连山：《杂议历史人物评价问题》，《绥化师专学报》1997 年第 3 期。

115. 降大任：《关于评价历史人物宜用"阶段论"的答辩》，《晋阳学刊》1997 年第 4 期。

116. 江连山：《关于评价历史人物功绩问题刍议》，《史学理论研究》1998 年第 1 期。

117. 龚群：《关于道德价值的概念及其层次》，《哲学动态》1998 年第 1 期。

118. 秦元春：《正确评价世界近代史上的历史人物》，《史学月刊》1998 年第 4 期。

119. 郭夏娟：《论生产力标准与道德标准》，《理论月刊》1998 年第 10 期。

120. 王学典：《良史的命运》，《读书》1998 年第 12 期。

121. 黄义英：《历史人物的类型及评价标准》，《广西师院学报》（哲学社会科学版）1999 年第 1 期。

122. 苏双碧：《关于历史人物评价的几个问题》，《广东社会科学》1999 年第 1 期。

123. 周宏：《道德标准与标准之标准》，《道德与文明》1999 年第 1 期。

124. 黄柯可：《科学地评价历史人物——喜读邓蜀生新著〈罗斯福〉》，《世界历史》1999 年第 2 期。

125. 林璧属：《历史人物评价两难题》，《史学理论研究》1999 年第 2 期。

126. 邓京力：《关于历史评价标准的反思》，《史学月刊》1999 年第 3 期。

127. 吴洪鸣：《新道德原则和道德标准浅议》，《学术交流》1999 年第 3 期。

128. 马勇：《50 年来近代中国历史人物研究》，《近代史研究》1999 年第 5 期。

129. 郭永军：《道德评价的根据再认识》，《山东师大学报》（社会科学版）1999 年第 6 期。

130. 宋培宪：《毛泽东与"为曹操翻案"——对四十年前一桩公案的探源》，《文艺理论与批评》1999 年第 6 期。

131. 王海明、孙英：《社会公正论》，《中国人民大学学报》2000 年第 1 期。

132. 白兴华：《论赵翼评价历史人物》，《北京师范大学学报》（人文社会科学版）2000·年第 3 期。

133. 刘国民：《〈史记〉中历史评价与道德评价的二元对立——以法家人物传记为例》，《湖北大学学报》（哲学社会科学版）2000 年第 3 期。

134. 胡戟：《论历史评价的环境标准》，《陕西师范大学学报》（哲学社会科学版）2000 年第 4 期。

135. 马识途：《评价历史人物必须"知人论世"——谈正确评价郭沫若》，《文史杂志》2000 年第 4 期。

136. 徐梁伯：《民国时期历史人物评价标准刍议——以林森为个案》，《江苏社会科学》2000 年第 6 期。

137. 王海明：《论道德终极标准》，《南京社会科学》2000 年第 10 期。

138. 刘合行：《道德评价标准与评价道德的标准》，《河南师范大学学报》（哲学社会科学版）2001 年第 1 期。

139. 马识途：《评价历史人物必须"知人论世"——在〈郭沫若与新中国〉学术讨论会上的发言》，《郭沫若学刊》2001 年第 1 期。

140. 阎平：《理论科学性判定的道德标准》，《人文杂志》2001 年第 3 期。

141. 季羡林：《对陈寅恪先生的一点新认识》，《神州学人》2002 年第 6 期，第 41 页。

142. 庞天佑：《论〈三国志〉的人物评价》，《史学史研究》2002 年第 2 期。

143. 林璧属：《从李鸿章外交行为的功过认定看历史人物评价的普

遍性法则》,《史学理论研究》2002 年第 4 期。

144. 李祥俊:《王安石的儒学人物评价及其道统观》,《江西社会科学》2002 年第 7 期。

145. 苏双碧:《历史人物评价断想》,《求是》2002 年第 20 期。

146. 苏双碧:《历史人物评价应遵从多民族国家原则》,《人民论坛》2003 年第 3 期。

147. 白兴华:《论赵翼评价历史人物》,《北京师范大学学报》(人文社会科学版)2003 年第 3 期。

148. 欧阳跃峰:《也谈历史人物评价的相关理论问题——以李鸿章的外交活动为例》,《史学理论研究》2003 年第 3 期。

149. 刘合行:《生产力标准能够直接作为道德评价标准吗?》,《江苏大学学报》(社会科学版)2003 年第 3 期。

150. 欧阳斌:《最后一个需要拨乱反正的领域——谈谈历史人物和事件评价上的继续清"左"》,《中山大学学报论丛》2003 年第 6 期。

151. 秦越存:《对评价标准问题的思考》,《学术交流》2003 年第 7 期。

152. 张桂萍:《近 50 年来国内关于史学传统的研究》,《史学月刊》2003 年第 8 期。

153. 朱宗震:《多元的价值评价和科学定位——关于历史人物的评价问题》,《探索与争鸣》2003 年第 10 期。

154. 巨永明:《能"真正还原历史人物的本来面目"吗?——就历史人物评价问题与华强先生商榷》,《探索与争鸣》2003 年第 12 期。

155. 李纪祥:《中国史学传统中的"实录"意涵及其现代意义》,瞿林东主编:《史学理论与史学史学刊》(2003 年卷),社会科学文献出版社 2004 年版。

156. 邓京力:《事实与价值的纠葛——试析历史认知与历史评价的关系问题》,《求是学刊》2004 年第 1 期。

157. 王海明:《关于道德起源和目的之理论》,《现代哲学》2004 年第 1 期。

158. 张蕾蕾等：《历史人物评价的多维视野》，《探索与争鸣》2004
年第 1 期。

159. 苏双碧：《历史人物评价应遵从多民族国家原则》，《历史教
学》2004 年第 2 期。

160. 金重远：《两个拿破仑在历史上的不同作用——兼论如何评价
历史人物》，《探索与争鸣》2004 年第 2 期。

161. 葛剑雄：《历史人物的评价应该以事实为依据》，《探索与争
鸣》2004 年第 3 期。

162. 王海明：《道德的起源和目的，从个人道德需要看》，《华侨大
学学报》（哲学社会科学版）2004 年第 3 期。

163. 苏双碧：《再谈历史人物评价的几个问题》，《学术月刊》2004
年第 4 期。

164. 常智敏：《中国古代史学家评价历史人物的方法》，《河北学
刊》2004 年第 5 期。

165. 华强：《评价历史人物应坚持历史唯物主义——答巨永明先
生》，《探索与争鸣》2004 年第 5 期。

166. 程念祺：《同情的理解：评价历史人物的应有之义》，《探索与
争鸣》2004 年第 5 期。

167. 何忠礼：《实事求是是正确评价历史人物的关键》，《探索与争
鸣》2004 年第 6 期。

168. 周兴樑：《历史人物研究评价的几个问题》，《福建论坛》（人
文社会科学版）2004 年第 6 期。

169. 郝孚逸：《评价历史人物应不违历史科学》，《湖北社会科学》
2004 年第 7 期。

170. 苏双碧：《李贽和历史人物评价》，《首都师范大学学报》（社
会科学版）2005 年第 1 期。

171. 叶书宗：《寻求历史的真实写真实的历史——也谈历史人物的
评价问题》，《探索与争鸣》2005 年第 1 期。

172. 张耕华：《史实真相是如何被掩盖的——兼论历史人物的评

价问题》，《探索与争鸣》2005 年第 7 期。

173. 徐小军：《再谈历史人物的评价问题》，《前沿》2005 年第
    10 期。

174. 刘克辉：《论历史人物评价中的"盖棺定论"问题》，《史学月
    刊》2005 年第 11 期。

175. 瞿林东：《再谈中国史学的优良传统》，瞿林东主编《史学理
    论与史学史学刊》（2004—2005 年卷），社会科学文献出版社
    2005 年版。

176. 邓京力：《试析历史评价标准内部的各种矛盾》，瞿林东主编：
    《史学理论与史学史学刊》（2004—2005 年卷），社会科学文献
    出版社 2005 年版。

177. 罗福惠：《历史事实和历史人物评价的多样范式》，《探索与争
    鸣》2006 年第 3 期。

178. 周振鹤：《单凭史实就能评价历史人物吗?》，《文汇读书周报》
    2006 年 12 月 8 日。

179. 徐梁伯：《社会的脊梁：张謇政坛三进三退评析——再论民国
    历史人物评价问题》，《江海学刊》2007 年第 4 期。

180. 常智敏：《罗尔纲历史人物评价特点分析》，《历史教学问题》
    2007 年第 5 期。

181. 常智敏：《历史人物评价标准再认识》，《天津社会科学》2008
    年第 2 期。

182. 罗炳良：《历史人物评价原则的多元与趋势》，《学习与探索》
    2008 年第 2 期。

后　记

　　蹒跚多年，时至中年，庸庸碌碌，一事无成，甚是愧对我的先生。在多年的学习、生活、工作中，我的导师乔治忠先生、王学典先生、徐兆仁先生，以及师姐杨艳秋先生对我关怀备至、悉心指导，大力鼎助。他们浩然的品格、深邃的思想、满腔的激情、严谨的治学，一直深深感染着我、影响着我，也塑造着我。漫漫人生路上，能遇到才、学、识、德兼具并对学生如此厚爱的先生们，实属幸运。当然，由于自己才薄学浅，用功不够，深感研究不够系统、深入，对诸位先生实在汗颜之至。恩重如山，我将以此作为最大的动力而加倍努力。

　　感恩北京师范大学吴怀祺先生、天津师范大学张秋升先生、山东大学陈峰教授等学界前辈或同仁对我学习、生活与工作的热忱关心、支持与帮助。这些先生在史学理论与史学史方面的深厚造诣使我深受教益，并在学习和论文修改、完善等各方面给予了慷慨帮助和友情指导。

　　感恩中国社会科学院历史研究所党委书记闫坤先生、所长卜宪群先生，感恩马克思主义史学理论及史学史研究室、科研处、人事处、办公室诸如吴玉贵先生、高淑平处长、朱昌荣处长等领导或同仁的关心和支持。在此谨向他们表示衷心感谢。

　　感恩北京市顺义区原教委主任线长久先生。线先生在我博士和博士后学习及工作期间，关心备至、热忱相助，并以巍巍宽阔的慈悲胸怀，帮我理顺工作、学习、生活等方方面面的问题。

　　感恩我的父亲母亲。多年来父母为了支持我的学业，他们一直在尽他们力所能及的全部力量支持我，而自己过着较为清苦的生活，对此我深怀愧疚。尽管家父在 2009 年 12 月 9 日驾鹤仙去，但他和他的精神依旧鼓励着我不断前行。对家父我充满无限的怀念，虽然天人相隔，但他并未远去，他永远活在我的心中。

多年来，姐姐和国清兄不但替我照顾好父母亲，帮我处理好家里诸多事宜，而且还大力支持我的学业。对他们默默无闻的奉献和大力支持，深表谢意。

在求学过程中，我不时沐浴着亲情与友谊的阳光，这使我度过一个又一个的难关。诚挚感恩徐义华兄、任会斌兄、马金生兄、何忠国兄、张俊华兄等所有那些关心、支持和帮助过我的亲友、同学。

感恩中国社会科学出版社宋燕鹏兄对拙著在出版过程中的辛劳付出。最后，感恩山东大学、中国人民大学、南开大学、中国社会科学院历史研究所等大学院所对我的培养，它们为我提供了良好的学习条件和学习环境，并使我不断成长、成熟和进步。

"路漫漫其修远兮，吾将上下而求索"，回报令我感动、感激和感恩的父母、先生、师长、亲朋、众生、家国。

高希中
2016 年 6 月